季節の民俗誌

野本寛一

玉川大学出版部

序章　めぐりくる季節のなかで

1　季節の風と五感

日本は四季の変化に恵まれた国である。人びとの暮らしや生業は、季節の推移に連動して組み立てられてきた。そうした季節の循環や、それに連なるさまざまないとなみは、この国の人びとの細やかな感性を養い、心性を育んできた。季節と季節のめぐりは、人の五感を磨いてくれる。そして、しなやかな五感は、季節の恵みをより豊かに享受させてくれる。一年の暮らしのなかで、毎年、季節の節目、生業の折り目ごとにくり返され、伝承されてきた家々の行事。ときにそれは地域共同体と連動することもあり、「年中行事」と呼ばれている。

これまで、民俗学は年中行事の調査研究に力を注ぎ、多くの成果をあげてきた。しかし、その深い意味がまだ解明されていないものもある。また、南北に長いこの列島の行事には、自然環境の差異ゆえに様相を異にする行事も多々ある。さらには、中央でなじまれている「暦」と遠隔地域の気候環境の現実との差異ゆえに、深いところに違和感を潜在させている行事もある。

そして年中行事は、近代以降、とりわけ高度経済成長期以降は、激しい変動の波にさらされ続けている。うねりくる生活様式の変化、人口の都市集中と地方の過疎化、核家族化、地域共同体の紐帯の弛緩、ときにその崩壊……これらは、第一次産業の衰退や都市部の給与生活者の驚異的な増加と表裏性を示しながら直進した。こうした状況のなかで、年中行事は衰退の一途をたどっている。

冷凍食品・インスタント食品の充満、冷凍・冷蔵庫の普及、流通システムの発達、促成栽培技術の進化は、「旬」や「自然の恵み」に対する感性や感動を喪失させた。空調設備の普及や密閉空間の創出、個室移動ともいうべき自動車の普及は、季節の移ろいを告げる風の感触も、虫の音《ね》も、遠いものにしてしまった。インターネット、スマートフォンの網羅は、人の表情や息づかいまでも忘れさせようとしている。激しい競争社会は、人と自然とのあいだの爽やかでやさしい関係までも断絶させかねない。

この国の人びとは、和歌から俳諧、俳句にいたる文芸伝統のなかで、人と季節のかかわりを「季語」というかたちで定着させてきた。それは、「歳時記」「季寄せ」という他国に類例を見ない季節の文化集成を創出させた。しかし、ここにも旧暦と新暦との時間差の問題がまつわる。そして、南北に長く、気候条件の異なる環境に生きる人びとは、「歳時記」と現実の季節の差異にも困惑することがある。加えて、現今は地球温暖化の波が足もとに迫っている。海水温の上昇は異常気象を発生させ、それに起因する各種の被害も顕著になっている。また、魚類の異常回游も目だちはじめた。これまで多量の降雪を常としていた地域の降雪量の減少も見られる。それにもとづく生態系の変化は人びとの暮らしや生業に痛手を負わせ、季節感にも歳時記とのかかわりにも、一段と深い混乱をもたらしている。

こうした時代なればこそ、先人たちがいかに季節の移ろいをおのおの五感を研ぎ澄まして感受し、心を動かしてきたのかを、ふり返らなければならない。貧しく苦しい暮らしのなかで、いかに季節への対応にくふうをこらしてきたのか、何に季節のよろこびを感じてきたのかなどについて、手のとどく過去の資料をもとに嚙みしめてみなければならないのである。

本書は、これまでの民俗学の蓄積や「歳時記」の恵みを軽んじるものではない。それらを尊び、学びつつも、これまであまり日のあたらなかった年中行事や、年中行事の体系のなかに入りにくかった季節にかかわる人びとのいとなみにも光をあててみようとしている。また、土の匂い、潮の匂いが色濃くしみた、暮らしや生業にかかわる季節のいとなみをも浮上させてみたいという思いがあった。それらのなかに「自然暦」があり、「多雪予測の兆象伝承」などがある。これらは、文人ではない、農民・漁民・山びとたちの「もうひとつの暦」「もうひとつの歳時記」といえるのかもしれない。「自然暦」の総体は厖大なものであるため、本書のなかではその一部しか紹介できなかったのは残念である。

2 雪国——そのふたつの春

さて、本書にはいまひとつの特色がある。それは、「雪国」に重きをおいていることである。

柳田國男は、『雪国の春』(1) のなかで以下のように述べている。

「……そうしてまた日本の雪国には、二つの春があって早くから人情を錯綜せしめた。ずっと南の冬の短かい都邑《とゆう》で、編み上げた暦が彼等にも送り届けられ、彼等もまた移って来て幾代かを重ねるまで、その暦の春を忘れることができなかったのである」

「何にもせよ暦の春が立ち返ると、西は筑紫《つくし》の海の果てから、東は南部津軽の山の蔭に及ぶまで、多くの農民の行事がほとんといささかの変化もなしに、一時一様に行わるるは今なお昨のごとくであって、しかも互いに隣県に同じ例のあることも知らぬらしいのは、すなわちまたこれらの慣習の久しい昔から、書伝以外において持続していたことを意味するものではなくて何であろう」

柳田がふたつの〝雪国の春〟について深く承知していたことは、いうまでもない。ひとつは、南の都邑で編まれた「暦」を適用した正月で、それは、雪につつまれてひと筋の春の萌《きざ》しも見えない、真冬のなかの春。いまひとつは、雪が解けはじめ、大地がところどころに現れ、万物が始動する、文字どおりの春である。柳田が『雪国の春』でとりあげたのは、前者の春だった。暦にもとづく正月、雪国をふくむ日本の隅々まで一斉に、稲作を基盤にした行事を中心として非文字的・伝承的・民俗的にくり広げられてきている事実の確認と、それに対する感慨を述べている。

だからといって、柳田が現実の雪国の春や雪国の厳しい冬の暮らしに思いを寄せていないわけではない。それは、秋田県南秋田地方の人びとの暮らしを中心にした写真を集成した、写真家・三木茂との共著『雪国の民俗』[2]に寄せた、「雪国の話」に見られる。

〝雪国〟とりわけ「雪国の冬」に対する柳田の洞察は深い。なかで、雪達磨もできないようなところで育ち、雪国の生活に入りこむ機会のなかったことを述べ、鈴木牧之の『北越雪譜』[3]のような仕事の価値を高く評価している。

鈴木牧之の『北越雪譜』は「雪の民俗誌」であり、「雪国の民俗誌」として光彩を放つ。なかには、非積雪地帯の人びとの「雪見」のごときものに抗う眼ざしもある。その冒頭部に、次の記述がある。

「……江戸には雪の降らざる年もあれば、初雪はことさらに美賞し、雪見の船に歌妓を携へ、雪の茶の湯に賓客を招き、青楼は雪を居続けの媒となし、酒亭は雪を来客の嘉瑞となす。雪の為に種々の遊楽をなす事枚挙《あげてかぞへ》がたし。雪を賞するの甚しきは繁花のしからしむる所なり。雪国の人これを見、これを聞きて羨まざるはなし。我が国の初雪を以てこれに比ぶれば楽しむと苦しむと雲泥のちがひ也。……」

豪雪地帯、新潟県六日町からの発言である。

中野重治は、現在の福井県坂井市丸岡町一本田《いっぽんでん》で生まれ育った。ここも積雪地帯である。その自伝的小説『梨の花』(4)のなかに、次の記述がある。

「隣りの一郎の家からも何もきこえてこない。これが正月だ。たのしくないことはない。しかし、「たこあげ」は別だ。お天気のいいところが、東京かどこかにあることはあるのだろう。そこでは、正月にも雪が降らぬで、地面が乾いているのだろう。そんならば「いか」も揚げられる。良平は、けなるい（うらやましい）ようにも思う。読み方の本に、そういう絵がはいっている。……中略……とにかく、あいつらは正月と春とをいっしょくたにしてけつかる。こんな在所では、「いか」は春になってから揚げるのだ。「女の子は、はねつきをしてあそびます。」こんな在所では女の子もだれも羽根つきなぞしない。……中略……あんな着物を着るものも、あんな羽子板を持っているものも、こんな在所の女の子には一人もいない。別に気の毒ではないが、なんとなく、東京やそっちの方のもんは、勝手なことをしていると思う。……」

ここには、教科書その他における地域性、地域環境を無視した〝画一化〟への反発があり、非降雪地帯を基準にして降雪・積雪地帯を切り捨てる発想への抵抗がある。それが、子どものまなざしから描かれているのである。

環境民俗学の視点に立つとき、「雪国」「人と雪とのかかわり」が重要な主題であることは承知していた。したがって、焼畑、稲作、狩猟、サケ・マス、屋敷林、山の神、牛馬などの学びで雪積むくにぐにを訪れるたびごとに、わずかずつではあるが雪にかかわる民俗の聞きとりを重ねてきていた。しかし、「もうひとつの雪国の春」、そしてその大前提となる「雪国の冬」について集中的に学ばなければならないという思いに駆られることはなかった。考えてみれば、迂闊なことである。

私が「もうひとつの雪国の春」についてどうしても学んでみなければならないと思ったのは、平成二十四(二〇一二)年、『自然災害と民俗』[5]を構成する項目である「雪崩」と「吹雪」についての補足調査のために、東北地方を巡っているときのことだった。あまりにも遅すぎると自戒した。この国の積雪地帯はじつに広く、学ぶべき小主題も多すぎるのだ。

「もうひとつの雪国の春」を深く知るためには、何よりも「雪国の冬」の細部をたしかに理解し、ときに実感しなければならない。静岡県に育ち、暮らし続け、その後奈良に転じて晩年を迎えた私にとって、雪との距離は開きすぎている。この荷が重すぎることは承知している。表層的ではあるが、まず、「もうひとつの雪国の春」について聞きとりを重ねた。本書では、これまでの学びのうえにそれを重ねてみた。「季節の民俗誌」をうたいながら、雪国や冬に片寄り、南のことや夏から秋にかけてが薄くなってしまったのは、右の事情による。

一方、「自然暦」についてはは時間をかけて収集・集積してきたのだが、それが本書では一部分だけを紹介することになってしまった。バランスを欠いた部分は、今後補いをつけていきたい。

〈註〉

（1）柳田國男『雪国の春』初版一九二八（ただし、書名となったエッセイ「雪国の春」は、『婦人の友』一九二六年一月号に発表された。『柳田國男全集2』ちくま文庫　一九八九）

（2）柳田國男・三木茂『雪国の民俗』初版一九四四（第一法規　一九七七）

（3）鈴木牧之『北越雪譜』初出一八三五（岩波文庫　一九三六）

（4）中野重治「梨の花」（『新潮』一九五七年一月号～一九五八年十二月号に連載発表された）

（5）野本寛一『自然災害と民俗』（森話社　二〇一三）

季節の民俗誌

目次

II

季節対応の民俗

Ⅲ　籠る季節の民俗　175

Ⅰ　雪国の春

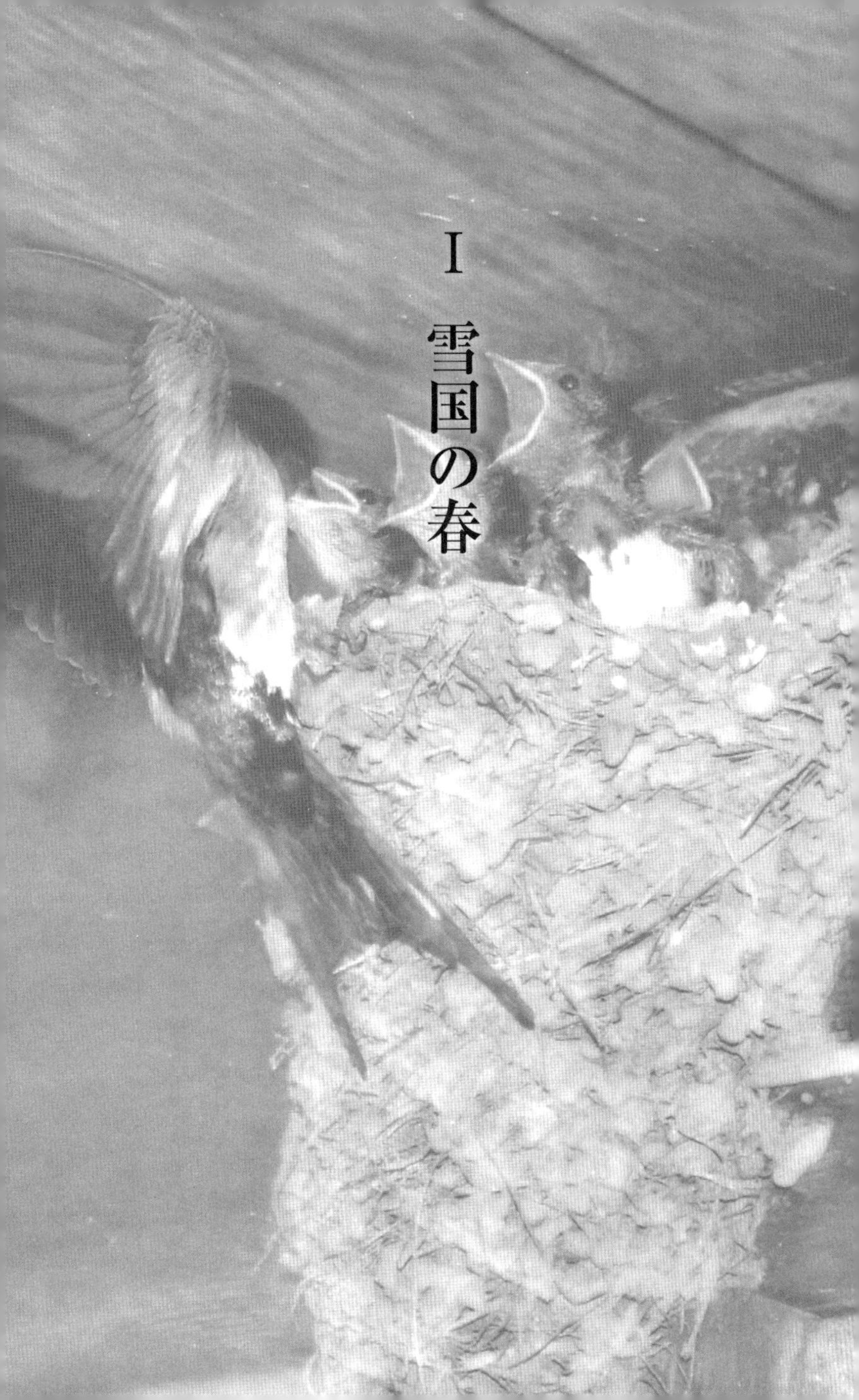

一　堅雪の気配——春微動

はじめに

北海道北見市常呂《ところ》町豊浜《ちょうとよはま》は常呂川の河口にあり、オホーツク海に真向かう漁業の集落だ。オホーツク海に向かって右側には能取湖《のとろこ》、左には広大なサロマ湖がある。同地で生まれ育った安部豊章さん（昭和六年生まれ）は、少年のころは流れ寄る流氷が、海岸に、岩のように、山のようにたまって、子どもたちは埋まってしまうほどだったと語る。また、次のように語った。

・流氷がいるあいだは、冷蔵庫のなかにいるようだった。夜中に氷がギシギシ鳴るのが聞こえることもあった。流氷が沖に見えはじめるのを「流氷初日」というが、それは一月十二日ごろだった。流氷がいなくなるのは三月の末ごろで、シンキロウが出ることもあった。流氷がいなくなるのを「海あけ」というが、四月にずれこむこともあった。南風が吹いて流氷がいなくなると春だ。

語りのなかに出てくる、流氷が「いる」「いなくなる」という表現が、あたかも生きものに対する思いを示しているような印象があり、流氷と共生してきた北の人びとの心の深さがしのばれる。

安部さんは、「流氷は悪いものをもち去ってくれる。流氷がきて、いなくなると、海がきれいになる」とも語る。流氷が去ると毛蟹《けがに》をはじめさまざまな海の恵みをさずかるのも事実である。流氷が多い年は、毛蟹、ホッケ、鱈《たら》などすべてが豊漁になるともいわれている。

常呂漁業協同組合参事の葛西恭博さん（昭和三十一年生まれ）は、以下のように語る。

・札幌から常呂に赴任したのは昭和五十四（一九七九）年のこと。流氷は海に蓋《ふた》をしたようなものだというのが、当時の印象だった。以降の経験からすると、流氷初日がはやくて正月明けの一月七日から一月十五日ごろ、海明けが三月半ばから末までだが、おそい年は海明けが四月にずれこむ。流氷は、アムール川が吐出する植物性プランクトンを運んでくるので、海の恵みを豊かにしてくれる。

資源管理上、毛蟹は、解禁日と漁獲量が定められている。いまでは、宗谷の解禁が三月十五日、常呂の解禁が三月二十日だ。解禁の日を待って籠入れをする。餌は、イカ、スケトウダラ、キュウリウオなどである。

資源管理がなかった時代、漁師たちは海明けを待ちかねて船を出し、籠を入れていた。「毛蟹を食べると春を実感する」というのが、オホーツク海沿岸の人びとの感懐だという。

北見市桜町で育ち、長じて常呂に住むようになった相馬卓治さん（昭和二十一年生まれ）も、毛蟹で春を実感する。流氷明けに毛蟹を塩ゆでにして食べ、ミソを残した甲羅《こうら》に燗酒《かんざけ》を注いで飲む。少年期をすごした桜町近郊では、三月中旬には畑が堅雪になるので、スキーで遊べるようになった。そして四月上旬には、路傍《ろぼう》に福寿草の花を見つける。——春だ。

寄りくるニシンの群れによって春を感じる人びともいる。新潟市西蒲区《にしかんく》旧巻町五ヶ浜で育った阿部紘一さん（昭和十八年生まれ）は、三月上旬に岩ノリ（黒ノリ）を食べると春を感じたという。まだ冷たい海水に濡れながら、女性たちが岩ノリを採った。岩ノリのつく岩場にアク（灰）を撒くと、ノリがとりやすくなるといわれている。

岩ノリは、まず味噌汁に入れる。そして握り飯に使う。立ちのぼる磯の香りが春を運ぶ。同じ雪国でも、その土地土地で、また人それぞれに、春を感じる景物が異なるのは当然だともいえるが、大枠で共通するところもある。

雪国の人びとは、積もっている雪が堅雪《かたゆき》・凍《し》み雪《ゆき》になる気配を鋭敏に感知する。空気、気温、光線、鳥の鳴き声などのかすかな変化を見逃さない。「雪虫」と通称されるクロカワゲラ科の昆虫が雪上に点在するのを発見すると、「堅雪」の季節の到来を確信する。「雪国の春」がいよいよはじまる。

　本格的な降雪はやんだが、まだ一面雪景色。寒いけれどもかすかに陽ざしが明るみ、時間帯によってはわずかなぬくみがないわけではない。地形や標高などのちがいによって、二月末からのところも、三月はじめからのところもある。かすかな暖気で解けかかった雪が、夜間の冷えこみで堅く凍結する。雪がこのように変化すると、冬季の軟らかい雪とちがって、雪上をカンジキなし——藁《わら》沓《ぐつ》や靴——で歩くことができる。

堅雪（ザラメ雪）のころ（青森県五所川原市金木町藤枝、神社境内より）

　このような雪を「堅雪」と呼ぶ地が多いが、青森県の十三《じゅうさん》湖《こ》付近では「シバレ雪」、金木町や下北では「ザラメ雪」、東津軽では「氷《こおり》雪《ゆき》」などともいう。岩手県、秋田県では「堅雪」「雪渡り」、新潟県や山形県の一部では「凍み雪」と呼ぶ。富山県には「スンズラ」という呼称もある。滋賀県長浜市余《よ》呉《ご》町《ちょう》では、冬の本雪に対して「春雪」と呼ぶ。そして、堅雪の上——たとえば田んぼの上など——を自由に歩くことを、「堅雪渡り」「凍み渡り」「雪渡り」などという。

堅雪渡りのはじまりこそが、「雪国の春」のはじまりなのである。雪に閉じこめられていた人びとは、堅雪になるのを待ちかねて、閉塞感から解放される。子どもたちは、堅雪渡りとさまざまな遊びでよろこびを示し、エネルギーを解き放って、春の始動を体感する。大人たちも、雪渡りの季節に冬の鬱屈《うっくつ》を解き放つように、きたるべき生業と生活を支える作業にかかる。

以下でまず、雪積もるクニグニ、ムラムラで暮らし、堅雪、凍み雪の季節めぐりを実感し、その季節にさまざまな遊びや作業にかかわってきた人びとの体験や伝承に耳を傾けて、それを記す。それに次いで、整理と補足をする。

1 「堅雪渡り」の体験と伝承

・「雪虫が出たから雪が落ちつく」と、先人たちが語っていた。雪虫は、二月末ごろの晴れた日に雪上で見かける。「雪が落ちつく」というのは、堅雪になるということだ。堅雪になるころは、鳥の囀《さえず》りが多くなる。「青ゲラがキョーキョーと鳴くと堅雪になる」ともいう。

堅雪になると、子どもたちは杉ッ葉折りをする。尺五寸（約四十五センチ）ほどの枝を三枚重ねると尻がぬれないので、これを敷いて堅雪の上を滑って遊ぶ。女の子は、杉のヤニを集めてガムのように噛んで遊んだ。

大人たちの山仕事は、彼岸がすぎて山の雪上をゲンベイ（藁沓）を履いて歩けるようになってからだ。春木（薪）、屋根木、売木を橇《そり》で出した。「スリッパ出し」と称して、枕木も出した。また、堅雪のころ、二日間出合いで、山に乾燥させておいた屋根萱も橇で運んだ。熊狩りは彼岸すぎ、山が堅雪になってからだった（事例①＝福島県南会津郡只見町田子倉《ただみまちたごくら》出身・渡部完爾さん・大正十四年生まれ）。

雪虫というのは、雪渓カワゲラ――雪渓虫とも呼ばれる、クロカワゲラ科の昆虫――の通称で、黒色、体長は一センチ前後。積雪地帯の各地ではこれを雪虫と呼び、「雪虫が出ると、もう雪は降らない」と伝えている。白い分泌物をつけて飛ぶ綿虫のことを雪虫と呼んで冬到来のしるしとする地が多いが、それとは別種である。

・三月中旬から三月末まで、雪は堅雪になった。堅雪渡りで、田んぼのなかでも学校までまっすぐに歩けるようになり、近道できてうれしかった。その折、水の多いところに転落して着物や服をぬらす者もいた。そんな子どもたちのために、学校にはカビタレ（川浸れ）用の着がえが用意されており、用務員がそれを着せ、下校時までに濡れた衣類を薪ストーブで乾かしておいてくれた（事例②＝福島県南会津郡南会津町山口・月田禮二郎さん・昭和十八年生まれ）。

・焼畑予定地を定めて、前年の七、八月に樹林の下刈りをしておく。冬になると、雪が六尺

（約一・八メートル）以上積もる。そこが堅雪になるころ、雪上でブナ、ナラ類の太い幹を伐《き》り、伐った部分は橇で運んで谷にすてる。雪がすべて消えたところでその山地に火入れをし、稗《ひえ》、粟《あわ》を栽培する。途中で伐った幹の高さは、積雪の高さである。幹は二、三年で腐り、肥料になる（事例③＝福島県南会津郡檜枝岐《ひのえまた》村・星倉次郎さん・明治三十五年生まれ）。

平成二十六（二〇一四）年五月十六日。新国《にっくに》勇さん（福島県南会津郡只見町只見・昭和三十二年生まれ）に只見町蒲生のブナ林をご案内いただいた。そのブナ林では、樹齢百五十年から二百年ほどのブナの木で、地上三メートルほどのところで幹が伐られ、その伐り跡から蘖《ひこばえ》が簇生《そうせい》しているものが何本も生い立っているという、異様な光景が見られた。

雪深い当地では、堅雪になったころ山に入り、雪の上部に出ている部分を伐る。それを薪として利用し、先端の枝も燃料にした。これを「薪アガリコ」と称した。薪にするには、数年の生長を待たねばならない。

これに対して、雪のない季節にブナを低位置で伐り、その切り株から生える細い枝を毎年伐るかたちの「柴アガリコ」という株もあった。これは炬燵炭《こたつずみ》をつくるためのもので、山のなかに穴を掘り、山で蒸し焼きにして炬燵炭をつくった。堅雪という気象条件をふまえた、循環型の自然利用である。

只見町はこの年（平成二十六年）、ユネスコの「エコパーク」（自然環境を保全しつつ、資源を持続可能なかたちで活用し、地域の社会・経済の発展をはかることを目的とする。——これを可能にする地域）に登録された。そのために長いあいだ地道な努力を重ねてきた新国さんは、「我々は自然の利子をいただいて暮らしている。もとでまで喰いつぶしてはいけない。腹八分でいいと思う」と語る（事例④）。

堅雪の季節に、アガリコを燃料にするためにブナを途中伐りする慣行は、鳥海山塊《ちょうかいさんかい》、蔵王山塊《ざおうさんかい》、朝日山塊《あさひさんかい》のなかにもあった。それにしても、山中の雪深さには驚かされる。

・鳥類の鳴き声が微妙に伸びてくると、雪渡りの季節がめぐってくる。福島県大沼郡三島町は、

ブナのアガリコ。上：薪アガリコ、下：柴アガリコ（福島県南会津郡只見町蒲生）

桐の産地として知られる。足場の悪いところでの桐の伐採・運搬は、雪の表面が固まる雪渡りのころが最適だという。倒した木は雪橇で運ぶのだが、そのためには六尺幅の橇道をつくらなければならない。前日の宵に、道をふみ固めて道づくりをしておく（事例⑤＝福島県大沼郡三島町西方・五十嵐久さん・昭和九年生まれ）。

・二月末になると堅雪になる。子どもたちはスキー、橇、雪合戦などで遊ぶが、小学校高学年の男子のなかには、猟師の兎《うさぎ》狩り、山鳥狩りにセコ（勢子＝追い出し役）としてついていく者もいる。獲物は、肉を食べるのはもとより、骨も叩いて団子にした。団子にするとき、酒を手につけて丸めた。これらを鍋にして、少年たちもごちそうになった（事例⑥＝福島県耶《や》麻郡《まぐん》猪苗代町《いなわしろまち》小平潟《こひらがた》・佐藤正巳さん・昭和十二年生まれ）。

・堅雪になって四月に入ると、橇を使って堆肥運びと薪運びをした。堅雪の上に降る雪を「若葉雪」と呼んだ。若葉雪が雪崩《なだれ》れるのを「セド雪」という。「赤雪（黄砂雪）が三度降ると、

ブナのアガリコと筆者。人に比べると、アガリコの大きさがよくわかる（福島県南会津郡只見町蒲生、撮影：新国勇）

もう大雪はこない」といい伝えられていた（事例⑦＝山形県鶴岡市田麦俣《たむぎまた》・渋谷賢造さん・明治三十年生まれ）。

・凍み雪は、彼岸の中日の十日まえから十日後くらいにもっとも堅くなる。男の子たちは、七、八人で山鳥ボイ（山鳥を追いたて続け、疲れさせて獲る方法）をする。数か所に分散してボイたてると、山鳥は疲れて雪解けでできた木の根の根開き穴につっこむので、それを捕獲する。肉と大根と骨の叩き団子を入れて、鍋にして食べる。

また、女の子をふくむ子どもたちは雪の解けたところにいき、アサツキ、ヤマニンジン、蕗《ふき》の薹《とう》などを採る（事例⑧＝山形県西置賜郡飯豊町《にしおきたまぐんいいでまち》椿・小野政幸さん・昭和二十一年生まれ）。

・凍み雪になると、子どもたちが走りまわり、橇で遊ぶ。丸木橋の上に兎を獲る括《くく》り罠《わな》をかける。女の子は山際にいき、杉の木のヤニを採ってガムのように噛んで遊ぶ（事例⑨＝山形県西置賜郡小国町《おぐにまち》荒沢・山崎三男さん・昭和十一年生まれ）。

・新暦三月のはじめから彼岸明けまで堅雪になるので、

根開き穴ができはじめる（岩手県岩手郡雫石町鶯宿）

堅雪渡りをする。堅雪になるとメジロが鳴く。子どもたちは橇遊びをし、大人たちは杉の枯れ枝を燃料として刈りおろす。また、厩肥《きゅうひ》や堆肥《たいひ》を、田に必要分を仕分けて橇で運ぶ。グループで兎ボイをする者もいた。子どもたちは登校途中、杉の枝を折り、綿帽子を敷いて、滑って遊んだ（事例⑩＝山形県西置賜郡白鷹町黒鴨《しらたかまちくろがも》・佐藤軍一さん・昭和七年生まれ）。

・雪渡りの季節になるのを待って山の口明けの日を定め、営林署から払い下げられたブナ材を、河川流送と人力橇でムラまで運んだ。ムラじゅう総出だった（事例⑪＝山形県西置賜郡小国町金目《かなめ》・齋藤達美さん・昭和四年生まれ）。

・山の堅雪のころ、「兎の巻きボイ」をした。小学校の四年以上が総出で、猟師の協力を得て兎の巻狩をした。百羽以上獲れたので、部落ごとに分配して子ども会で会食した。当地には「万作兎《まんさくうさぎ》」ということばがあり、万作の花が咲くころの兎の肉がいちばんうまいと語り伝えた。巻きボイは、その少しまえだった（事例⑫＝山形県村山市山の内赤石・黒沼儀太朗さん・昭和十二年生まれ）。

・雪が凍みて固まり、凍み雪になると、小学校四年以上くらいの男女の子どもたちはみな下校後や日曜日に凍み雪の上を歩いて杉山に入った。雪のない季節にはとても手のとどかない高さの杉の枯れ枝を折りとって、それをまとめて束ね、バンドリの上から背負って家に運んだ。この杉の枯れ枝は、風呂専用の燃料として使われた。風呂は、火を燃やすための鉄または銅の筒を風呂桶のなかに装置した、「鉄砲風呂」と呼ばれる据え風呂《すふろ》だった。この筒のなかで燃やすのに、杉の枯れ枝は適していた。

冬のあいだ歩けなかったところを自由に歩けるので、この枯れ枝運びをするといよいよ春がくると感じた。春が近づくと、雪に覆われた山の上部に「メッキリ」と呼ばれる雪の裂け目ができて雪がズレ、やがて雪崩《なだれ》が起きる。メッキリができ、雪崩が起きると、春がくる。雪崩が起きたところから新芽が芽吹く。

凍み雪になると、風の吹きかたによって雪の玉ができ、雪上を転がることがある。この雪玉のことを「タワラユキ（俵雪）」と呼んだ。年寄りたちは、俵雪ができると「今年は上作だ」と称し、稲をはじめとした農作物の豊作の予兆としてよろこんだ（事例⑬＝山形県鶴岡市温海《あつみ》川《がわ》・今野建太郎さん・昭和二十三年生まれ）。

・堅雪のことを「凍み雪」と称し、堅雪渡りのことを「凍み渡り」といった。凍み渡りのころは、雪上のどこでもカンジキなしで歩くことができる。凍み雪になると、「春一番」のために清水の湧くところへ芹《せり》を採りに出かけた。芹を採ってくると、ホタテ貝の貝殻に、芹を刻んだもの、大根おろし、煮干し、味噌をのせ、イロリの炭火で焙って解きながら家族全員でそろって食べ、初笑いをした。これをアブザラ（焙皿）と称し、「春一番」と呼んだ。

また、凍み渡りのころには兎狩りをした。兎狩りにはトバミウチ、伏しブチと呼ばれる個人猟と、集団狩猟である巻狩とがあった。昭和三十（一九五五）年以降、杉の植林に対する兎の食害がひどくなったので、猟師二十人と営林署が協力して巻狩をした。兎は営林署に出したのだが、三羽だけは肉も骨も鉈《なた》切りにし、醤油、酒、塩で煮て、役場の二階で酒宴をした（事例⑭＝新潟県新発田《しばた》市《し》滝谷新田《たきだにしんでん》・佐久間進さん・昭和二十五年生まれ）。

・凍み雪の上を歩くことを「凍み渡り」という。凍み渡りには、雪のない季節や本雪の季節には歩けない水田の上を直線的に歩くことができる。堀越村の尋常小学校に通ったのだが、学校までの三キロを直行できるのでうれしかった。また、凍み雪の季節、晴天の日に屋根から落ちた雪を踏み固め、六畳または四畳半の部屋（青天井）をつくり、蓆《むしろ》を敷いて、男の子を客にして野菜を刻み、ママゴトをした。紙ボボコ、布ボボコを抱いて子守り遊びをした。小学校三、四年までである（事例⑮＝新潟県阿賀野《あがの》市《し》中央町《ちゅうおうちょう》・鈴木トシヱさん・大正十五年生まれ）。

・二月末から三月はじめに凍み雪になる。凍み雪の上を歩くことを「凍み渡り」「雪渡り」といった。凍み雪になると雪上を歩くことができ、橇も使える。この季節に橇で堆肥運びをし、麦畑の上の雪上に雪消しのために灰を撒いたのだが、灰が直接麦に付着すると腐ったようになった（事例⑯＝新潟県燕《つばめ》市《し》松橋・長谷川武さん・昭和九年生まれ）。

・凍み渡りのころ、ボイ伐りにいく。ボイというのは伐り跡から出る蘖《ひこばえ》のことで、樹種はブナ、ナラ類だった。ボイはイロリの焚木にした。長さ二メートル、径一メートルほどの束を橇の上に積み上げて運ぶ。藤蔓《ふじづる》の輪をかけて速度調節をした。これを「ボイ乗り」と呼ぶ。建築用の材木も、凍み渡りの時期に運ぶ（事例⑰＝新潟県魚沼市《うおぬまし》上折立《かみおりたて》・富永弘さん・大正二年生まれ）。

・当地は十三湖の湖口の南にあたる。堅雪のことを「シバレ雪」と呼ぶ。シバレ雪になると、雪の上を藁沓（藁の長沓）、シンベイ（藁の短沓）で歩ける。三月下旬のことである。男の子も女の子もスキーで遊ぶ。大人たちは共同で、前年共有林で伐って乾燥させておいた薪を、橇を使ってムラまで運ぶ（事例⑱＝青森県つがる市木造《きづくり》清水《しみず》・太田清二さん・昭和二年生まれ）。

・堅雪のことを氷雪《こおりゆき》という。雪上どこでも藁長沓で歩けるようになる。少年たちは田の上を歩いて山へいき、兎の括り罠、鼬《いたち》の箱罠をしかける。箱罠は蓋が落ちるしかけになっており、餌は魚である。五、六人で首尾を見にいくのが楽しみである。鼬がかかると、箱ごと海に沈めて殺す。肉は父や爺《じい》たちが宴会で食べ、兎、鼬の皮は大人たちが青森まで売りにいって、金を子どもたちにわけてくれた。入学まえの子どもたちも罠かけについていき、要領を覚えた（事例⑲＝青森県東津軽郡平内町《ひらないまち》小湊家ノ下・夏泊出身・後藤秀次郎さん・大正十二年生まれ）。

・三月のはじめに堅雪になり、四月二十日ごろまで続くこともある。子どもたちは男女ともスキーで遊ぶが、女の子たちは水の湧いているところへ芹を摘みにいった。芹は虫薬だといわれ、熱湯につけてから手で揉んだ。母は汁にも入れ、芹ごはん（粥）にもしてくれた。大人たちは、彼岸すぎに共有山、個人山の両方から橇で薪運びをした。材はナラ類と栗で、前年伐って乾燥させておいたものを運び、来年用の木を伐った（事例⑳＝青森県三戸郡《さんのへぐん》三戸町《さんのへまち》目時《めとき》・上野あきさん・昭和七年生まれ）。

・二月末ごろ雨が降り、それがあがると雪虫が出る。日も高くなり、心なしか暖かくなって雪が解けるのだが、夜冷えこむので、凍って固まり、堅雪になる。少年たちは好んで山歩きをする。そのころカケスがよく鳴き、モズの繁殖がはじまる。兎は括り罠、リスはトラバサミ、鼬は箱罠で獲った。長じてからは、営林署がらみで冬じゅう、炭焼きや材木の山林労働をおこなった。冬山は三月末日でおわりとなり、一週間から十日間ほど家ですごす。このとき、堅雪を利用してハルキ（春木）出しをおこなった（事例㉑＝青森県むつ市川内町畑《かわうちまちはた》・岩崎五郎さん・昭和六年生まれ）。

・堅雪は、二月下旬からはじまることもあるし、三月上旬からの年もあるが、春の彼岸が中心となる。三月末に続けて降る雨のことを「雪消し雨」ともいう。堅雪のころには、雪渡りで学校へ近道をしていけるからうれしかった。

小川には注意しなければならない。女の子たちは、堅雪になると屋敷の杉のヤニを「杉の飴」と称して、伸ばしては指巻きをして遊んでいた。横堀は山から離れた平地なので、世話人（仲買人）の紹介で東の山中の松、杉、雑木の枝を買って燃料にした。夏に束にしておき、堅雪渡りのころ、夫婦で人力橇を使って家まで運んだ。足は甲掛け草鞋《わらじ》だった。また、堅雪渡りのころには、田圃《たんぼ》の雪に穴を掘り、橇で堆肥を運んで穴に入れて歩いた（事例㉒＝秋田県大仙市《だいせんし》横堀星の宮・長沢精一さん・昭和三年生まれ）。

・「黄砂が降ると堅雪になる」「蛍《ほたる》より小さめの黒い雪虫が出ると雪が降らなくなる」「二月末に雨が降って晴れると堅雪になる」――堅雪になると、堅雪渡りで冬にいけなかったところへ近づけるからうれしい。子どもたちは、雪渡りをして、三月の節供に飾るメメッコ（ネコヤナギ）をとりにいく。女の子たちは、シダレヤナギ、ネコヤナギを刻んで雪と混ぜ、混ぜご飯に見たててママゴトをする。雪渡り・堅雪渡りのころには、雀、ウマジラミ（椋鳥《むくどり》）、鶯《うぐいす》などがしきりに鳴く。

舅《しゅうと》も夫も猟師で、堅雪のはやいころ兎の巻狩をし、堅雪でもブナの芽が出るころ熊狩りに出る。兎は、爺たちが集まってハモニカ汁にした。ハモニカ汁とは、兎の肉のみならず、骨も煮て、その骨を横にくわえてかじるさまがハーモニカを吹くところに似ているところからこの名がついた。ムラびとたちは、このころドブロクを仕込んだ。

「ホタ木伐り」と称する薪の伐り出しも、二月から堅雪にかけて進められた。ブナ、ナラ材で区画を定め、キリアゲといって、幹を雪上で伐るので、高さは二メートル以上になっている。キリアゲの切断位置から出る蘖を「ワキメ」と称し、十年から二十年放置してから薪にし、これを橇で搬出する（事例㉓＝秋田県仙北市田沢湖町生保内《おぼない》石神・田口郁子さん・昭和二十五年生まれ）。

・堅雪になると、少年たちはヒョウ（ホヤ、すなわち寄生木）を餌にして兎を獲る括り罠をかけた。肉は少年たちでわけ、皮は大人にまかせた。山鳥の追いたて猟もした。少女たちはカタクリの根を掘り、カタクリ粉をつくった（事例㉔＝秋田県北秋田市阿仁打当《あにうっとう》・鈴木英雄さん・昭和二十五年生まれ）。

・三月上旬には堅雪になる。春一番の仕事は「肥まわし」である。人力橇に、エブと呼ばれる箕状の籠をつけ、そこに堆肥を入れて田に配っておく。南部馬を飼っていた時代、冬のあいだは鞍《くら》などの馬具をつけずにおくので、堅雪のころ馬馴らしをする。馬に十メートルほどの綱をつけ、人がなかにいて馬を円形に走らせる。一日一時間ほど走らせ、これを三日続けると馬がおとなしくなるので、馬具をつけることができた（事例㉕＝岩手県岩手郡雫石町《しずくいしちょう》鶯宿《おうしゅく》小字切留《きりどめ》・横田捷世《かつよ》さん・昭和十八年生まれ）。

カタクリの花（福島県大沼郡三島町）

・堅雪になるまえに雪虫が発生する。堅雪になると、子どもたちは朝はやくから橇遊びをする。

春の彼岸から四月のはじめまで、共有林から薪木を伐り出すハルキヤマをおこなう。共有林はブナ、ナラが主で、ここでは堅雪になっている。ブナ、ナラの木の周囲を根方までスコップで掘ってから伐る。共同作業で、搬出は人力橇から馬橇に変わった。凍み餅は三月二十日すぎに食べるものだとして、ハルキヤマのおやつにした（事例㉖＝岩手県和賀郡《わがぐん》西和賀町沢内《にしわがちょうさわうち》若畑《わかはた》・小森喜美雄さん・昭和十六年生まれ）。

・堅雪になるころ、トラツグミが「ヒューヒュー」と笛を吹くように鳴く。雪虫が出ると堅雪になると伝える。子どもたちはスキーで遊び、大人は堆肥を田に運び、ハルキを山から伐り出す（事例㉗＝岩手県和賀郡西和賀町沢内大荒沢・藤原和子さん・昭和二十四年生まれ）。

・堅雪渡りのころ、田の上の雪を掘って穴をあけた。一反歩につき五か所、穴を掘り、その穴に土を撒きこんだ。雪の下にある麦によりはやく日照をあたえ、麦を守るためだった（事例㉘＝岩手県北上市二子町《ふたごちょう》川端・八重樫将伺さん・昭和六年生まれ）。

・深雪のころには、新堀小学校までの六キロの道を、祖父が炬燵を入れた馬橇に乗せて運んでくれた。堅雪になると学校まで田のなかを直行できるのでうれしかった。田の上を自転車で走ることもできた。子どもたちは、堅雪を待って橇遊びをした（事例㉙＝岩手県花巻市石鳥谷《いしどりや》字戸塚小字蒼前《そうぜん》・藤原昭男さん・昭和二十年生まれ）。

・堅雪のことを「雪渡り」と呼んだ。雪渡りのころ、小麦をつくっている田の上の雪に穴を掘り、イロリの灰と土を撒いた。小麦を守るために、はやく雪を解かそうとしたのである。はやい年には、旧暦の小正月に雪渡りができた。その夜に、小学校の一年から六年生までが高間ヶ丘三十戸の一部を巡回してまわった。上級生は蓑帽子で顔を隠し、下級生は毛糸の襟巻きで顔を隠して「カセドリ　カセドリ」と称して戸口に立った。各戸では、餅やみかんを子どもたちにあたえた。平成に入ってからは、地球温暖化で雪渡りのできる堅雪ができなくなった（事例㉚＝岩手県奥州市江刺区《えさしく》岩谷堂《いわやどう》・玉里出身・千葉静子さん・昭和十九年生まれ）。

・翌年焼畑にしようと思う原生林の下木、小木を、夏のうちに伐り払っておく。そして翌年の三月、堅雪がもっとも堅く締まって作業しやすくなる彼岸すぎごろ原生林に入る。原生林の積雪は約六尺ある。木の種類は、ブナ、トチ、ナラ類などである。まずマサカリ（ヨキ）で大きな枝を払い、雪上三尺（約九十センチ）のところを鋸《のこぎり》でひく。伐った木をそのままにしておくと焼畑作業のじゃまになるので、これは遠方の谷に運ぶ。太い木は径三尺もあった。この幹の部分は、立ち枯れにさせる（事例㉛＝長野県下水内郡《しもみのちぐん》栄村《さかえむら》上ノ原・山田直吉さん・明治二十六年生まれ）。

鈴木牧之の『秋山記行』(1)に大木の中途切りが林立する焼畑の絵があり、「新たに畑伐り広げるには二三月頃雪の上より大樹を伐り倒し……」と解説されている。それは山田直吉さんの体験と一致している。

・二月下旬から春の彼岸すぎにかけての堅雪のころ、ハルキ（春木）出しをした。田頃家《たごろけ》集落は標高八百メートル、ハルキ山は八百五十メートル以上で、共有のハルキ山を戸数割りにして、距離や地形の差で不公平が出ないように籤《くじ》引きで場所を決めた。ハルキの樹種はナラが中心で、一部榛《はん》もふくんでいた。

ハルキ山に入るときには、山の神祭りをした。整えたハルキを効率的に運ぶために、ドバヅケと称して、サコの急傾斜地でハルキを落下させる作業があった。ドバヅケも、各イエごとに順番を決めておこなった。

ドバヅケの急傾斜地の上部で一旦ハルキをおく場所をコバと呼び、落下させたハルキを受ける下部をドバと称した。自分のハルキ山からコバまでは各自が雪道をつけ、両側にナラまたはヒバの杭を打って道を固める。ハルキは橇で運び、コバには自分のハルキ棚をつくってドバヅケの順番を待つ。

ドバからムラのなかの家近くまでも人力橇で運び、棚にする。橇は、ナラ材の八分板、長さは四尺（約百二十センチ）で、幅は道幅に応じて調節した。肩縄は、おのおの利きヨテ（肩）で引いた。ムラで最後にドバヅケをした者が、「コバジメ」と称してハルキ終了の報告をして、山の神を祭った。また別に、堅雪のうちに橇で堆肥運びもした。ムラのなかのハルキ棚から家までは、その年の十一月下旬から十二月にかけて女衆が運んだ（事例㉜＝岐阜県高山市奥飛騨温泉郷田頃家・清水牧之助さん・明治四十年生まれ）。

・三月一日ごろから雪が固まり、締まった。このような雪を「春雪」と称し、対して冬季の雪を「本雪」と呼んだ。春雪になると、子どもたちは竹橇、竹スキーで遊ぶ。大人たちはバンギ伐り、バンギ運びをした。場所はムラ近くのバンギ山と呼ばれる共有山からナラを中心に伐り出した。バンギとはイロリに燃す薪で、長さは一メートル、梢や枝はシバと称し、これも長さ一メートルほどにしてマンサクで束ねた。背板と橇で運んだ。ブナ材を伐出するのも春雪の季節だった（事例㉝＝滋賀県長浜市余呉町今市・大野功さん・昭和十一年生まれ）。

・堅雪のことを「スンズラ」という。スンズラの上を歩くことを「スンズラに乗る」という。スンズラに乗れるころになると、登校に近道ができるのでうれしかった。朝のスンズラは大丈夫だが、午前十時ごろから軟らかくなりはじめる。川の縁のスンズラは危険である。川の上のスンズラに乗って死んだ人がいる。スンズラの季節になると、子どもたちは箱橇で遊び、輪まわしもした。大人は、堆肥出しや、麦畑の上の雪をはやく解かすために灰撒きをした。

この季節にはセキレイも歩きまわり、風が吹くとカイニョ（屋敷林）の杉の花芽や花粉が雪の上に落ちた。また、新湊《しんみなと》の行商人が太刀魚をドロ箱に入れて自転車で売りにくるのもこの季節だった。スンズラの上に雪が降り、翌朝風が吹くと、ボールのようになった雪が転がりながら大きくなることがある。これを「雪玉」と呼ぶ。大きい雪玉ができると、祖父が「今年は田んぼがよくなろう」と語っていた（事例㉞＝富山県南砺市《なんとし》井波軸屋《いなみじくや》・稲垣博さん・昭和九年生まれ）。

・雪虫（雪蟻とも）が出ると雪が終わり、シミワタリになる。二月末から三月はじめに雪が締まって歩けるようになる。四月はじめまで続く。どこでも歩けるようになるので、シミワタリという。シミワタリになると、馬曲《まぐせ》（戦前五十戸、現在二十三戸）では、小学校五、六年から大人まで出られる者が出て共同で兎狩りをした。テッポーブチが毛無山《けなしやま》（一六四九・八メートル）の山頂近くに並び、セコ（勢子）が下から「オーラホイ、オーラホイ」と兎を追いあげる。兎は、少ない年で三十羽、多い年には五十羽以上獲れた。公会堂を会場として大宴会を開く。野菜を持ち寄り、兎肉を入れて兎汁をつくるのだが、そのとき骨を叩いて団子にし、これも汁に入れた。酒はムラ予算のなかの「兎追い」の費目や寄付によった。

シミワタリの季節には、「ツチハネ」をする慣行があった。ツチハネとは、まず畑地に積もった雪を掘りさげて穴を掘り、土を叺《かます》に入れて雪上にあげる。その土を畑地の上に積もっている雪の上に撒く。雪解けをはやめるためである。土を撒くと、雪解けが一か月あまりはやくなった。

畑地には小松菜、大根などの野菜をつくる。また、イロリの灰、風呂の灰なども融雪促進のために田畑に撒いた。シミワタリのころ、雪が降った次の朝、田畑の上に尺五寸ほどの雪玉ができることがあった（事例㉟＝長野県下高井郡木島平村《きじまだいらむら》馬曲・芳澤定治さん・大正十年生まれ）。

馬曲から平沢・千石を通り、往郷の交差点まで歩いて、飯山駅までタクシーに乗った。運転手は中野市郊外で育った男性（昭和二十八年生まれ）で、旧中野町郊外では堅雪のことを「カンジキ」と呼び、堅雪渡りのことを「カンジキワタリ」と呼んでいたという。また、カンジキワタリのころになると罠で雀獲りをしたとも語った。

2 堅雪と子どもたち

「鳥の鳴き声が微妙に伸びてくると雪渡りの季節になる」（事例⑤）、「鳥の囀りが多くなると堅雪になる」（事例①）。また、特定の鳥の鳴き声をもって堅雪の季節の実感を語るものも多い。青ゲラ（事例①）、メジロ（事例⑩）、カケス（事例㉑）、モズ（事例㉑）、雀（事例㉓）、ウマジラミ＝椋鳥（事例㉓）、鶯（事例㉓）、トラツグミ（事例㉗）などである。これらが子どものころからの実感の集積による伝承であることはまちがいない。

堅雪のころの子どもたちの遊びとして広く見られるのは、杉の枝葉などを敷いての雪滑り、橇遊び、スキーなどであるが、雪国の人びとの語りに耳を傾けてみると、さらに注目すべきものが多々あることに気づく。

⑴少年たちと小獣

野兎狩り　兎狩りも、事例⑥⑩⑫などは巻狩で、事例⑫は学校と父兄が協力しておこなう大規模なものだった。事例⑥㉟のように大人たちがおこなう兎狩りに勢子として参加するかたちもあった。事例⑨⑲㉑㉔は針金の括り罠だ。事例㉔ではホヤを餌にしている。獲物を仲間同士で共食するかたちが基本で、これが大きな楽しみだった。

鼬猟　箱罠形式で、詳細は事例⑲のとおりである。事例㉑にはリスのトラバサミ猟もある。

山鳥猟　事例⑥⑧㉔などに見られ、追いたて方式は大人たちの山鳥猟と同じである。これも共食が楽しみとなる。雪原・山野を走りまわる狩猟活動は、堅雪の季節になってはじめて可能となる。

⑵少女たちと山菜採り

少年たちの小型獣狩猟に対応するように、少女たちは堅雪を待って山菜・山野草採りをした。アサツキ、ヤマニンジン、蕗《ふき》の薹《とう》（以上、事例⑧）、芹（事例⑳）、メメッコ（事例㉓）、カタクリ（事例㉔）などにそれが見られる。少年・少女たちのこうした行動は、縄文時代における食素材確保の男女分業を思わせて興味深い。

少女たちは、別に杉のヤニ噛みを好んでおこなっていた（事例①⑨㉒）。少女たちは、堅雪のころママゴトにもはげんだ（事例⑮㉓）。

これらの遊びは、子どもたちにとってこのうえなく解放的で心はずむいとなみだった。狩猟、採集は、彼ら、彼女らが長じてからも生業複合の一部に加えるべきもので、堅雪のころの遊びは貴重な予行演習にもなっていた。少年たちが堅雪を待ちかねておこなった小型獣や山鳥の狩猟は、長じてからの熊狩り、カモシカ猟につながるものでもあった。

堅雪に関して多く語られるところは、雪に閉ざされた季節からの解放、行動範囲の拡大、通学路の近道化などだった。事例②の「カビタレ用の着がえ」は、それを見事に象徴している。

(3)宮沢賢治の『雪渡り』

宮沢賢治の作品『雪渡り』[2]は、これまで述べてきた各地の堅雪、雪渡り、凍み渡りと共通の土壌を成立基盤としている。雪がすっかり凍って大理石よりも堅くなったころ、四朗とかん子は雪沓をはいて「堅雪かんこ、凍み雪しんこ」と歌いながらすきなほうへどこまでも歩き、ふたりは森の近くまでいく。そこで狐の子と出会い、狐の子どもたちとの交流・交感がはじまる。堅雪の上での行動半径の拡大、子どもたちと動物との交流……というこの作品の大前提は、「雪国の春」の始動、その心躍りを示すものにほかならない。『雪渡り』のなかでは「堅雪かんこ、凍み雪しんこ」がくり返され、はずむ心を示す効果を果たしている。

岩波文庫版『わらべうた』[3]には、青森県弘前《ひろさき》地方の唄として

〽堅雪かーんこ　白雪かっこ　しんこの寺さ《てーら》　小豆《あずき》バッとはねた　はーねた小豆コ　すみとって　豆コ　ころころ　豆コ　ころころ

とあり、各地の類似表現も示されている。岩手県旧雫石村の田中喜多美は『山村民俗誌』[4]のなかで、

〽かだ雪かんこ　しも雪しんこ　しんこの寺さ　あずきばとは止まって　あずきァザクザク　豆こァコロコロ

を自分の郷里のものとして紹介している。

これらと比べてみても、賢治が使ったフレーズが、同音反復、連鎖音韻効果からして、もっとも美しい。ほかのふたつに見える「小豆バッと（小豆バット）」「あずきばと（バト）」は、「鳩」ではなくハットウ――すなわちハッタイ、ハッタイ粉《こ》――のことで、小豆を炒《い》って粉化したもの。これに柿の皮や砂糖などの甘味を加え、熱湯を注いで掻《か》くと、シルコの原型となる。小豆の芳香が立ちのぼる食べものである。

子どもたちのはずむ心は、「凍み雪シンコ」から糝粉《しんこ》（乾かした白米の粉）、糝粉団子を導くのである。凍み雪の白と糝粉の白も共通する。おいしく、楽しい食べものの連鎖として、小豆バットも導かれたのであろう。このわらべ唄は、冬籠《ごも》りから解放された子どもたちのよろこびをかきたて、声をそろえて歌うことによって、雪国の春への陶酔を深めるのである。

3　大人たちの始動

堅雪のころになると、大人たちも動きはじめる。それは、総じて生活と生業の準備のための行動ともいえる。堅雪を利用して、橇を使っての運搬活動が中心となった。

燃料

この時期に一年間の燃料を山地から運びおろす。前年伐っておいたものを運ぶことが多いが、その年に伐るものを運ぶこともあるし、杉の枯れ枝を狙って運ぶ地もある。盆地のまんなかや平野部は山から離れているので、遠隔地の山で燃料を買っておき、それを堅雪の季節に橇で遠距離運搬することになる（事例㉒）。燃料にする薪を堅雪の季節に運ぶところから、これをハルキ（春木）と呼ぶ地も多い。ハルキおろしは村落単位で組織的におこなわれることもあった（事例㉜）。

出材・運材

事例①では、屋根萱のみならず、薪、屋根木、鉄道の枕木までもこの時期に山からおろしていた。事例⑤では、軟らかい材質の桐を運ぶのはこの時期をよしとした。事例⑪によると、ブナ材を河川流送と雪上運搬を組み合わせて運んでいたことがわかる。

堆肥運び

堆肥運びも堅雪のころにおこなわれた。数か所にまとめて運んでおき、雪解け後に一枚一枚の田に配る。厩肥や堆肥は稲作にとって大切なものだった。岩手県北上市和賀町山口では一月十一日、農ハダチと称して、堆肥を径一尺ほどに固めたものを十二個つくって雪田植えの予定田の上に運んでおいた。こうしておいて、一月十五日、そこで雪田植えをおこなった（小原みやさん・大正四年生まれ）。秋田県横手市山内三又では、一月十一日に「肥出し」と称して儀礼的な堆肥出しをおこない、一月十五日に「作試し」と称して雪上田植えをおこなった（高橋俊夫さん・昭和二年生まれ）。いわゆる年中行事としての儀礼的・予祝的な堆肥運びに対して、雪国の春の実質的な堆肥運びは堅雪のころだったのである。

融雪促進――土撒きと灰撒き

堅雪になればなったで、雪の下の麦のことが気になった。一日もはやく雪を解かして麦に日の光をあててやりたいという思いにかられる。融雪をうながすために、事例㉘では土、事例㉚㉟では土と灰、事例⑯㉞では灰を撒いた。積雪地帯という環境差を背負いながらの麦栽培には、こうした努力が強いられていたのである。

富山県の砺波平野《となみへいや》は、散居村として広く知られている。山から離れているので燃料に苦労した時代が長かった。カイニョと呼ばれる屋敷林を形成する樹木の中心は杉で、その杉の落葉や藁を燃料にした。多くの灰が出るので、その灰を「灰小屋」と呼ばれる小屋にためておき、それを融雪剤兼肥料に使うという合理的な方法をとっていた。砺波《となみ》市《し》東開発《ひがしかいほつ》には灰小屋が多く残っている。[5]漆喰《しっくい》と黒塗りの柱、瓦葺きの灰小屋は瀟洒《しょうしゃ》で美しい。事例㉟では、野菜栽培のために融雪をうながす土を得るための「ツチハネ」が行事化していた。

灰小屋（どちらも富山県砺波市東開発）

ブナの雪上伐採

山中の雪が堅雪になるころ、山に入ってブナの大樹を中心に雪上伐採をおこなった時代があった。その雪上伐採の目的は、ふたつだった。ひとつは、事例③と事例㉛に紹介した焼畑準備のため。焼畑農業にとって、灰の獲得は重要な条件であるが、一方、山林における耕地の確保のために障害物を除去しなければならなかった。障害物除去という点で、二メートル以上もある雪、その堅雪の上で巨木を伐り、堅雪を利用して伐採した幹や枝を棄捨できることは有利だった。二次林以降の状態と、森林資源の面から考えると、じつに贅沢な時代でもあった。堅雪時の雪上伐採が秋山郷と奥会津という遠隔地の間で同様におこなわれていたということは、この方法が積雪地帯、落葉広葉樹林帯における原生林伐採焼畑の普通の方法だったとみてよかろう。

ブナ雪上伐採の目的のもうひとつは、蘖利用にかかわるものである。焼畑地のものは雪上伐採され、残された幹は立ち枯れとなるのだが、蘖利用のものは樹林のなかで――畸形ではあるが――命永らえて、樹林の保全や燃料資源供給に貢献する。事例④のなかの「柴アガリコ」は、積雪地帯ではむしろ例外的で、薪アガリコと呼ばれて、雪上伐採のほうが一般的だったといえよう。事例㉓ではこれを「キリアゲ」と称し、ブナ、ナラに適用し、蘖を十年～二十年で薪にして、堅雪の季節に橇で雪上運搬している。

市川健夫は、八ヶ岳南西麓で、桑のように台木仕立てにしたコナラからその蘖を水田用の緑肥として採っていたことを記している。(6) 筆者も、長野県松本市安曇《あずみ》（鈴蘭《すずらん》）の小沢寿雄さん（大正十一年生まれ）から、人の背丈ほどに伐ったミズナラ、または炭焼きのために皆伐《かいばつ》したミズナラの根株から二年目のナラズエ（蘖）を刈り採って、ソバ栽培の刈敷にしたことを聞いた。(7)

こうして並べてみると、先人たちの循環的な植物資源利用の知恵の尊さを知るのであるが、積雪地帯のそれは、堅雪の利雪と植物の保全的循環利用という点でとりわけ注目すべき民俗だったことがわかる。

堅雪のころの食べもの

熊狩りや山菜採りについては後述するが、これまで見てきた事例のなかにも堅雪のころの食べものとして注目すべきものが多々あった。

子どもたちも、兎や山鳥の肉を食べ、骨の叩き団子を食べたのだが、事例㉟では、兎狩りとその獲物を使っての共食宴会が、ムラをあげておこなわれていた。これは、本格的な春の前祝いにもなっていた。事例⑭の兎共同狩猟は、植林杉に対する兎の食害に対応するものだったという。福島県大沼郡三島町は桐の産地として知られるが、桐に対する冬季の兎の食害もはなはだしい。この地では、桐、杉を守るために大々的な兎猟をする伝統がある。(8) 事例⑭⑳では堅雪になると最初に芹摘みをし、事例⑭ではアブザラ、事例⑳では芹ごはんにして春の生気を体に入れた。

堅雪と雪玉

長野県下高井郡木島平村馬曲の芳澤定治さん（大正十年生まれ）は、凍み渡りのころ、朝早く田畑を眺めると直径尺五寸ほどの雪の玉が転がっているのを見かけることがあり、これを雪玉と呼んだという。福島県南会津郡只見町の渡部完爾さん（大正十四年生まれ）によると、堅雪の上に雪が降ると雪が丸い玉になって転がった。これを「雪転《ゆきころ》び」と呼んでいたという。事例㉞でも、これを雪玉と称し、雪玉を稲の豊作の予兆にしたという。そして、雪玉のできる気象条件も伝えている。事例⑬ではこの雪玉のことを「俵雪《たわらゆき》」と称し、ここでもこれを豊作の予兆としている。

俵雪という呼称は、豊作を象徴するにふさわしいものといえよう。青森県五所川原市金木町藤《かなぎちょうふじ》枝《えだ》の外崎守さん（昭和十年生まれ）は、これまで見てきた堅雪のころできる雪の玉のことを「ユキコゴリ」と呼ぶ。コゴリとは「凝《ここ》り」で、固まることを意味する美しい古語である。そして、「雪の団子が転がってダルマのように大きくなると、その年は豊作だ」と語り伝えている。

富山・山形・津軽と、積雪地帯で堅雪のころできる雪玉、その大なることをもって豊作の予兆としてきたことは、「雪国の春」にふさわしい伝承である。

雪目の話

岩手県の雫石村（現在の岩手郡雫石町）で暮らした田中喜多美は、堅雪のころに燃料・木材の

木出しをし、遠距離運搬をした。狩猟にかかわる者もいた。堅雪のころの反射光について、以下のように述べている。(9)

「一年じゅうのもっとも好日和の続くころで、山の雪の上に生活をしている私たちは激烈な紫外線と雪からくる放射光のために、十中の九人までは、眼を痛めて苦しむ時期なのです。夜は小舎の煤煙で目を使い、昼間は強烈な反射光にさらされるので……堅雪の表面は、キラキラと太陽の光線を享けて光を反射しているところでも、里の方では元気な児童の世界となっています」

青森県むつ市大湊《おおみなと》上町の古川博さん(昭和十年生まれ)は、反射光にさらされて目を痛めることを「雪目」と呼んでいた。涙が出て目が充血するのだという。鯵ヶ沢では、大寒をすぎるとリンゴの木の剪定をするのだが、このとき、はやくも人びとは防寒と遮光のための覆面をするのだと聞いた。「雪目」の伝承については、さらに聞きとりを重ねてみたい。

〈註〉

(1)鈴木牧之『秋山記行』擱筆一八二八、初刊一九三二(宮栄二校注『秋山記行・夜職草』平凡社東洋文庫　一九七一)

(2)宮沢賢治『雪渡り』初出一九二一、収載『愛国婦人』一九二一(『注文の多い多い料理店』新潮文庫　一九九〇)

(3)町田嘉章・浅野建二編『わらべうた・日本の伝承童謡』(岩波文庫　一九六二)

(4)田中喜多美『山村民俗誌　山の生活篇』初出一九三三(池田彌三郎ほか編『日本民俗誌大系第九巻「東北」』角川書店　一九七四)

（5）野本寛一「景物からの民俗遡及③灰小屋」（『季刊東北学』第25号　東北芸術工科大学東北文化研究センター　二〇一〇）
（6）市川健夫「刈敷山と水田農業」（市川健夫・斉藤功『再考日本の森林文化』日本放送出版協会　一九八五）
（7）野本寛一「南安曇山地の民俗をさぐる　ソバとミズナラの結合を緒として」（『民俗文化』第13号　近畿大学民俗学研究所　二〇〇一）
（8）野本寛一・三国信一『人と樹木の民俗世界　呪用と実用への視角』（大河書房　二〇一四）
（9）前掲（4）に同じ

二　キドい山菜を食べる

1　「キドい」という方言

「山菜のキドさで冬の穢れを落とす」という、季節循環にかかわる重い成句をはじめて耳にしたときの感動は深かった。それは、平成二十四（二〇一二）年四月、山形県西村山郡朝日町宮宿《あさひまちみやじゅく》の岡崎勇夫さん（昭和十八年生まれ）から熊狩りの話を聞いているときのことだった。岡崎さんのいう山菜の中心は春一番のコゴミであり、ワラビだった。その後、類似の伝承を探り続けることになった。

『日本国語大辞典』(1)には次のようにある。

「きどい［形］方言、においや刺激が強い。山形県、新潟県、島根県美濃郡・益田市《ますだし》」

山形県西置賜郡小国町金目の齋藤達美さん（昭和四年生

アカコゴミの揉み干し（山形県鶴岡市温海川、今野家）

まれ）は、キドさのある山菜としてアケビのモエ（新芽）、スドキ（モミジガサ）をあげる。同白鷹町黒鴨の佐藤軍一さん（昭和七年生まれ）は、「キドいなあ」といった用法があるとして、もっともキドさの強い山菜としてシドケ（モミジガザ）をあげる。臭いが強く、湯がいて醤油をつけて食べる。シドケを食べると血のめぐりがよくなり、とくに女性にはいいと伝えている。

家庭に移植されて生長したシドケ（モミジガサ）（福島県南会津郡只見町只見、新国勇家）

ウドは、苦いので炒めたり漬けものにしたりする。アケビの新芽は山菜として食べるが、秋に実る実も当然食べられる。山形県では、アケビの実の皮も煮つけにして食べる。佐藤さんは、「彼岸の明けの日に先祖さまがアケビの皮の舟に乗って帰られる」として、アケビの皮の煮つけをたくさんつくっておき、折々その一部を味つけ素材のように使う。アケビの皮にもキドさがあり、ほろ苦く、口中刺激が心地よい。これは、山菜のキドさとは異なり、口中刺激、キドさを日常嗜好的に楽しむ食べものとなっている。

山形県、新潟県、福島県の南会津でいう「キドイ」「キ

アケビの花（新潟県魚沼市大白川）

アケビの実（山形県酒田市、撮影：岸本誠司）

アケビの皮の煮つけ（山形県西置賜郡白鷹町黒鴨）

ドさ」は、苦み、渋み、蘞《えぐ》みなどの味覚要素と、臭み、香気などの嗅覚要素の混合をさすものと思われる。「キドい山菜」「キドい食べもの」は種類が多く、地域や個人によってその優先順位が異なり、一様ではない。

2　キドい山菜の伝承

・キドさの強い山菜は、第一にサイシナ（ヒメザゼンソウ）である。エグ味が強いので、茎を何度も茹でてから魚と煮る。「サイシナはよく噛むとエグいから、あまり噛まずに食べよ」といういい伝えがある。熊もこれを好み、穴から出るとまずこれの茎だけを食べる。シドキナ（モミジガザ）もキドイ（キドさ）が強い。シドキナはオヒタシにする。当地には、「キドさの強い山菜を食べると冬じゅうに体内にたまった毒が抜ける」といういい伝えがある（事例①＝山形県西置賜郡小国町荒沢・山崎三男さん・昭和十一年生まれ）。

・「キドい山菜を食べて冬のあいだの汚れを除く」といういい伝えがある。コシアブラの若芽、シドケ（モミジガザ）などがこれにあたり、これらを食べると今年も春がきたなぁと思う（事例②＝新潟県新発田市滝谷新田・佐久間進さん・昭和二十五年生まれ）。

・キドさのある山菜を食べると一年間病気をしない。春にキドさのある山菜を食べると、一年間の強さをあたえられる。シドケ（モミジガサ）は臭いが強く、フキノトウは苦さが強い。山菜ではなく根茎類であるが、この地では苦みの強いトコロは春の食いものだとして、春、雪解け直後に掘って米糠《こめぬか》で煮て食べた。「トコロのキドさで冬の穢れを抜く」といい伝えた（事例③＝岩手県盛岡市玉山区好摩《こうま》小袋・伊藤のぶさん・昭和十三年生まれ）。

・苦みの強い山菜をギデー山菜といった。熊狩りをして、熊の肉のなかにヤチアザミの葉を入れて煮て食べた（事例④＝福島県南会津郡只見町田子倉出身・渡部完爾さん・大正十四年生まれ）。

・フキノトウを採り、フキ味噌をつくって仏壇に供える。春一番のコゴミも供える。これらを食べると、冬のあいだに体のなかにたまった悪いものが出ていくような感じがする（事例⑤＝福島県南会津郡南会津町山口・月田禮次郎さん・昭和十八年生まれ）。

・フジナ（ナンテンハギ）の芽は、カモシカや兎も好むので競合する。茹でて味噌和えにして食べる。これを食べると冬の疲れがとれると伝える。また、これを食べると便の色が青くなり、健康になる。家の裏の崖に野人参が葉を出すと山ではフジナが出るので採りにいく。青コゴミもよい（事例⑥＝山形県鶴岡市関川・野尻伝一さん・昭和九年生まれ）。

・熊は、穴から出て冬眠中の尻塞ぎを除くためにイワカガミを食べるといわれる。下剤になると伝える。人は、堅雪になって山に入れるようになると、コシアブラの芽、アケビの芽、フジハナ（ナンテンハギ）を採ってきて、テンプラにして食べる。フジハナはカモシカと競合する（事例⑦＝山形県鶴岡市温海川・今野建太郎さん・昭和二十三年生まれ）。

・堅雪になると、コゴミ、バッケ（フキノトウ）、アザミ、セリ、ミツバ、ミズなどを味噌汁の具にする。便が青くなる。熊狩りで山泊まりをするとき、キヒゲ、ヤマワカメなどとも呼ばれるサルオガセを煮て食べると体が快調になり、敏感になる（事例⑧＝青森県西津軽郡鰺ヶ沢《あじがさわ》町《まち》一ツ森町字大谷・吉川隆さん・昭和二十五年生まれ)。

・夏泊では、行者ニンニクのことをアイヌネギと呼んだ。氷雪(堅雪)の季節になると行者ニンニクを採り、身欠きニシン、卵とともに煮て食べた。こうして行者ニンニクを食べると冬のあいだにたまった悪いものを下すといい伝えている。行者ニンニクには強臭と刺激がある

フキノトウ(北海道北見市常呂)

ナンテンハギ(山形県鶴岡市温海川)

（事例⑨＝青森県東津軽郡平内町小湊家ノ下、夏泊出身・後藤秀次郎さん・大正十二年生まれ）。

・熊は、冬眠から醒めて穴から出ると、さまざまな植物を少しずつ喰う。この地ではミズバショウのことをオオバコと呼ぶが、これは下剤になり、冬眠中にたまった糞を下す。カタクリのことをフクビラと呼び、芽をおひたしにする。食べすぎてはいけないといわれている。下剤の効果があり、食べすぎると腹を下す。熊はこれも食べる。行者ニンニクのことをキトビロと呼び、人はこれも食べる。ウドはエグいが食べる（事例⑩＝青森県むつ市川内町畑・岩崎五郎さん・昭和六年生まれ）。

・春、最初の山菜はコゴミである。茹でて醤油をつけて食べると、「春の生命力」を体のなかにもらう気がする（事例⑪＝秋田県仙北市西木町上檜木内《かみひのきない》・鈴木喜代治さん・昭和九年生まれ）。

・キドさのある山菜は、最初コゴミ、次にアケビヅルの芽、フキノトウ。これら初ものを食べると長生きをするといわれる（事例⑫＝新潟県南魚沼市一村尾《ひとむらお》・行方ヨシノさん・昭和七年生まれ）。

・キドさのある山菜はシドキとウド。コゴミは、はやい。これらの初ものは家族全員で食べる。オニアザミの新芽にもキドさがあるので、熊汁に入れる（事例⑬＝山形県西置賜郡小国町石滝・水野宗信さん・昭和十一年生まれ）。

3　冬籠りとキドい山菜

積雪地帯の人びとは、冬のあいだ降雪・積雪によって行動を阻害されることが多い。雪に閉ざされ、冬籠りの状態になることも少なくない。そこには閉塞感があり、ある種の圧迫を受け続けることになる。除雪車が普及するまえにはこの状態がはなはだしく、運動不足に陥るのは一般的な傾向だった。また、流通システムが現今のように発達するまえ、冬季には生鮮野菜を入手することも困難で、食のバランスを欠くことも少なくなかった。便秘がちになる。膨満感・腹蔵感や鬱屈が重なり、強く解放を求めることになる。雪国の人びとにとって冬は、膨満感や鬱屈をもたらす季節である。

「山菜のキドイ（キドさ）で冬の穢れを除く」（事例①＝冬の毒、②＝冬のあいだの汚れ、③＝冬の穢れ、⑤冬のあいだにたまった悪いもの）といった類似の伝承を軽く見ることはできない。山菜のもつキドさ、山菜の力は、味覚的にも悪しきものを追放する力を感じさせ、実質的には便秘を解消する力をもつのである。事例⑥⑧では、「便の色が青くなる」と具体的である。

キドさのある山菜としてあげられたものは、コゴミ、ワラビ、アケビのモエ（芽）、モミジガサ、ウド、ヒメザゼンソウ、コシアブラ、フキノトウ、アザミ類、ナンテンハギ、行者ニンニク、カタクリの芽などと多様である。雪国の人びとがいかに山菜の出る季節を待ち望み、山菜の力を信じ、山菜の味を楽しんできたかがわかる。キドさの強い山菜を食べることこそ、「雪国の春」の象徴的ないとなみのひとつである。

右のなかに出てくるヒメザゼンソウの食習地域とその意義についてつとに注目したのは、赤羽正春だった。赤羽は、次のように述べている。

「ヒメザゼンソウは雪解けの水辺にミズバショウやザゼンソウと共に芽吹く春一番の山菜である。熊は冬眠から目覚めると、水を飲むために水場に下りてくるが、冬眠からの覚醒が進んで食を摂るようになると、冬眠中、排泄しなかった消化器官内の内容物を出すために大量の山菜を摂る。ミズバショウの球根は毒があって激しい下痢を起こすが、これによって熊は自身の消化器官内の物を排泄してきれいにするという。ヒメザゼンソウはミズバショウと同じ場所に生え、同じような姿形をしているために狩人の間でさえ混乱がある」

また赤羽は、「春、熊の山菜は、人にとっても大切な山菜である。人は自然界から多くの山菜を選択して口に入れてきたが、熊が食べることで知った山菜もある」として、山菜のなかには人が熊に教わったものもあったという斬新な解釈を示している(2)。

先に示した事例のなかでは、事例①でヒメザゼンソウ、事例⑩でミズバショウにふれている。熊が冬眠中の尻ふさぎを除くために喰うものとしては、ミズバショウ、ヒメザゼンソウのほかに、イワカガミ（事例⑦）、カタクリの芽（事例⑩）なども伝えられている。

カタクリの芽が人にとって下剤になるという伝承は、興味深い。熊が冬眠を終えて穴から出て、尻ふさぎを除いて排泄するために催瀉力の強い山菜を多量に食べることと、人が冬籠りの季節に訣別し、腹を浄めるためにキドさのある山菜を食べることに、相似性を認めることができる。

山から遠く離れた地では、フキノトウを食べる。たとえば秋田県大仙市横堀星の宮は典型的な平地であるが、フキノトウが出るのを待って採取して、バッケ味噌、天婦羅、和えものなどにして食べる。苦みが強すぎると思えば炭を加えて茹でればいいと伝えている。「犬ッコバケ」「馬ッコバケ」と、形状によって愛称で呼ぶことがあったという（長沢精一さん・昭和三年生まれ）。秋田県、岩手県では、フキノトウのことをバッケと呼ぶ。秋田県北秋田市阿仁打当の鈴木英雄さん（昭和二十二年生まれ）も、バッケ味噌、天婦羅にして食べる。ほろ苦いバッケの味を「初恋の味」と称するのだという。人びとがフキノトウに寄せてきた思いが知れる。

秋田県の横手市山内三又を歩いていた。雪解けのはやい畦《あぜ》の一部に、雪とは対照的な黒味の強い褐色の土が露出し、淡い薄緑色のフキノトウが点々と顔を出していた。その後、新潟県魚沼市大栃山でも、福島県の三島町などでも、同様の情景に接し、里の人びとの心踊りを思った。フキノトウの別称に「款頭花」がある。「頭を出すのを待って喜ぶ花」の意だ。

「山菜王国」として村興こしをしてきた新潟県魚沼市大白川で、アケビの芽を食したことがあった。かすかな口中刺激があった。その折、積雪地帯のアケビの芽は食べられるが、まったく雪が積もらない土地のアケビの芽は、キドさが強すぎてとても食べることはできないと教えられた。魚沼地方では、アケビヅルのことを「木の芽」と称し、山菜の一種として親しんでいる。

ところで、前節「堅雪の気配――春微動」の事例⑭（新潟県新発田市）では、春一番の「焙皿」に、採取してきた芹を入れている。事例⑳（青森県三戸町）でも、堅雪になるとまず芹を採ってきて芹粥にして食べている。芹もまた、キドさのある重要な春の野草だったのだ。

〈註〉

（1）市古貞次ほか編『日本国語大辞典』（小学館　一九七二）

（2）赤羽正春『熊』（ものと人間の文化史144　法政大学出版局　二〇〇八）

三　ツララの長さとその変化

・ツララが軒にさがりはじめると根雪になる。ツララが落ちると春になる。軒端から春がくる（新潟県魚沼市外山・樺沢コトさん・昭和七年生まれ）。

・ツララのことをタロヒ（垂氷）という。タロヒが短くなると春が近づく。萱屋根から並んで下がっているタロヒを棒で叩くと、音楽ができる。春が近づくとタロヒの音楽はできなくなるが、それはそれでうれしかった（岩手県花巻市石鳥谷字戸塚小字蒼前・藤原昭男さん・昭和二十年生まれ）。

・タロヒは二月下旬から三月にかけて解けはじめる。タロヒが解けると春がくる（岩手県奥州市江刺区岩谷堂寺内・千葉静子さん・昭和十九年生まれ）。

タロヒは「垂る氷」の転で、古い日本語である。『枕草子』三〇二段には、「日ごろ降りつる雪の今日はやみて、風などいたう吹きつれば、垂氷いみじうしだり………」とある。

・母屋の裏側のツララは、積もった雪にとどいていた。玄関前のツララは叩いて落とした。母屋の前のツララが雪おろしをした雪の上に落ちると、穴があいた。春が近づくと、一日一日短くなる。朝長かったものも、夕方短くなっている（秋田県大仙市横堀星の宮・長沢精一さん・昭和三年生まれ)。

・ツララのことをスガと呼んだ。スガが短くなると春がくる(秋田県北秋田市阿仁打当・鈴木英雄さん・昭和二十二年生まれ)。

福島県の只見地方では、氷、ツララ、霜氷、樹霜などを総じて「シガ」と呼んでいる。「スガ」は「シガ」と同系である。栃木県では「シガンボウ」、宮城県では「シガバシラ」という呼称もある。

・萱葺きの母屋の前ヒラで百本、後ヒラで百本ほどツララが下がった。一メートル五十〜六十センチはあった。父からツララをはたいておろせといわれて、ツララ落としは子どもの仕事だった。ツララはナラの木の棒で叩いた。叩くとよい音が出た。旧暦の節分をすぎると、ツララが短くなりはじめる。ツララが短くになるにつれて、春が近づく(福島県耶麻郡猪苗代町小平潟・佐藤正巳さん・昭和十二年生まれ)。

・ツララのことをカネコロという。カネコロ落としは朝はやくやると危険だとして、午前十時ごろ、年寄りが竹の棒で叩いて落とした。美しい音が出て音楽のようだった。子どもたちでカネコロを舐めて噴き出す遊びがあった(富山県南砺市井波軸屋・稲垣博さん・昭和九年生まれ)。

富山市の旧利賀村から飛騨にかけては、ツララのことをカネコリと呼ぶ。金氷の意であろう。カネコロも同系である。

・ツララのことをカナッコリと呼ぶ。コウスキ（雪掻きヘラ）で叩いて落とす。カナッコリが小さくなれば春だ（長野県下高井郡木島平村馬曲・芳澤定治さん・大正十年生まれ）。

ツララの太さ、長さの変化が微妙な気温差の反映を示し、次第に近づく春の到来を予感させた。ところが、いま雪国を歩いていても、民家の軒に太く長いツララを見かけることはない。まずは、民家の建て替えが進み、萱葺き屋根が姿を消したことによる。トタン、瓦、スレートなどの屋根には太く長いツララがつきにくいのだ。そこに地球温暖化が加わる。萱を伝ってごく少量ずつ落ちる雪氷水が夜間を中心にツララとして次第に育っていくのだから、萱屋根の消滅はツララを遠ざけたことになる。

萱葺き屋根の消滅は萱場の山の変容をもたらし、冬の民家の風貌も変えた。イエやムラから牛馬が消えたこと、水田の肥料が刈敷や堆肥から化学肥料に変化したことは草山の消滅をもたらし、草原の消滅は、盆花を入手しにくくし、秋の七草を得にくくしてしまった。

ツララ（秋田県仙北市田沢湖田沢字田沢沢口）

鈴木牧之の『北越雪譜』[1]では、「垂氷」と書いて「つらら」と読ませている。

「他は姑《しばら》く舎《おい》てまづ我が家の氷柱《つらら》をいはん。表間口九間の屋根の簷《のき》に初春の頃の氷柱幾条《いくすじ》もならびさがりたる、その長短はひとしからねども、長きは六七尺もさがりたるが根の太さは二尺めぐりにひらみたるもあり、水晶をもて篇子《かうし》を作りたるやうなり……」

「右のつらら明りにさはるゆゑ朝毎に木鋤《こすき》にてみな打おとさす」

「次第にふとりて大になるも物にさはらぬ所はすておきしを、いつか打砕く時は大力の男杭などにてしたたかに打て、やう〳〵をれおちてくだけたる四五尺なるを、童らが打ちよりて手遊びの雪舟《そり》にのせて引きありき遊ぶもあり」

鈴木牧之の記述にはいくつか注目すべき点がある。先に紹介してきた事例のなかに、ツララを叩いたときに発する美しい音についてふれたものがあった。ツララをめぐる聴覚の世界である。牧之は、「水晶をもて篇子（格子）を作りたるやうなり」と述べている。これは、ツララの美しさを視覚的にとらえたものである。次に、ツララに囲まれると室内が暗くなるので、採光のために木鋤でツララを落としていたのだという。また、巨大なツララを子どもたちが橇にのせて引きまわして遊んだとある。ツララをめぐる子どもたちの遊びは多様で、先に「カネコロ吹き」にふれたが、ツララを舐める遊びもあり、男児たちが細長いツララを使ってチャンバラをしたという話は、各地で聞いた。

〈註〉

（1）鈴木牧之『北越雪譜』初出一八三五（岩波文庫　一九三六）

四　渡り鳥の去来

1　北へ帰る白鳥

雪国に暮らす人びとの春待つ心は、渡り鳥の去来にも敏感に反応した。秋、北の果てから飛来してこの国で冬をすごし、雪と寒さを持ち帰ってくれるように北へ帰っていく冬鳥。ここでは白鳥と真雁《まがん》をとりあげた。また、夏鳥の代表として、民家の母屋に営巣し、長いあいだ人びとと共生してきた燕をとりあげることにした。

(1)白鳥を送る人びと

・堅雪になるとまもなく、津軽海峡に面した三厩《みうまや》からワカオイの行商人がやってきた。ワカオイとは新昆布、春昆布のことで、薄くて軟らかい。幅の広いものも狭いものもあるので、長さを定め、目方で売買した。ワカオイはワカオイ巻きにした。塩味の握り飯を薄いワカオイで巻いて食べるのである。少年のころから親しんできたその味が忘れられず、いまでもつくって食べる。ワカオイは、春の味だ。

ワカオイ巻きを食べて数日たつと、白鳥が北へ帰るための飛行練習をするのだろう。藤枝のムラや田の上で、いくつもの群れがさまざまなかたちで「クワ、クワ、クワ」と鳴きながら飛ぶ。十三湖の白鳥も、小湊の白鳥も、藤崎方面の白鳥も、みんなここに集まるような気がする。

こうして白鳥の声を聞き、その白鳥が北へ去って姿が見えなくなると春がくる。白鳥がムラの上で鳴くのを聞くと、春を迎える気持ちになる。そして、田の畔《くろ》の土が見えてくるとワクワクする（事例①＝青森県五所川原市金木町藤枝・外崎明さん・昭和十年生まれ）。

・稲刈りがすむと白鳥がくる。白鳥がくると、子どもたちは手を叩いて歓声をあげてよろこぶ。白鳥は、まず稲田で盛んに落穂をひろって食べる。ほかに海藻やシジミも喰う。この地には、「白鳥がたくさんくる年は雪が少ない」「白鳥の飛来が少ない年は雪もシガ（氷）もはげしく、寒さも強い」といういい伝えがある。子どものころは、白鳥がくるとうれしいが、寒さも厳しくなるのがつらかった。祖父が、「白鳥がコーン、コーンと鳴いて北へ帰るとぬくみがくるよ」と語っていたのを思い出す。

春が近づくよろこび――まず、シバレ雪（堅雪）になる。シンベイや藁沓を履いて外で遊べる。次に、ワカオイ。ワカオイは、浜で採れる。潮で洗ってから干す。乾いたワカオイを、焼いてから叩いて粉にする。ワカオイの粉に塩と酢を混ぜて飯にかけて食べる。春の味だ。

次いで白鳥。「クォー、クォー」と鳴いて十羽から二十羽が群れをつくって十三湖から海の上にでて、帰っていく。群れは次々と続き、二十組ほど飛び立つ。白鳥が帰ってしまうのは淋しいが、白鳥がいなくなると、いよいよ春がくる。なお、戦前には白鳥を密猟で獲る者もいた。白鳥の肉は、何も入れずに味噌味で食べたと聞いている（事例②＝青森県つがる市木造清水、十三湖々口南出身・太田清二さん・昭和二年生まれ）。

・稲刈りが終わると、白鳥がやってくる。「クヮー、クヮー」と鳴きながら旋回して着地する。白鳥は、アマ藻を中心に、岸辺の藻類を喰う。漁師が捨てる魚のカスも食べた。昭和四十（一九六五）年以降、パンの耳やトウモロコシをあたえ、のちに屑米、大豆、馬鈴薯なども撒きあたえたが、鳥インフルエンザ発生以後は餌づけをしなくなった。三月中旬から四月の上旬にかけて北へ帰っていく。帰るときには並んで泳いで飛び

帰北をひかえた白鳥（青森県東津軽郡平内町小湊、撮影：後藤秀次郎）

立つ。北海道のほうを向いて飛んでいく。白鳥が帰るのは氷雪（堅雪）のころで、白鳥がいなくなるのは淋しいが、春がくるのでうれしい（事例③＝青森県東津軽郡平内町小湊家ノ下・後藤秀次郎さん・大正十二年生まれ）。

・東北地方に飛来する白鳥にはカムチャッカ系とサハリン系とがあり、ともに北海道の湖や湿地を中継地として飛来する。大湊へくるものは風蓮湖経由だとされている。大湊へくるものにも、常留と中継留とがある。大湊への飛来は十一月から十二月にかけてで、寄り着き地は、宇曽利川河口にできた、砂嘴《さし》で遮られている潟状地である。餌はアマ藻、アオサなどの海藻類が中心である。

北帰行は三月を中心とするが、二月末のものも、四月半ばのものもある。ザラメ雪・堅雪の季節でもある。北帰行まえの白鳥は、行動に落ち着きがなくなる。家

飛び立つ白鳥（青森県東津軽郡平内町小湊、撮影：後藤秀次郎）

族、その他のグループづくりをする。餌とり場を次々と移動しながら団結を固める。一か所にいると、狐、鼬、犬などにねらわれるからでもある（事例④＝青森県むつ市大湊上町・古川博さん・昭和十年生まれ）。

・毎年、稲刈りがすむと馬淵川に白鳥が二、三羽やってくる。そして堅雪の三月ごろ、「クォー、クォー」と鳴いて北へ帰る。白鳥がいなくなるのは淋しいが、春がくるからうれしい（事例⑤＝青森県三戸郡三戸町目時・上野あきさん・昭和七年生まれ）。

・秋、稲刈り後にやってくる。田や用水で見かけた白鳥が、堅雪渡りのころ「クォー、クォー」と鳴いて北に帰る。このとき、「春がくる」と実感する（事例⑥＝秋田県仙北市田沢湖町生保内石神・田口郁子さん・昭和二十五年生まれ）。

・雄物川支流の皆瀬川に白鳥がきた。稲刈りが終わるころ飛来して湛水田で落穂の籾を食べ、川では魚は喰わずに藻を食べていた。パン屑で餌づけをするようになり、最大二千羽きたときもあったが、鳥インフルエンザ以来、餌をあたえないのでこなくなった。白鳥は、夫婦つれあいで寄りそい、仲がいい。堅雪のころ、北へ帰る。北への出発は朝だ。「クォー、クォー」と鳴きながら、輪を描いて舞う。別れをしているような気がするので、人びとも手をふる。白鳥が帰ってしまうと、湛水田で荒起こしの馬耕をはじめる。秋は白鳥がくるのを心待ちにしていたので、くるとうれしかった（事例⑦＝秋田県横手市十文字町一ツ屋・奥州三四郎さん・大正十二年生まれ）。

・稲刈りの終わりごろ白鳥がきはじめて、落穂を食べる。白鳥の溜り宿は北上川である。白鳥が北へ帰るのはバッケ（フキのトウ）が顔を出すころが中心で、飛び立ちはじめてから終わりになるまで一か月ほどかかる。「クォ、クォ」と鳴きながら、鉤《かぎ》になったり棹《さお》になったりして、毎日何家族も飛ぶ。それを見るたびに、無事に帰ってくれればよいが……と心配になる。白鳥が鳴いて帰ると淋しいが、春がくるのはうれしい（事例⑧＝岩手県北上市二子町、花巻市より嫁いできたSさん・昭和八年生まれ）。

・平成に入って人首川に親子の白鳥が三、四羽きはじめたので、亡くなった夫の實（昭和十七年生まれ）が屑米をあたえて餌づけをした。最大百羽以上くるようになった。籾やパンを手から受けて食べるようになり、かわいかった。夫は、「白鳥おじさん」と呼ばれていた。一羽ごとに名前をつけて餌をあたえる女性もいたが、鳥インフルエンザ以後、餌をあたえなくなったのでこなくなった。

白鳥は十一月末から三月末ごろまでおり、秋はまず落穂を食べた。短いあいだだったが、「西根山に雪が降ると白鳥がくる」という自然暦、口誦句が、ムラびとたちのあいだで語られていた。白鳥は、寒さとともにやってくるかたちだ。地球温暖化で雪解けがはやく、雪解けの田で白鳥は泥だらけになって落穂を拾っていた。

白鳥は、家族単位で帰っていく。ぐるぐるまわってから北をめざし、逆V字になって飛ぶ。数はマチマチだった。白鳥が北へ飛び去ると淋しくなるが、本格的な春がくる（事例⑨＝岩手県奥州市江刺区玉里・千葉静子さん・昭和十九年生まれ）。

・真雁が九月下旬、稲刈りの最中にやってくる。空が真っ黒になるように感じるほどの大群だ。真雁は落穂を喰うのだが、ハサにかけた稲にもつく。棒かけハサをつくるとき、真雁除けに網をかけたりカカシをつくったりする。田にいる真雁が一斉に舞い立つときは、おらだち（自分たち）も吸いあげられるような感じがする。

白鳥は、十月中旬、稲刈りが終わってから飛来しはじめる。真雁同様に、稲刈りあとの田に降りたって、群をなして落穂を食べる。夜は伊豆沼で休み、落穂がなくなったり雪が降ったりすると、伊豆沼で真菰

稲刈りをしたあとの水田で籾を啄む白鳥。あいだには真雁も見える（宮城県伊豆沼北）

の根などを食べる。一時は、白鳥の餌としてシイナを寄付したこともあった。白鳥は、三月はじめから北へ帰りはじめる。白鳥や真雁が帰ると春がくる。子どものころ、夕方田から真雁が伊豆沼や長沼へ帰るのを見て、

〽雁雁《がんがん》、棹になれ　鉤になれ

と囃した。また、夕方、烏が西へ飛ぶのを見て、

〽烏家《からすえー》が丸焼けだ　早く家さいって水かけろ　水かけろ

と囃した。また、夕焼けを見て、

〽夕焼マッカッカ　猿ッケツはマッカッカ　明日《あした》は天気になあれ

と囃した。

昭和二十二（一九四七）年に長沼西北の現登米市迫町小友沢から伊豆沼北岸の米ヶ浦に嫁いできたのだが、そのときには長沼にも伊豆沼にも内沼にも白鳥は飛来していなかった（事例⑩＝宮城県栗原市若柳上畑岡・鈴木美和子さん・昭和四年生まれ）。

・十月二十日ごろ稲刈りが終わる。はやい年には、このころから白鳥が飛来しはじめる。真雁は白鳥より約二十日遅くくる。ともに稲刈り後の水田で落穂を拾って食べ、猪苗代湖で休む。白鳥も真雁も、鉤型に雁行する。一時、街全体でコゴメ（屑米）を集めて白鳥の餌にしたことがあったが、湖水が汚れるとして中止した。堅雪のころには、湖の周辺は氷っているがま

んなかは氷らないので、白鳥はそこに集まっている。堅雪のころ、岸近くで「氷割り」をする。氷割りとは、氷に穴をあけて、そこに雪を入れ、雪とともに浮かびあがってくる鮒を獲る鮒漁のことである。この氷割りが終わると、白鳥が北へ帰りはじめる。白鳥は、北帰行の準備をする。風が強く、晴れた日には盛んに飛びまわる。

白鳥は、くるときも帰るときも風に乗る。白鳥が帰ると、苗代の準備をはじめる（事例⑪＝福島県耶麻郡猪苗代町小平潟・佐藤正巳さん・昭和十二年生まれ）。

・上池が見下ろせる現在地に転居したのは二十八年まえの昭和六十二（一九八七）年で、そのときにはまだ上池に白鳥はこなかった。白鳥がくればいいなあと思っていると、二年後に白鳥が飛来しはじめた。餌づけをしようという動きがあったが、「自然」を重視し、いままで餌づけをしないできた。

上池・下池あわせて三千八百羽ほどくる。稲刈りが終わるころ飛来し、マンサクの花が咲き

稲刈り後の水田に集まる白鳥。後方は、積雪のはじまった磐梯山（福島県猪苗代湖湖東）

はじめるころ北に帰る。コンバインによる稲の収穫は落穂が多く出るので、白鳥は秋には田で落穂を喰う。ほかにマコモの根、雑草類なども喰う。動物性では、シジミ、魚のカス、ザリガニ、ドジョウ、フナなども食べる。渡り（北帰行）のまえには脂肪を蓄えるために必死に食べる。ビチャビチャと音が聞こえるほど落穂などをあさる。

逗留中、毎日摂餌活動のために池を基点として去来する際には七十〜八十メートルの高さを飛行するのだが、北帰行のときには二百八十〜三百メートルの高さを飛ぶ。北へ帰る日は、静かな風がある日だ（事例⑫＝山形県鶴岡市大山・太田威さん・昭和十八年生まれ）。

・白鳥は、極東ロシアから飛来する。日本海側にはコハクチョウが多く、太平洋側にはオオハクチョウが多いとされる。真雁は太平洋側に多い。

庄内地方に白鳥がきたのは、昭和五十年代だといわれる。上池・下池の白鳥は、個体の入れ替わりが激しい。

白鳥の飛来は稲刈りが終わったころで、北帰行はカタクリの花、マンサクの花が咲くころである。稲の収穫が手刈りからコンバインになり、落穂が多くなったこと、田に入る人の数が少なくなったことも、白鳥を田にひきつける要因になっているのではないか。白鳥が雑草を喰うので田の畦が荒らされるとも聞く（事例⑬＝山形県鶴岡市馬町字駒繋・鶴岡市自然学習交流館学芸員・上山剛司さん・昭和五十六年生まれ）。

・白鳥は、早生や糯種の稲刈りが終わるころにくるが、コシヒカリがまだ田にあるころにくるものもある。北へ帰るのは桜の蕾が膨らむころが盛りで、白鳥は桜の花を見ることなく北へ帰る。このことを歌に詠んだことがあるので、白鳥が北に帰る時期をよく覚えている。雁が北へ帰るときには

〽雁 雁 飛んでいけ 鉤になあれ 棹になあれ
　先になあれ

とみんなで囃した（事例⑭＝新潟県阿賀野市中央町・鈴木トシヱさん・大正十五年生まれ）。

・餌づけをしてから瓢湖《ひょうこ》の白鳥が有名になっているが、佐潟《さかた》にはそれ以前から多くの白鳥が飛来し、越冬していた。佐潟周辺とりわけ赤塚では、白鳥を保護鳥として意識するよりは「食料」として認識する時代が長かった。赤塚のムラのなかを通る北国街道ぞいに、江藤商店という雑貨屋があった。冬季、その店のなかに、白鳥、ヒシクイ、マガモ、コガモなどが、首を縛られ、吊られて売られていた。これは小学校三年までのこと

餌づけされた白鳥（新潟県阿賀野市瓢湖）

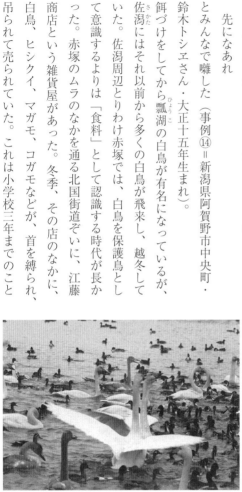

だが、戦後も白鳥は猟の対象になっていた。白鳥が佐潟に飛来するのは十月はじめ、稲刈りが終わってからだった。白鳥がくれば、家のなかにいても空を飛ぶ鳴き声でわかった。

稲刈り後の田で落穂を喰う白鳥を見かけることはなかった。仮に白鳥が田にいたとすれば、それはただちに猟師にねらわれたからである。そうした人の動きを承知してか、佐潟にやってきた白鳥は、朝、海を目ざして飛び立ち、昼間は海藻類を食べつつ海ですごし、夕方になると潟へ帰って休むという日々をくり返していた。

白鳥は、こうしていれば安全だというわけではなかった。佐潟と海のあいだには、鷲山、板藤と呼ばれる海抜五十メートルほどの丘陵地帯があった。二十人ほどの猟師が朝の五時～六時、夕方の五時半～七時にこの丘陵地帯の松の木にのぼって銃をかまえ、飛翔する白鳥をねらったのだ。銃以前は、木枠のタモ網を持って松の木にのぼったのだという。誤射された白鳥はテッポーハズレと呼ばれ、潟へ帰ってはきたが、

越冬する白鳥とヒシクイ（新潟市西区佐潟）

これは子どもたちにねらわれた。これを獲ると親たちがよろこんだという。白鳥にとっては厳しい時代だった。赤塚には、耕地を持たず水鳥猟で食べる人が三人いた。

工藤さんはもちろん白鳥を獲ったことはないが、乙種免許で網猟師を三年ほどしたことがある。田に網を張ってカモ類を獲った。一晩に三十羽獲ったことがある。

鳥は、かたちが小さい種類ほどうまいといわれている。佐潟周辺で獲れるものの味の順序は、以下のようになる。

①鴫《しぎ》→②小鴨→③真鴨→④ヒシクイ→⑤白鳥

工藤さんが白鳥を食べたのは小学校三年生以前のことで、オオハクチョウ、コハクチョウの区別はつかなかった。小鴨と真鴨は骨を叩いて団子にするが、鴫、ヒシクイ、白鳥の骨は叩かなかった。鳥類は、射殺後も冬は十日から十五日はもった。これらの鳥類はすべて「鴨鍋」と称し、ネギ、蒟蒻、里芋を入れ、味噌味または醤油味で食べた。

潟に氷が張ると白鳥は沖へ沖へと追われ、徐々にまんなかへ集まることになる。工藤さんは、全面凍って氷上にいる白鳥を見たことがあった。氷が張らないとき、白鳥は潟で砂のなかにある蓮の芽、翌年芽になる部分を食べる。

白鳥の北帰行は、三月はじめから半ばまで。ザラメ雪（堅雪）のころ、桜の蕾のまえである。昭和二十年代までは小麦やタバコが栽培されていたので、農作業をはじめるころだった（事例⑮＝新潟市西区赤塚・工藤雅晴さん・昭和四年生まれ）。

⑵白鳥と環境変化

白鳥の、あの大きな白い姿を見たことはあったが、空飛ぶその姿を見たこと、上空での声を聞いたことはなかった。白鳥が渡り鳥であること、冬鳥であること、多様な伝承をもつ鳥であることを、知識としては承知していた。しかし、私にとって白鳥は、観念の鳥でしかなかった。北に向かって帰っていく白鳥の姿や、その声をもって春の指標とする生きた鳥、季節の鳥、暮らしとかかわる鳥であること、「現実の白鳥」を見つめるべきことを教えてくれたのは、津軽の外崎さん（事例①）の語りだった。外崎さんから白鳥の話を聞いたのは、平成二十五（二〇一三）年三月二日のことで、それから白鳥飛来地を巡る旅がはじまった。

白鳥の飛来と北帰（帰北）、その他の伝承は事例のなかで示したとおりであるが、飛来期を稲刈りをもって語る地が多く、早稲・晩生、糯・コシヒカリなど品種をもって語る地もある。事例⑨では、「西根山の雪」を白鳥飛来の指標とした。

日本のなかでは、白鳥の飛来越冬地と積雪地とは重なる。このことは、象徴的な表現をすれば、「白鳥は雪を持ちきたりて、雪を持ち去る」ともいえる。事例⑨の自然暦は、「雪を持ちきたる」

ことにもなる。白い大鳥は、雪の色である。降雪期を終えての堅雪と白鳥の帰北は重なる。事例③④⑦では、それが意識されている。

白鳥は、寒さをつれてきて、寒さをつれ去る鳥でもある。津軽、十三湖のほとりで祖父が幼い孫に語って教えたという「白鳥がコーン、コーンと鳴いて北へ帰るとぬくみがくるよ」ということばは、実感に満ちている（事例②）。

白鳥の帰北が春の指標となるのだが、その白鳥の帰北を花と重ねて自然暦として語る例も見られる。事例⑧のバッケ（フキノトウ）、事例⑫のマンサク、事例⑬のマンサク・カタクリ、事例⑭のサクラの蕾などである。その他、事例①②ではワカオイ（新昆布）、事例⑪では氷割りと関連させている。

白鳥の飛来地と越冬地は、固定的・絶対的なものではない。気候変動、気象、餌の条件その他によってそれは変動するものであることが、各地の人びとの観察や伝承によってわかる。事例②によれば、「十三湖に飛来し、越冬する白鳥が多いときには、雪が少ない」「十三湖に飛来し、越冬する白鳥が少ない年には、雪もシガも激しく寒さも強い」という。十三湖に越冬する白鳥が少ないということはその年は寒さが厳しいので、多くの白鳥はさらに南の湖や沼・潟で越冬しているということになる。十三湖に多くの白鳥が逗留するということは、その年はより南へいく白鳥が少ないということになる。

事例⑫⑬は専門的な白鳥の観察者によるものであるが、そのふたりがともに、コンバインによる稲の収穫と落穂の多出、その落穂と白鳥の関係を語っているところに注目しなければならない。コンバイン以前の、長く続いた鎌による稲刈りの時代は、相対的に稲（米）の価値が高く、落穂拾いが徹底的におこなわれた。割れ米利用やツボ餅なども盛んで、落穂が捨ておかれるコンバイン時代とは異なるものだった。農業技術や生活様式、食生活の変化、価値観の変化が白鳥の越冬に影響をあたえる部分があることは見逃せない。

白鳥の餌づけと白鳥の越冬の関係は事例のなかで紹介してきた。餌づけが普及するなかでそこにブレーキをかけたのが、鳥インフルエンザだった。

⑶佐潟の白鳥から

自然との共生や共存が語られ、白鳥保護の思想が浸透してきている現今、北へ帰る白鳥に対する惜別のまなざしや白鳥との交感、北へ帰る白鳥と春との関係だけに目を奪われようとしていた。事例②のなかにも白鳥の密猟の話はあるし、岩手県岩手郡雫石町鶯宿小字切留の猟師横田捷世さん（昭和十八年生まれ）から、祖父が青森県へ白鳥狩りに出かけていたと聞いたことがあった。

永松敦は、宝永《ほうえい》三（一七〇六）年に書かれた『稲富流鉄砲許可大事』所収のマタギの狩猟対象物に対する狙撃ポイント図のなかに鶴の絵図があることなどを検証し、「将軍家への白鳥・鶴・鮭（一番鮭・二番鮭）なども捕獲しては、近くの代官所などから山祝いと称する米などを下賜された」と述べている[1]。

一方、赤羽正春は青森県小湊の雷電神社、宮城県の刈田嶺神社が白鳥を尊ぶ人びとによって産土神として祭られていることに注目し、白布・麻とのかかわりにも注目している[2]。また、谷川健一は以下の事例を示している。刈田嶺神社信仰圏である白鳥を尊ぶ人びとの領域に、福島県側から猟師が入って白鳥を捕獲した。その結果、激しい争いが起こり、警察沙汰になった[3]……。

これらのことを想起させてくれたのは、平成二十七（二〇一五）年二月九日の工藤雅晴さんの語りだった。

新潟県の佐潟へいってみたいと思っていた。そのとき、佐潟の岸は雪混じりの烈風で、身を切るような寒気が体の芯まで突き刺さってきた。佐潟の向かいに角田山（長居原山）がかすかに姿を現す瞬間もあるが、すぐに消えてしまう。潟にはヒシクイと白鳥が群れていた。

佐潟畔の赤塚は微高の丘陵で農のムラであることがわかったが、人っ子ひとり見かけることはできない。村じゅうを巡り続けた後、棟に装飾のような煙出しをつけた丈高いタバコの乾燥部屋のある家にねらいをつけた。工藤雅晴さんのお住まいだった。

白鳥に関する語りは事例⑮に示したが、それはあまりに強烈なものだった。これも日本人と白鳥のかかわり方のひとつだったのだ。じつに厳しい人と白鳥の関係なのだが、このなかにも季節の指標はあった。日本人の動物観はけっして単純なものではなく、多様なものであることがわかる。

しかし、事例①〜⑭に見られた、人びとと白鳥の親和的な関係も事実なのである。日本人の白鳥観を単純に美化することなく、佐潟周辺のごときものがあったことも考えなければならない。

北海道網走市《あばしりし》北浜の濤沸湖《とうふつこ》を訪れたのは、平成二十七（二〇一五）年四月十七日のことだった。ここに飛来するのはほとんどがオオハクチョウで、平成二十六（二〇一四）年十一月二十一日の調査では一二三九羽が確認されている。本土から北に向かう白鳥がここで羽を休める。それは三月末から四月半ばにかけてのことだという。私が訪れた日には、湖の中央部に一群を認めることができた。濤沸湖水鳥・湿地センター長の細川英司さんによれば、北へ帰る白鳥の最後の旅立ちは、毎年五月の連休明けになるという。

残留を余儀なくされた白鳥（宮城県内沼）

ところで、心に残っている一羽の白鳥がある。平成二十六（二〇一四）年六月十四日、宮城県の内沼を訪れた折、たった一羽で沼の水辺に座している白鳥を見かけた。おそらく帰北の季節に怪我などをして飛び立つことができなかったのであろう。孤絶というほかはない。

2　真雁によせて

⑴雁行をみる

〽雁《がん》　雁《がん》　棹になれ　鉤になれ

宮城県栗原市築館《つきだて》字八沢岩ノ沢の三塚律夫さん（昭和十八年生まれ）は子どものころ、北へ帰る雁を見て、仲間たちとこのように声をそろえて囃した。雁が北へ帰ってしまうのは淋しいのだが、いよいよ春がくるという思いも湧いてきてうれしかったと語る。白鳥の事例⑩⑭でも雁にかかわる童唄を紹介したが、岩波文庫の『わらべうた・日本の伝承童謡』(4)には、東京の例として、

〽雁《かり》　雁《かり》　渡れ　おおきな雁は先に　小さな雁は　後に　仲よく　渡れ

をあげ、その注に文献をふくんで各地の事例をあげている。そのなかに、広島県の例として

〽がんつる　竿になれ　竿になったら鉤になれ

を示している。

同書では、鶴の事例として、山口県の

〽鶴　鶴　鉤になァれ　竿になァれ　たいころばちの　ふたになれ

を紹介している。

これらの童唄のなかの「棹・竿」は直線状飛行で、「鉤」はV字型飛行である。V字型飛行は空気抵抗から身を守る飛行法で、雁にも白鳥にも見られる。それは、北帰行に際してはもとより、一日の摂餌行動を終えてねぐらの湖沼などへ帰る際にも見られる。

静岡県で育ち、奈良県に住む私は、七十七歳になるまで雁のV字型飛行も白鳥のV字型飛行も見たことはなかった。私がはじめて真雁のV字型飛行を見たのは、平成二十六（二〇一四）年十一月二十五日のことだった。宮城県栗原市若柳上畑岡と伊豆沼北岸とのあいだの稲刈りを終えた水田で、落穂を啄む白鳥の群と真雁の群を観察した。真雁は白鳥より警戒心が強く、神経質で人が近づくとすばやく一斉に飛び立つ。「クヤー、クヤー、クヤー」とやかましく鳴いて舞い立つ。それに比べて、白鳥はゆったりとしている。

上畑岡の集落に至り、小豆の精選をしていた鈴木美和子さん（昭和四年生まれ）から、白鳥のこと、真雁のこと、伊豆沼北岸の稲作のことなどに関する語りを聞いた。

暇を乞い、米ヶ浦のバス停で新幹線栗原駅行きのバスを待っているときだった。午後四時半ごろだったろう。見るともなく空を仰いでいると、摂餌活動を終えて伊豆沼へ向かう真雁の群が頭上を通過するではないか。ねぐらの伊豆沼が至近のせいか、高度も比較的低く、鳴き声もあわただしい。群れはいくつも続いた。急いでカメラを向けたのだが、またたくまに六組ほどの群れが通りすぎていった。

見たい見たいと思っていた雁行を見ることができた。ねぐらへ帰る雁も、遠くから見れば童唄のゆったりとしたテンポに合うにちがいない。帰北の雁行も童唄のリズムに合うことだろう。しかし、私の仰いだV字の雁行はあわただしいものだった。栗原駅について後、夕闇が迫っている空を沼を目ざして飛んでいく雁の群が、まだあった。

雁のV字飛行（宮城県栗原市若柳上畑岡）

⑵「雁風呂《がんぶろ》」からの連想

春の季語のなかに「雁風呂」という不思議な語がある。『ホトトギス　新歳時記』(5)では、次のように解説している。

「雁が北へ帰るころ、青森県の外ヶ浜付近ではその辺りに落ち散った木片を拾い集めて風呂を立て旅人や土地の人たちも浴したという。これは秋に雁の群が海を越えてくるとき波の上で翼を休めるために啣《くわ》えてきたものだが、陸に着くと落としておき、春、再びその木片を啣えて飛び去る。海辺に残っている木片の多いのは、冬の間に内地で人に捕えられたりまたは死んだりした雁が多いからであろうということから、浦人がこれを憐れんで雁の供養の心で風呂を沸かすのであるという。伝説ではあるが、いかにもあわれの深い季題である」

そして、これを「雁供養」ともいうとある。これを用いた句には、

雁風呂や海あるる日はたかぬなり　高浜虚子

雁風呂や笠に衣ぬぐ旅の僧　飯田蛇笏

といったものがある。人の力のおよばぬ果てしない空間を、季節を定めて去来する雁どもを主人公とし、本州の陸地の果ての海岸を舞台として、この国の人びとのやさしいまなざしと豊かな思いをまとって生まれた貴重な伝説であり、季語である。

ここで考えてみるべきは、内風呂、ユニットバスなどが普及し、スイッチひとつでいつでも自由に風呂に入ることのできる現代人にとっての風呂ではなく、長い時の流れから手のとどく過去までのあいだの、この国の人びとと風呂とのかかわりである。全国各地で内風呂以外の「もらい風呂」や風呂仲間、数戸が交替で風呂を沸かし、順に共同利用する「仲間風呂」、また「共同浴場」などは、ごく一般的な慣行だった。

落穂を啄む真雁の群（宮城県栗原市若柳上畑岡）

たとえば長塚節の『土』の冒頭には、小作の人びとが地主の家にもらい風呂にいく情景が描かれている。『土』の舞台、茨城県常総市《じょうそうし》国生《こっしょう》（旧石下町）における実際のもらい風呂については、述べたことがあった。[6]

各地に、じつにさまざまな習慣があったが、長野県飯田市上村《かみむら》には、注目すべき風呂の民俗があった。これについて紹介してみよう。

この地のムラムラは南アルプス山麓にあり、冬の寒さは厳しい。南アルプスの聖岳《ひじりだけ》、兎岳《うさぎだけ》を望む下栗《しもぐり》という集落がある。そこは、二十五〜三十度の傾斜畑のあいだに民家が点在し、「日本でいちばん天に近いムラ」と形容されたほどだ。集落の最上部、標高千メートルの位置に、半場《はんば》というムラがある。出作り（家からの遠隔地で、仮住まいなどをベースにして営む農作業）の飯場からついた名であろう。以下は、同地の野牧久言さん（大正七年生まれ）の体験と伝承である。

・昭和十（一九三五）年までは、飲料水は半場から千六百メートルほど奥の水見沢から担ぎだし、風呂水は板屋根からの天水をためたものを使った。水の色は古い屋根板の色をまとい、茶色だった。昭和十一（一九三六）年からは竹管埋設の簡易水道になり、それがエスロンパイプになったのは昭和三十（一九五五）年のことだった。当然のことながら風呂は仲間組で、最大十五戸におよんだ。当地には、仲間風呂には紫蘇《しそ》の葉を入れる習慣があった。紫蘇の芳香で臭いや汚れた感触を除き、爽快感を求めたのである。

前島チエ子さん（大正八年生まれ）は、夫の信男さんが平成十四（二〇〇二）年に逝去してから平成二十四（二〇一二）年まで、長野県飯田市上村程野八丁島蛇洞沢でたったひとりでイエとムラを守った。

開拓村十三戸の八丁島や親村の程野には、風呂に関する注目すべき慣行があった。塩は個人で叺《かます》入りのアラ塩を購入することもあったし、何軒かの仲間で叺入りの塩を買ってわけることもあった。味噌搔きのときに叺塩を買うことが多かった。

カラになった叺にも、その編み目に塩が付着している。この地には、「塩風呂」という習慣があった。カラの叺をそのまま五右衛門風呂に入れて、湯を沸かすのである。これは塩風呂であり、人工的塩泉だともいえる。

味噌搔きの時期は、春の彼岸と一致する。この季節はまだ、山には雪があり、余寒が去らない。「叺風呂に入ると体が温まる」といい伝えられている。

生命維持にとって不可欠な塩には、浄祓力と人を守る呪力があると信じられてきた。前島家では年二回、塩で屋敷を浄めていた。春の彼岸に塩風呂に入るということは、まず冬のあいだの籠りにかかわる汚れを浄めるという意義があり、浄められた体で春夏秋の繁忙期を乗り切るという呪力が信じられていたにちがいない。なお、塩風呂は釜が傷むとして、これは年一回に限られていた。さらにまた、山林労務者の飯場でも塩風呂に入ったという話を、ところどころで耳にした。

新潟県中魚沼郡津南町《なかうおぬまぐんつなんまち》大赤沢は、鈴木牧之の『秋山記行』の舞台として広く知られている。同地の石沢政市さん（明治三十六年生まれ）からは、さまざまな古層の民俗にかかわる話を聞いた。政市さんによると、同地では、暮らしに欠くことのできない塩を叺入りで買っていたのだが、空《から》になった塩叺を大切に保存しておき、年に一度、冬至の日に塩叺を風呂桶に入れて塩風呂を沸かし、家族一同で入ったのだという。この叺風呂・塩風呂の慣行は、前記の前島チエ子さんの例に通じるところがある。

静岡県磐田市平間の鈴木金蔵さん（明治三十九年生まれ）は、同地でおこなわれていた「ウシハマ」という行事について、次のように語っていた。

・夏の土用の丑の日に駒場の浜へ海水を浴びにいくことを、ウシハマと呼んでいた。夏の土用の丑の日に海水に入ると身体にいいという伝承があり、男子や子どもたちはこぞって浜に出かけた。帰りには樽に潮水を入れ、川舟に積んで家まで運んだ。その潮水で風呂を沸かして、女性や老人もこれに入った。

特定の日に塩（潮）風呂に入る慣行が各地に伝承されていたことがわかる。

さて、上村・南信濃をふくむ長野県遠山郷は、広く知られた霜月祭りの中心地である。先に紹介した上村下栗では、毎年十二月十三日から十四日にかけて拾五社大明神の霜月祭りがおこなわれる。この祭りが、衰えた太陽の力の復活を願い、人びとの衰微した生命力の充実を冀《こいねが》い、生まれ清まりを求める祭りだとする理解は、肯定できるところである。

遠山谷の霜月祭りでは、

〽冬来ると誰がつげつら　北国のしぐれの雲に乗ってまします

と唱される。

祭りの中核は湯立てである。湯は、清浄な水と、新たに起こされた新火の結合によって成る。拾五社大明神の霜月祭りでは、湯立てのための水迎えが厳正におこなわれる。祓沢《はらいざわ》から迎えた水は、行列をもって囃子に囃されながら神社の釜に送られる。日天（火の玉）・月天（水の玉）と呼ばれる面役が、「湯切り」と称して、素手で釜の湯を左右に三回はね飛ばす。この湯を受けたムラびとたちは一年間を無事にすごすことができると伝えられている。これは神聖な湯による禊ぎ祓えとなる。

これに先立ち、式の湯がある。神々に対する「湯殿渡《ゆどのわた》し」と神々の「湯召し」である。

〽此の宮天伯《てんぱく》さまが湯殿へ渡る　ヤンヤーハーハー
　湯衣は綾か錦かな　ヤンヤーハーハー

と歌われる。

また、昭和八（一九三三）年の記録には、禰宜が

〽〇〇神がお湯召す時の　ヤンヤーハーハー

と唱し、これを受けて氏子・観衆が、

〽おみかげこそは雲に昇りて霞となる

と合唱する。このような「湯召しの唄」が歌われていたとある。(7)

湯は、冬季における「暖」の象徴であり、神々へのもてなしだったのだ。そしてまた、湯は再生復活への禊《みそ》ぎでもある。そうした発想は、人びとの現実の暮らしのなかから生まれたものだった。衰微や汚濁、寒冷からの再生に湯（風呂）が絶大な力をもつことが、根強く信じられてきたのである。紫蘇入りの共同風呂や塩湯と、霜月祭りの湯立てとは、深いところでつながっているのである。

霜月祭り。湯立ての火入れ式（長野県飯田市上村下栗、拾五社大明神）

霜月祭りの湯立てと、秋山郷に伝えられた冬至の塩風呂とは、太陽の衰えた力の再生、人の衰えた生命力の再生という点で、霜月、冬至という日照時間がもっとも短くなる「時」を基点として、共通点をもつ。

冬至の風呂としては、塩風呂のほかに広く知られているのが、「柚子湯」「柚子風呂」である。柚子風呂は冬至と深くかかわり、冬至に柚子風呂に入る習俗は広くおこなわれている。柚子の放つ高く強い芳香は、人の体を風邪その他の病いから守り、衰えた体を蘇生・再生させると考えられていたのである。

柚子は、柚餅子《ゆべし》の素材であるとともに、さまざまな料理の香味料としても使われる。奈良市大保町の火狭平治さん（大正七年生まれ）は、同家に伝えられた冬至について、次のように語った。

・冬至には、サンダワラの上に柚子と南瓜をのせて蔵のまえに供える。この日は、柚子を木綿袋に入れた柚子風呂に入る。南瓜を煮て食べる。また、この日、柚子を床下に投げこむ。

冬至に南瓜を食べる習慣は広い。ただし、南瓜は新大陸系の渡来作物である。しかし、南瓜には栄養もあり、その色は陽光にも通じる暖色である。太陽の力の衰える日に暖色の南瓜を食することは、太陽の力の復活を願い、人の衰えた生命力を蘇らせると信じられてきたのである。

火狭さんの伝承のなかでもっとも心惹かれるのは、「この日、柚子を床下に投げこむ」という象徴的な行為である。ここでは、柚子は太陽の「暖」の象徴で、床下にこれを投げこむことによって、冬季の暖が得られると考えた跡がうかがえる。また、柚子を暗黒の床下に投げこむことは、冬至、日蝕などで衰えた太陽が、その籠りによってやがて再生することを象徴しているのではあるまいか。

傍証をたぐることにする。正月飾りの構成物の中心に、「橙《だいだい》」があることに注目したい。「代々家が継続・繁栄するように」という願いがこめられているというのが一般的な理解ではあるが、朱色・暖色の球体は、「太陽の象徴」だとも考えられる。重ね餅の上におかれるみかんもその系譜から考えることができる。また、スルガユコウ、フクレミカンなどと呼ばれる柑子《こうじ》も、正月の蓬莱台や注連縄に使われる。

奈良県五條市西吉野町湯川の中西孝仁さん（昭和四年生まれ）は、金柑子とドロ柑子の二種類を栽培した。前者は葉づきのかたちで正月用・祝い用として出荷し、後者は菓子代わりに出荷した。橘をふくめ、柑橘系は芳香に満ちて暖色で丸く、南の香りを運ぶ「時《とき》じくの香《かぐ》の木《こ》の実《み》」である。冬至や正月の柑橘類は、太陽と深いかかわりをもつものと考えられるが、今後の探索をまたなければならない。

さて、「雁風呂」からずいぶん遠いところへきてしまったようであるが、「雁風呂」はけっして孤立した伝承と考えるべきではなかろう。それは、雁や白鳥などが北に帰る季節、この季節は冬との訣別のときであり、冬の汚濁と鬱屈・閉塞感から解放されるべき季節で、その象徴として、浄め、禊ぎ、再生の手段として「風呂」が存在したことが考えられる。積雪地帯の風呂を中心として、「風呂の民俗」を深くさぐってみなければならない。その際、「雁風呂」は大きな示唆をあたえてくれるにちがいない。

なお、冬季、冷えた体を温めるために、風呂の湯にさまざまな植物を入れる習慣がある。全国的に広く見られるものは、大根の葉を干したものを木綿袋に入れて使う例、柑橘類の皮を干したものを入れる例などがある。その他の例を紹介しておこう。

①野葡萄の蔓を乾燥させたもの（秋田県湯沢市上院内）
②ヘクソカズラを乾燥させたもの・杉の生葉（石川県白山市《はくさんし》中宮《ちゅうぐう》）
③マツブサの蔓（福井県大野市貝皿では生姜藤《しょうがふじ》と呼ぶ。長野市鬼無里《きなさ》小字小佐出では松藤《まつふじ》と呼ぶ）
④イヌガヤの実を煎じた汁（静岡県伊豆市湯ヶ島字長野）
⑤朴の実を砕化して袋に入れたもの（山梨県南《みなみ》都《つ》留《る》郡《ぐん》鳴沢村《なるさわむら》鳴沢）
⑥楠の葉を煮出した汁（同）
⑦マタタビを干して刻んだものを袋に入れる（同）
⑧イチヂクの葉、セキショウを干したものを袋に入れる（京都府相楽郡《そうらくぐん》和束町《わづかちょう》木屋《こや》）

⑨ヨモギを乾燥させたものを袋に入れる（兵庫県美方郡《みかたぐん》新温泉町久斗山）
⑩カリン（花梨）風呂を沸かした日には、近隣の人びとを招いた（長野県飯田市上村中郷）
ここにもモテナシとしての風呂の慣行が見られる。
⑪クロモジの枝を煎じた汁（島根県隠岐郡知夫村《おきぐんちぶむら》）
おのおのに知恵と伝承がつまっているのであるが、薬効のごときもののほかに、③⑥⑨⑩⑪などには芳香もあり、匂いの楽しみもあった。

3 燕を迎えるこころと作法

静岡県伊豆市大平柿木の下山友一さん（明治三十九年生まれ）は、燕にかかわる次のような自然暦を語っていた。

・燕がくると半纏《はんてん》を脱ぐ。四月二十一日の弘法さんの縁日ごろには毎年燕がくる。

ここでいう半纏とは冬用の綿入れ半纏のことで、燕の姿が見られるようになればもう綿入れ半纏を脱いでも寒くはない。もう春だということを意味している。

暖地とされる伊豆でさえ、燕の飛来をもって春を喜ぶのである。雪に閉ざされる北国の人びとの燕に向けるまなざし、燕に寄せる思いには、さらに深いものがあった。福井県坂井市丸岡町一本田の中島藤作さん（明治四十二年生まれ）は、「燕がくると雪が解ける」と語っていた。

その喜びの発露のひとつに、飛来する燕を迎える思いが儀礼として伝承されている例がある。

以下にその一部を紹介する。

・燕がやってきて玄関前でさわぐと、盆に菓子などを盛って、「燕　燕　いらっしゃい」と唱えて歓迎した。燕は二回子をハヤす（事例①＝新潟県村上市北大平・宇鉄タマヨさん・昭和三年生まれ）。

・春、燕がくると、それは家で生まれた燕が帰ってきたのだとして、障子を開け、丸盆を出して迎える。そのお盆は、正月に米、柿、栗、昆布、松葉を盛って年始客を迎えたものである。「カッコメ」「マイコブ」「クリコム」と吉祥口誦をふまえて年始客にさし出すのだが、実際に年始客がこれを受けとるわけではない。燕も家に幸いをもって舞い込むとして、大切な盆をさし出して歓迎したのである（事例②＝新潟県中魚沼郡津南町大赤沢・石沢政市さん・明治三十六年生まれ）。

・ツバメが玄関のまえで鳴くと、「燕　燕　よくいらっしゃいました」といって、お手かけ盆にマッチと付け木をのせてさし出して歓迎した（事例③＝新潟県村上市中継《なかつぎ》・板垣なおさん・昭和十八年生まれ）。

・小正月の繭玉、十六団子、小正月につくる凍み餅は、燕がくるまでは食べてはいけないといわれていた。燕は、春子と夏子を孵化させる。燕の巣には貝殻があると伝えられ、それがお守りになるといわれていた。実際には、燕の卵の殻を貝に見たてて出征兵士にこれをもたせた。「燕は千里いって千里帰る」といわれたからである（事例④＝山形県西村山郡朝日町玉の井・川村実さん・昭和六年生まれ）。

・小正月の十六団子と凍み餅は、燕がきてから食べるものだと伝えられている（事例⑤＝山形県西村山郡朝日町立木《たてき》・松田みつ子さん・大正十年生まれ）。

・三月三日の雛祭りに黍と糯米半々で餅をつき、のしてから切り、藁で吊っておく。燕がきたら食べてもよいと伝えられていた（事例⑥＝山形県村山市楯山《たもやま》・鈴木シケノさん・大正十四年生まれ）。

・春燕がやってきて家のまえで鳴くと、リンゴ箱の上に米をのせて迎えた（事例⑦＝青森県つがる市木造・長谷川隆美さん・昭和二十一年生まれ）。

・燕がきて玄関のまえで鳴いたら、お手かけ盆に米を盛って戸口に立ってこれを撒き、燕を歓迎した（事例⑧＝山形県鶴岡市関川・野尻伝一さん・昭和九年生まれ）。

・燕がやってきて家に入った日に赤飯を炊く家がある（事例⑨＝山形県鶴岡市木野俣・本間光一郎さん・昭和二十九年生まれ）。

・燕が家に入って巣をつくると赤飯を炊く家がある（事例⑩＝福島県南会津郡南会津町山口・月

田禮次郎さん・昭和十八年生まれ）。
・只見町木沢の飯塚家では、燕がきて家のなかに巣をつくりはじめると「ツバメモチ」を搗く
（事例⑪＝福島県南会津郡只見町只見・新国勇さん・昭和三十二年生まれ）。
・燕の巣の下に棚板をつけて巣を保護した。雛が孵ると木器に飯を盛って棚に供えた（事例⑫
＝新潟県魚沼市大白川・浅井主雄さん・昭和三年生まれ）。

燕は、「春」を運ぶようにこの国に飛来し、人びとにその姿を見せるのだが、この鳥はさらに一歩進んで民家の母屋に営巣し、卵を産み、孵化させ、雛を育てて、巣立たせる。建築様式や生活様式が変わり、いまでは燕の住宅難がはなはだしくなっているが、人と燕が同じ家で暮らした時代は長かった。そんな時代には、燕を遠来の客として、家を訪う客人を迎えるのと同じ方法で迎えたのである。事例①②③⑧は来客を迎える作法で、なかでも②は正月の来客を歓迎する方法である。⑦も客迎えになっている。積雪地帯の人びとが燕の来訪をいかに待ち侘びていたかがわかる。

燕の子育て（奈良市出屋敷町）

事例④⑤⑥は、凍み餅・行事の餅の乱食を禁じ、燕の飛来をもって可食の日と定めている。燕の飛来の日を、季節変化の節目の日として重視していたことがわかる。

事例⑨⑩⑪は、燕の家入や営巣開始の日に赤飯を炊いたり、餅を搗いたりしている。赤飯や餅が人生儀礼や年中行事の晴れの食の象徴であることからすれば、人が自家における燕の営巣をいかに重く見ていたかがわかる。

〈註〉

（1）永松敦『狩猟民俗研究・近世猟師の実像と伝承』（法藏館　二〇〇五）
（2）赤羽正春『白鳥』（ものと人間の文化史161　法政大学出版局　二〇一二）
（3）谷川健一『神・人間・動物』初出　一九七五（『谷川健一著作集1』三一書房　一九八〇）
（4）町田嘉章・浅野建二編『わらべうた・日本の伝承童謡』（岩波文庫　一九六二）
（5）稲畑汀子編『ホトトギス新歳時記』（三省堂　一九八六）
（6）野本寛一『近代文学とフォークロア』（白地社　一九九七）
（7）『遠山霜月祭り〈上村〉』（上村霜月祭保存会　二〇〇八）

五　ブナと熊

1　ブナの芽ぐみ

福島県南会津郡只見町では、冬枯れのブナの木の枝々に新芽が萌え出ることを、「ブナッパホキル」と表現する。「ホケル」という地もある。それは堅雪のころだ。ブナには葉の芽と花芽とがあり、芽を包んでいた小豆色の苞葉が堅雪の上に散り敷く。熊（ニホンツキノワグマ）をねらう猟師たちが山に入るのは、この時期である。

只見町田子倉出身で熊狩りに精通している渡部完爾さん（大正十四年生まれ）は、冬眠からめざめ、穴から出た熊が新芽の出たブナの枝を引っぱり、折り曲げて食べることを「ホキオリ」と呼んだという。この季節に熊山へ入るには、いまは長靴だが、完爾さんの若いころにはゲンベイの底に

ブナの花芽（山形県鶴岡市温海川）

四つ歯カンジキをつけたものだったと語る。

青森県西津軽郡鰺ヶ沢町一ツ森町字大谷のマタギ吉川隆さん（昭和二十五年生まれ）は、次のように語る。

・熊は、食べものがないと穴から出ない。熊は、ブナの匂いを嗅いで行動する。マタギは、ブナの芽が出ると、そのようすを見て熊狩りに出る。

岐阜県飛騨市河合町角川の中斎徹さん（昭和九年生まれ）は、次のように語る。

・雪が消えかけると、ブナの芽がふくらむ。若葉は、ブナがいちばんはやい。熊は、冬眠からめざめると向山を見る。向山に雪がないと、穴から出て活動をはじめる。

ブナの葉芽（福島県南会津郡只見町蒲生）

ブナの芽がふくらみ、ブナッパがホキルときと熊の出穴、熊狩りとは密接に連動しているのである。この季節の山中は堅雪で、雪上は歩きやすくなっており、熊狩りには適している。ほかの落葉広葉樹はまだ芽ぐまず茂らず、熊の姿もその移動もよく見通せる。

2　ブナの芽・出熊・猟師の連動

・堅雪でブナの芽がホキルころ、日を定めて熊ブチに出かけた。いまはダムの下に消えた田子倉は、只見川水系白戸川河畔にある十四戸のムラだった。ムラの男で健康な者はすべて熊ブチに出かけた。一週間の山泊りで出かけるのだ。白戸川左岸にイクサギ沢があり、そこに、イクサギと呼ばれるブナの巨樹があり、鉄剣・鉄鳥居などが供えられていた。イクサギとは、熊狩りにかかわる祈りや相談をする場所の祭り木のことで、ここが里山と奥山（神の山・狩場）との境界をなしていた。一同はここで、ヤマサキ（親方）を中心に山の安全、雪崩除け、豊猟などを祈った。そして、ここを境として里ことばから山ことばに変えた。

熊を仕留めると、雪崩の危険性のない平らなところまで運び、そこで熊を仰向けに寝かし、猟師たちはその周囲に立って両手をあげ、「ヨー」「ヨー」と大声で叫んだ。その声を「トナゴエ」と称した。解体中、山の神に膵臓を献供した。

よく洗った大腸に、血と肝臓を刻んだものを詰め、山小屋で茹で、塩をつけて食べた。山を下りると、ヤマサキの家の内土間の竈に大鍋をかけ、肉、大根、牛蒡、人参、馬鈴薯を入れて味噌味で汁を煮た。熊汁用の肉は、各戸分配肉九割に対して一割をあらかじめ用意していた。ムラじゅうの老若男女がここに集まり、熊汁を共食した。熊の胆も各戸均等にわけた。

渡部さんが小学校へあがるまえまでは熊汁の共食と、共同分配がおこなわれていた。古くはウチマエと称して仕留めた者が二人前もらったとされるが、渡部さんの時代には肉も骨も平等分配だった。熊汁を食べると、ゼンマイ採りや農作業がはじまり、人びとの労働は全開した（事例①＝福島県南会津郡只見町田子倉出身・渡部完爾さん・大正十四年生まれ）。

・山熊田は戦前三十戸、戦後は三十七戸になった時代もあったが、平成二十六（二〇一四）年には二十戸になった。この地は狩猟採集の盛んなムラで、熊の巻狩もおこなわれた。巻狩には各戸の男が全部参加するのがならわしだった。堅雪になってブナの芽がふくらむ春の土用が熊狩りの出動基準となっていた。熊はブナの花を見て穴から出るといういい伝えがあり、最も効率的に熊狩りをくり広げるために、親方はブナの葉芽・花芽をよく観察し、その結果をふまえて出猟の日を定めた。土用二日、または土用三日といった数えかたで狩り仲間に正確に出猟日を伝えた。

狩場に入ると、親方は狩場の向い斜面雪上で熊の動きをマチバ（射手）に指示伝達した。これも、堅雪の雪上なればこそ可能なことである。これをマエカタ、メアテと呼ぶ、もっとも腕のいい猟師が本マチバにつき、その左右に間隔をとってシカイマチをおく。熊の逃走を防ぐ見張り役をシシオイと呼び、その他はセコになった。

熊を狙撃すると、山中の平らな場所へ運んで仰向けにおき、皮を剝ぐ。剝いだ皮の頭部を本体の尾部へ、皮の尾部を本体の頭部にまわして逆さにして本体にかぶせる逆皮《さかさがわ》かけをおこないながら「千匹万匹」「千匹万匹」と唱える。「千匹万匹もどってこいよ」という意味である。本来はこのようにしたのであるが、現在は逆皮でなく順皮をかける。この儀礼がすむと解体して里に運んだ。

解体のとき、血と脂肪を交互に小腸に詰め、腸詰めにした。熊を捕獲すると里近くで空砲を鳴らすので、老人や子どもたちは「山迎え」と称して提灯をつけて猟師たちを迎えに出た。熊が獲れると熊祭りをした。熊肉の八割は各戸均等分配用にあて、二割は熊祭りの熊汁用にあてた。都合で熊狩りに出られなかったイエにも肉を分与した。

熊祭りは、各戸の男たちが全員トヤ（当屋）に集まっておこなう。トヤの土間にシナの皮を蒸す大釜を据え、なかに熊肉、骨（ドンガラ）を入れて、味噌味で汁にする。これを全員で食べるのである。山熊田には、トヤをする家が二、三軒あった。女性や子どもは、各戸に分配された熊肉を使って熊汁をつくって食べる。「熊狩り・熊祭り＝熊汁が終わると、ゼンマイ採りと農作業がはじまる」「熊汁は、熊の力をいただくことだ」といわれている（事例②＝新潟県村上市山熊田《やまくまた》・大滝正さん・昭和七年生まれ）。

ここにはブナの芽の季節の熊の力を共同体構成員が全員でいただくという民俗が見られる。どうしても熊が都合よく獲れない年があり、十回ほど出猟したことがあったという。十回という出猟回数には、熊肉・熊汁に対するこだわりがある。ブナの芽の季節に熊の呪力を共同体構成員がすべて体内に入れなければならないという強い執着が感じられる。

・関川は、戦前五十七戸、現在は四十八戸で、熊ブチ（熊狩り）には各戸の男たちが出た。集団狩猟のことを「熊巻」とも呼んだ。銃を待つ者十人をふくんで、多いときには六十人、少なくとも四十人は参加した。熊巻は堅雪のうちでブナの芽のふくらむ春の土用を基準にして芽のふくらみ具合を見ながら土用三番＝土用から三日目、土曜五番＝土用から五日目といった具合に親方が狩猟日を決定した。

狩場の麻耶山（一〇一九・七メートル）へ入るとき、銃を持つ者は鼠ヶ関川の右岸を歩き、セコ方はマンサクや朴の杖をつきながら左岸を歩く。セコは、狩場に入る直前に右岸に渡る。狩場の入り口で親方は山に礼拝する。

熊を狙撃すると、雪上に仰向けに寝かせて皮を剝ぐ。剝いだ皮を本体にかぶせながら「千匹万匹」「千匹万匹」と唱える。このとき、熊が舌を左側に出して嚙んでいると続いて熊が獲れるといい伝えられている。皮かけ儀礼のあとに、胸の肉を二切ずつ二本のトキリ（クロモジ）の枝に刺し、それを雪上に挿し立てて山の神に捧げ、一同で山の神を拝む。これが終わると、解体にかかる。血を飲む者もいるし、ワッパの飯に血を吸わせて家に持ち帰る者もいる。解体した肉はセコたちが柴で包み、藁縄でしばって里まで運ぶ。

「一番鉄砲（狙撃者）が宿をする」という決まりがあったが、宿は負担が多いので避ける傾向があった。実際には下組では野尻家、向組では五十嵐家が宿をすることが多かった。熊が捕獲できた場合は、山を下って空砲を二発放つことになっていた。老人や子どもたちは提灯をつけて迎えに出た。

山中、雪上で山の神を祭ったトリキの肉串は当屋（宿）の神棚に立て、人びとはこれを拝んだ。串の肉は宿礼として当屋に贈られた。熊汁は当屋のイロリに八升鍋をかけて煮た。熊肉も汁も貴重で、「舐める」という食べかただった。そのかわり、ムラのなかの者にいきわたるようにした。

熊汁は、ゼンマイ採取、農作業のまえにどうしても食べなければならないものとされていた。熊が獲れなくて十回も出猟を重ねた年もある。ヤマサキ（親方）の家から元気な男たちが回を重ねて山に入った。皮張り役が三、四人選ばれて皮張り（剝いだ皮を乾燥・精製するために木枠に張る）をした。脂肪のことを「アゼ」と呼んだ。アゼは、あかぎれ、ヒビの薬になったが、これをとるのは皮張り役の役得だった。皮は売り、現金を分配した。

熊の胆の精製はベテランふたりが担当し、イロリで一週間かけてしあげた。なるべく平たく広げ、分配しやすくしなければならなかった。熊の胆精製の宿には薪が運ばれた。

このような伝統的な熊狩りも熊汁の共食も、昭和四十五（一九七〇）年をもって終了した。

男たちが出稼ぎに出るようになり、熊巻ができなくなったからである（事例③＝山形県鶴岡市関川・野尻伝一さん・昭和九年生まれ）。

・越沢は八十三戸から百戸のあいだで変動があったが、組にわかれていた。伊藤さんの組は二十六戸の時代が長かった。もっとも多い時代には、猟師は全体で二十人いたが、現在は三人である。

堅雪のころ、春の土用ごろブナの芽のほぐれあんばいを見て熊狩りに出る。山の入り口でヤマサキ（親方）が祈りをささげ、山の神に神酒をささげる。熊を捕獲すると山で解体した。熊の膵臓をトリ木（クロモジ）に挟んで雪上に立てて、山の神に祈りをささげる。血は、飲んだり、ワッパの飯にしみこませて里に持ち帰ったりした。

熊肉は猟に参加しない家にも分配したので、どの家でも熊鍋・熊汁にした。熊の肉、ネギ、大根、アザミの若葉を入れた。熊の肉は薄く切って長時間煮るのがコツである。「熊肉を食べると夏も元気ですごせる」「熊の肉を食べるとその年を健康に生きることができる」などといわれている。熊狩りが終わると、ゼンマイ採りと農作業がはじまる（事例④＝山形県鶴岡市越沢・伊藤佳之さん・昭和三十年生まれ）。

・大覚野峠の地蔵さんのブナの芽が出ると熊が穴から出る。それは春の土用とほぼ一致する。中泊は、戦前三十戸、現在は五十戸。銃を持つ者が十人おり、シカリ（親方）がブナの芽の色を見て出猟の日を決めた。

熊狩りの日は、峠に集まる時間を定め、山に登る。熊は、山で解体する場合と里で解体する場合とがあった。山で解体するときには血を腸に詰めて里に運んだ。肉や骨は、ムラの熊汁の分とは別に各戸均等にわけた。捕獲・解体した夜、多くは上杉家で熊汁を煮、ムラびとたち男女・子どもたちが集まって食べた。肉、大根、牛蒡、血の腸詰、骨を入れ、味噌味をつけたドンガラ汁のようなものだった。これとは別に、個人でも親戚と相談して熊汁を煮て食べた。「年三回熊汁を食べると健康で暮らせる」といういい伝えがある（事例⑤＝秋田県仙北市西木町上檜木内・鈴木喜代治さん・昭和九年生まれ）。

・堅雪渡り、雪渡りができるころ雫石の町から奥羽山脈の崖山を見ると、雪解けの土や岩肌が雪のなかにV字をなして点々と見える。マタギたちは、それを見て「カラスが出てきたから、そろそろ熊狩りに出てもいいぞ」と語り合う。

そのころ、家の裏山のブナは芽を吹いている。ブナ林の下の堅雪の上にはブナの葉芽・花芽のカッツア（カラ＝苞葉）が赤茶色に散り敷いている。ブナ林のブナの木の根もとの雪が木自身の熱や幹を伝う雨水などで解けてドーナツ型の穴をなしている。この穴は、地方によっては「根開き」「根まわり穴」などと呼ばれる。ここに前年のブナの実が落ちてたまっている。ブナの実はブナクルミとも呼ばれ、その味は胡桃に似て美味、熊の大好物である。生母内沢上流部の熊は穴の口を塞いでいた雪が消えると穴から出る。上流部の熊は、根まわり穴のブナの実や、その周辺の雪を掘ってブナの実を喰う。これを「ホリバミ」と呼ぶ。ホリバミをしながら山の低いほうへ下るのである。なぜなら、雪は下から消え、ブナの芽は標高の低いところから高いほうへと順に開いていくからで、高位置の熊はブナの芽を目ざして下方に向かって移動するのである。下方に至った熊は、今度はブナの芽を喰いながら順に高い所へ登っていく。ここには気温の変化とブナの発芽にともなう熊の移動があり、人の狩猟活動がこれに連動するという生態構造が見られる。

ブナの実は八年に一度豊作になるといわれている。ブナの実の豊作の翌春には、出熊の、「ブナの実からブナの芽へ」という移動がより顕著に見られる。とはいえ、「出遊び一週間」と称して、穴から出て一週間以内に捕獲しないと、熊が胆汁を使いすぎるので熊の胆の価値が下がってしまう。

雫石町鶯宿小字切留は戦前十三戸、現在は七戸で猟師が三人いる。熊を捕獲すると、頭北伏位に寝かせ、その背に銃口を交差させるかたちに銃をおき、トリキシバ（クロモジ）の枝の太いところを長さ尺五寸ほどに切り、上部の白木の周囲を羽状に削り出して削り掛けをつくる。これを伏位の熊の右肩上の雪の上に挿し立てる。続いてシカリが「四方阿弥陀」を唱える。「北は御仏の浄土　南は九品内　西は弥陀の浄土　東は冥護三界　これにて熊は成仏するものなり」「南無西方無量寿岳仏」（三回）と唱える。一同低頭。山の神には獲物をたまわった御礼の祈りをささげる。肉も骨も均等分配だが、頭は「トメ矢」（狙撃者）がもらう。心臓・肝臓は塩焼きにする。肉・骨をわけるとき、四分の一から九分の一ほど別にしておき、これを「モテナシ」すなわちムラの共食用にした。

熊狩りの前日に、「ムジリ」と称して熊の偵察にいき、方向・位置を判断した者に一人前があたえられた。祖父の横田金太郎が熱心な熊猟師だったので、横田家でモテナシをすることが多かった。

モテナシの熊汁は、土間にある味噌を煮る二斗釜と竈を用いた。ムラの人びとに「骨かじりにこい」と声をかける。人びとは、ドブロクと漬けものを持って集まってくる。宿では、まず背骨を二節ずつに切断、肋骨一本を半分に切って味噌味で煮る。人びとが骨をかじり終わってからネギを入れる。ネギ以外には、牛蒡、大根を入れた。

モテナシには、鉄砲撃ちの両親と妻は必ずくることとされていた。その他は、切留の者なら誰がきてもいいことになっていた。

モテナシをしたあとは、板の間の床が熊の脂で滑りやすくなった。捷世さんは、子どものころ何回も滑って転んだことがある。当地には肉を雪のなかに埋めると腐るという言い伝えがあり、肉を保存する場合はタライのなかに雪を入れ、その上に肉をのせておいた。横田さんの子どものころ、母屋の北側の軒下には熊の頭蓋骨が五個並んでいた。横田家は狩猟の家だった。この地でも、熊狩り・熊のモテナシが終わるとゼンマイ採り・農作業がはじまった（事例⑥＝岩手県岩手郡雫石町鶯宿小字切留・横田捷世さん・昭和十八年生まれ）。

3 熊汁の力

熊狩りはブナと深く結びついている。出猟の日は、暦法の「春の土用」を目安とする地も多いのだが、事例②の「土用二日」「土用三日」、事例③の「土用三番」「土用五番」のごとく、決定はブナの芽のふくらみ具合、ほどけ具合にかかっている。事例④の「ブナの芽のほぐれあんばい」も毎年ブナの芽を観察し続けているところからの表現である。そのブナの芽を観察するのも、⑤では大覚野峠の地蔵さんのブナと指定している。事例①の、イクサギ沢の、イクサギと呼ばれるブナの巨樹、境の祭り木たるブナの芽吹き具合を確かめたのは当然のことである。

新潟県魚沼市大白川の熊狩りの狩場は守門岳《すもんだけ》（一五三七メートル）、浅草岳《あさくさだけ》（一五八五メートル）、六十里越《ろくじゅうりごえ》の山などであるが、おのおの一合目あたりにブナの巨樹があり、それが奥山と里山の境の祭り木とされていた。猟師たちはここで、入山の儀礼をおこなった（大白川・住安正信さん・昭和二十六年生まれ）。ムラでブナの芽を観察すると同時に、こうした重要なブナの木の芽吹きを観察したことはいうまでもない。猟師たちは、「ホキ折り」や、事例⑥のごとく、芽のみならず、根まわりの実や穴、地形にもとづく熊の移動もよく観察しているのである。深い根まわり穴に入ってブナの実を食べている熊は集団狩猟でなくとも個人で捕獲できたという（山形県西置賜郡小国町樋倉・佐藤静雄さん・大正七年生まれ）。

こうしてブナの芽のふくらみを待って熊狩りに出るのだが、「出遊び一週間」のうちに捕獲しなければならないという伝承もある。また、青森県西津軽郡鰺ヶ沢町一ツ森町字大谷のマタギ吉川隆さん（昭和二十五年生まれ）は次のように語る。

・オオカメノキ（ムシカリ＝落葉小高木）の葉が開くと遠目がきかなくなり、熊狩りはできなくなる。

「熊狩り・熊汁が終わるとゼンマイ採り・農作業がはじまる」というのが、共通する、生活・生業暦である。雪国の人びとのいとなみ、春の本格始動は、堅雪↓ブナの芽↓熊の出穴↓熊狩り↓熊汁↓ゼンマイ採り・農作業と、季節循環、自然循環にそってくり広げられるのである。ゼンマイ採り・農作業——本格的な生業始動——のまえに熊汁を食べるというのが、ニホンツキノワグマの棲息する積雪地帯の儀礼的行事のひとつになっていたことが考えられる。

熊狩りの狩猟形態は、「熊巻」（巻狩）という集団狩猟で、集落全戸から男たちが参加するのが基本的だった。そして、捕獲した熊の肉は、「熊汁」というかたちで共同体構成員が共食するのが伝統だった[1]。近世、津軽藩・盛岡藩などでは、藩の狩猟・猟師管理が厳しく、獲物が猟師の自由にならなかった時代はあるのだが[2]、近世以前、近代以降には、右に見てきたような、村落共同体による共食も盛んだったのである。

「熊汁は熊の力をいただくこと」（事例②）、「熊汁は舐めるようにして食べるものだ」（事例③）、「熊の肉を食べるとその年を健康ですごすことができる」（事例④）、「年に三回熊の肉を食べると健康で暮らすことができる」（事例⑤）など、熊肉の呪力に対する信仰的信頼は深い。積雪地帯の人びとのわが国最大の獣に寄せる思いは深かった。獲れない場合は十回も出猟を重ねたり、老人や子供たちが熊迎えをするなど、熊に対する執着も強かった。

共食は、ここにあげた事例以外にも多く見られた。新潟県魚沼市大白川、山形県西置賜郡小国町金目や、同小玉川でも盛んだった。小玉川の共食は、拡大して「熊祭り」として広く知られてきたが、福島県の原子力発電所の事故以後、放射能の拡散に気を配って中止している。平成二十六（二〇一四）年、熊汁をいただきたく思ってたしかめたところ、実物の熊汁は中止だった。

青森県むつ市川内町畑は個人狩猟を基本としたが、ムラビト全員で熊汁を食べる風があった。人びとは稗や酒を持って集まった。「熊汁は熊の力をいただくものだ」と伝えられていた。熊汁をいただくとゼンマイ採りや農作業がはじまった（岩崎五郎さん・昭和六年生まれ）。なお、堅雪のころ、熊の獲れないところで共同の兎狩りをおこない、兎汁をもって共食をおこなう地も多かった。

熊への執着は、本格的な労働始動に先立って熊の呪力・霊力を共同体構成員が全員で導入して活動期を乗り切るという点によるところもあったのだが、冬、穴に籠って春再生する。牝は、穴籠りのあいだに出産増殖して活動期を迎えるという熊の生態と、冬、雪に閉塞され、抑圧された人の暮らしが春を迎えて再生するというその類似性からの、人の熊への共感と憧れがあったことも否定できまい。熊に対する種の保全や、熊をめぐる生命観などについては稿を改める。

ブナの芽・ブナの実と熊との深いかかわりは事例のなかでもふれたが、ブナ林の保水力、ブナを中心とする落葉広葉樹林の総合力は、雪国の人びとにじつにさまざまな恵みをもたらしてきた。稲作農業に対する水はもとより、サケ、マス、イワナ、ヤマメなどの魚類、山菜、茸、樹皮など数えきれない。これらについては、雪とのかかわり、人とのかかわりを中心に、さらに学びを深めてみたい。優れた写真集[3]を繙くたびにその思いを深くする。

〈註〉

（1）このことについては、赤羽正春が「飯豊・朝日山麓の熊祭り」『熊』（ものと人間の文化史144　法政大学出版局　二〇〇八）でつとに言及している。

（2）村上一馬「弘前藩における猟師の処遇と収入」（『東北芸術工科大学東北文化研究センター研究紀要』13　東北芸術工科大学東北文化研究センター　二〇一四）、「熊胆の上納を催促される猟師（マタギ）――『盛岡藩家老席日記　雑書』から」

（『東北歴史博物館研究紀要』15　東北歴史博物館　二〇一四）

（3）工藤父母道編著・太田威ほか撮影『滅びゆく森・ブナ』（思索社　一九八五）、太田威『森林の研究・ブナの森は緑のダム』（あかね書房　一九八八）

Ⅱ　季節対応の民俗

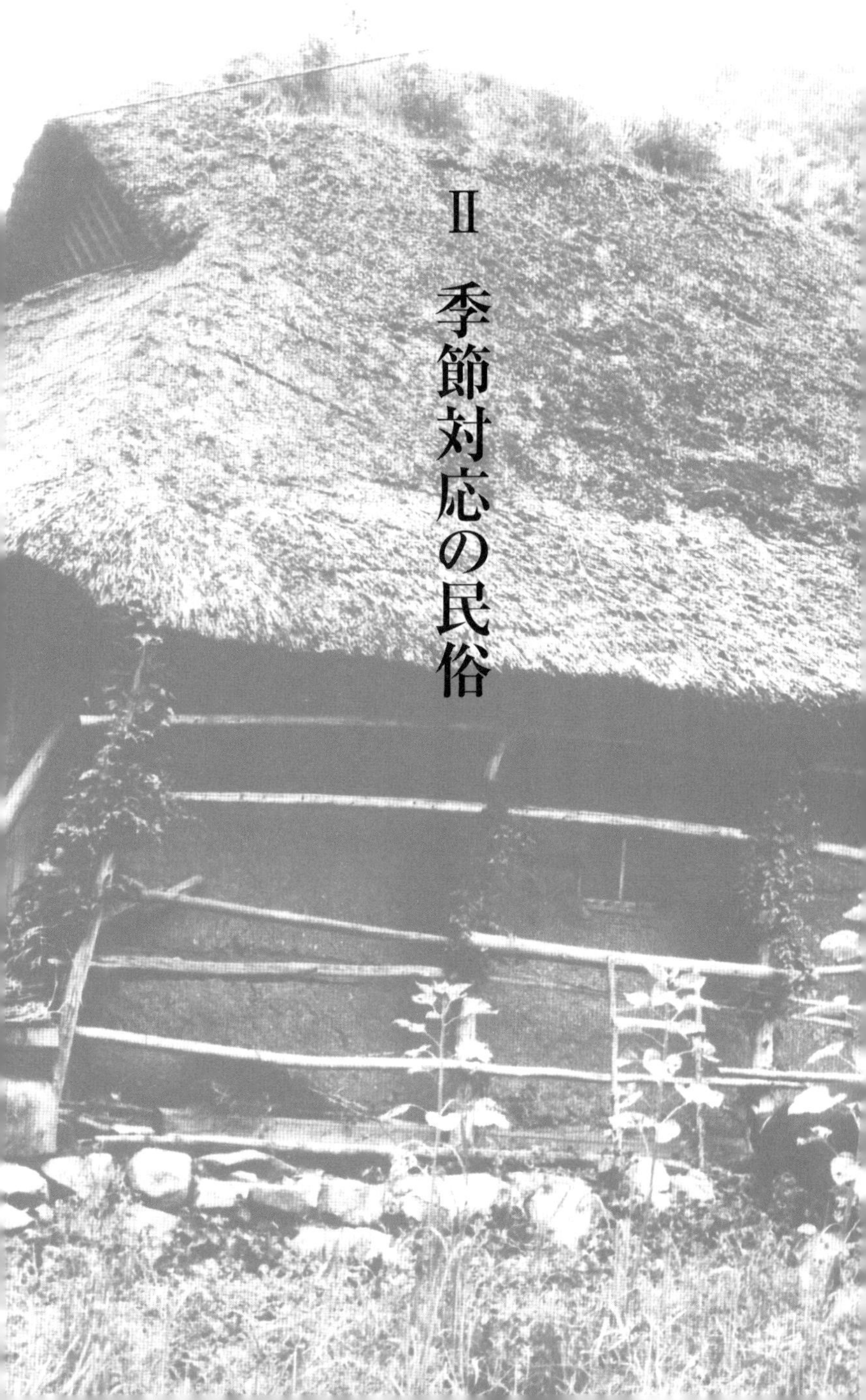

一　住まいのくふう

日本は、四季の循環に恵まれてはいるが、春・秋は別として、夏と冬は快適ですごしやすいというわけではない。南北に長く連なるこの列島においては、夏・冬の厳しさも地域によって異なる。『徒然草』にある「家の作りやうは、夏をむねとすべし。冬はいかなる所にも住まる。暑き比《ころ》わろき住居は、堪へがたき事なり」という記述は、わが国の夏の高温多湿性を強く意識した発言ではあるが、それが列島のすべてに適用できるわけではない。

鈴木牧之の『北越雪譜』[1]には、次のようにある。

「一年の間雪を看ざる事僅かに四ヶ月なれども、全く雪中に蟄《こも》るは半年也。ここを以て家居《いへゐ》の造りはさら也、万事雪を禦《ふせ》ぐを専らとし、財を費し力を尽す事紙筆に記しがたし」

土地、土地に根ざして、固定的な住まいに身をおきながらもより快適にすごすためには、適切な季節対応が必要になる。空調や冷暖房機具が普及・完備するまえ、先人たちは住まいに関する季節対応にどのようなくふうをこらし、それをどのように伝承してきたのだろうか。『歳時記』のなかにも、「冬構」「冬座敷」「雪囲」「夏座敷」「青簾《あおすだれ》」「葭簀《よしず》」など季節対応を示す季語が多々見られる。ここでは、住まいを中心としながら、一部で調度、衣、食などにも言及しつつ、季節対応の民俗を見つめてみたい。

「冬・春から夏へ」「夏から秋・冬へ」といった季節循環にかかわる「しつらい」を簡便に替えるいとなみを、「タテカエ」と呼ぶことがある。これは、住居・建造物の本格的な建て替えを意味するものではなく、戸・障子、敷きものなどを季節に応じたものに替えることを意味している。まず町屋のタテカエをとりあげ、次いで養蚕農家のしつらいにふれる。さらに、積雪地帯の民家に見られる雪囲いと敷きものなどにも言及する。

1　町屋のタテカエ

⑴タテカエの実際

①京都市中京区二条通り烏丸《からすま》・掛見《かけみ》輝江さん（大正十五年生まれ）

京都は盆地型気候で、夏は暑く冬は冷えこむといわれている。町屋暮らしの伝統の長い京都の人びとの季節対応は、どのようにくふうされてきたのだろうか。次ページの表は、掛見輝江さんの体験と伝承を中心としたものであるが、木村もとさん（明治四十三年生まれ）、汐見滋子さん（大正十五年生まれ）からの聞きとりも参考にしている。

6月	7月	8月	9月	10月	11月	12月
衣→	←絽・紗→		←単衣→		←袷—	
					←羽織・綿入れ—	
—単→				←袷—		
←夏もの（麻・縮の鏡カバー）→				←冬もの—		
←葭簀障子→				←紙障子—		
←網代・籐→						
←葭簀づくり→				←襖づくり→		
←小千谷織・麻・籐・牛革→						
→	←ガラス・籠→		←焼きもの—			
→	←ガラス→		←焼きもの—			
	←→					
←→						
7/10 ←→						
----	←→		----			
祇園祭り○—○地蔵盆						
					○中亥—	
←枇杷の葉の煎じ汁（毒消し）→						
	←飴湯糖→					
	←冷素麵・冷ムギ→					←粕汁・タヌキ

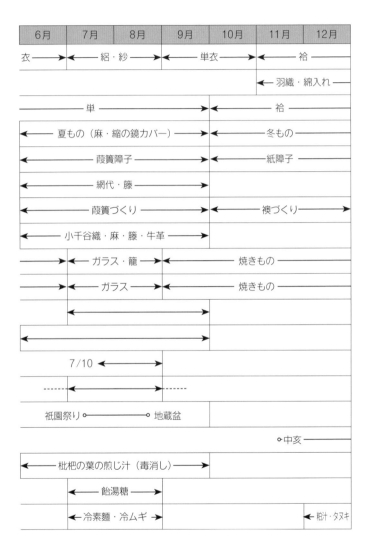

京都の暮らしと季節対応暦（中京区二条通り烏丸・掛見家・昭和10年代）

暮らしの項目		1月	2月	3月	4月	5月
衣	着物	――――――――― 袷 ―――――――――→				←―― 単
	上衣	―― 羽織・綿入れ ―→				
	足袋	――――――――― 袷 ―――――――――→				←――
	布団	←――――――― 冬もの ―――――――→				
住・調度	障子	←――――――― 紙障子 ―――――――→				
	床敷					
	衝立	←――――――― 襖づくりほか ―――――――→				
	座布団					
	床の間花器	――――――――― 焼きもの ―――――――――				
	副食器	――――――――― 焼きもの ―――――――――				
	団扇置き					
	簾					
	風鈴					
	蚊帳					
	床几					
	炬燵	―――――――――――→				
食	飲みもの					
	食べもの	粕汁・タヌキ・ノッペ ―→				

・毎年六月一日をもって、タテカエと称して障子、敷きもの、衝立《ついたて》などを夏向きのシツライにした。紙障子を葭簀《よしず》障子に替え、簾《すだれ》をかけた。衝立も襖《ふすま》づくりから葭簀づくりにして、籐《とう》の敷きものも出した。本格的な夏に入ると、床の間の花器をガラス器または籠入りに替えた。副食の器もガラスの器にし、これをギヤマンと呼んでいた。

梅雨明けの時期や祇園祭りも、これに重なってくる。路地に床几《しょうぎ》（縁台）を出し、打ち水をして、夕涼みをする。子どもたちは花火に興じ、大人は将棋などをする。大文字焼きを楽しみ、地蔵盆が終わると、床几は収納された。

表の座布団のなかに「牛革の座布団」がある。一見異様に見えるが、夏、この上に座ると、ヒンヤリとして気持ちがいいのだという。

・蚊に対しては、蚊帳や蚊とり線香を使うほかに、大根の干し葉やみかんの皮を燻《いぶ》すこともあった。便所の汲みとりがきたときにも、乾燥させておいたみかんの皮を燻した。夏から秋へのタテカエは、九月末日である。

衣生活も、見事に構造化されていた。

・九月の彼岸すぎに蟋蟀《コオロギ》が「ツヅレ刺せ　ツヅレ刺せ」と鳴くのを聞くと、急にあわただしい気分になり、十月から着る袷《あわせ》の準備をした。十一月の亥《い》の日には、炬燵《こたつ》を出した。冬、羽織の下に真綿を入れる年寄りもいた。冬は底冷えがした。十二月、一月、二月には比叡《ひえい》おろしが、一月、二月には愛宕《あたご》おろしが吹き、寒さが増した。「比良《ひら》の八講《はっこう》荒れじまい」と口誦され、陰暦二月二十四日前後に最後の荒れがあり、それがすむと春になると伝えられていた。寒い夜には粕汁やタヌキを食べた。粕汁は、酒粕、大根、人参、油揚げ、蒟蒻《こんにゃく》の汁に芹を刻んで入れたもの。タヌキとは、豆腐に葛《くず》ひきをかけて生姜《しょうが》をのせたものである。

②三重県伊賀市農人町《のうにんまち》・木戸かよ子さん（昭和四年生まれ）

木戸家は、農人町のなかでも妙見町と通称される、南北通りのなかほど東面の町屋である。木戸家のタテカエは、梅雨明けと秋の彼岸すぎにおこなわれた。タテカエを中心とした諸々の季節対応について、昭和二十年代をめどにかよ子さんの体験と伝承をまとめたのが、次ページの表である。以下、この表を参照しながら話を進める。

木戸家の玄関脇には「バッタリ床几」と呼ばれる長さ二間の床几がとりつけられている。バッタリ床几は折りたたみ式で、使用しないときには長椅子式床部を釣りあげて母屋の格子の元に固定しておき、使うときに固定装置をはずして長椅子式の床を出すようになっている。いわば、住居固定式縁台というべきものである。「バッタリ」という擬声修飾語は上野独特のいいかたで、この擬声語が、固定・季節使用の床几の特色をよく示している。固定していたものを使用すると

6月	7月	8月	9月	10月	11月	12月
→	←葭障子→		←	襖障子		
→	←竹簾→		←	ガラス戸		
→	←竹衝立→		←	紙障子		
→	←葭衝立→		←	襖衝立		
→	←粗格子戸→		←	細格子戸		
	←床几おろし→					
→	←藺草・麻→		←	木綿		
	←	→				
						←
炭なし					→	←炭入れ
→	←ガラス→		←	瀬戸物		
	←梅酒→					
単衣メクラ縞カスリ	シャツ・ステテコ 英ネル腰巻		単衣 メクラ縞	単衣 セル	木綿袷	ハンチャ 綿入れ トンビ
木綿単衣	浴衣・襦袢		単衣木綿	単衣セル	木綿袷	羽織
夏足袋			袷足袋			
	←夏布団→					
朝					→	
	←夕→					
5/下 イバラ餅			9/13 月見団子	彼岸 ハギの餅	10/20→ 甘酒	12/28 正月餅
	毎月1・15日　花売り					

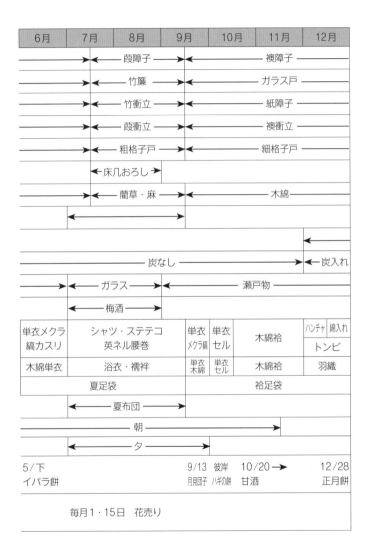

農人町・木戸かよ子家の季節対応暦（昭和20年代）

暮らしの項目			1月	2月	3月	4月	5月
建具・調度	間仕切りA		――	――	――	―― 襖障子 ――	――
	廊下外		――	――	――	―― ガラス戸 ――	――
	間仕切りB		――	――	――	―― 紙障子 ――	――
	目隠し		――	――	――	―― 襖衝立 ――	――
	通り庭境戸		――	――	――	―― 細格子戸 ――	――
	バッタリ床几						
	座布団		――	――	――	―― 木綿 ――	――
	蚊帳						
	ブリキ炬燵		――	――	→|		
	火鉢		――	――	炭入れ ――	――→	←――
	食器（小鉢・皿）		――	――	――	―― 瀬戸物 ――	――
飲みもの							
衣	衣	舅	綿入れ トンビ		ハンチャ	木綿袷	単衣セル
		姑	羽織			木綿袷	単衣セル
			袷足袋				
	布団						
路上・門付ほか	打ち水					←――	――
	餅・団子		寒入り 寒の餅		3/3 節供餅・	彼岸 ハギの餅	5/5 チマキ
	門付・行商		←――→ 三河万歳・札売り・獅子舞			4/8前 オツキ8日花売り	

き、バッタリ、バタリとおろす音を示したもので、いかにも親しみのある呼称で尊い。

　こうした形式の床几は、京都を中心に、奈良市、福井県の小浜市《おばまし》、徳島県の海部町《かいふちょう》（現・海陽町）でも見かける。狭い路地、住空間の規制を受けるマチ環境のなかで、空間を合理的・効率的に使用せんとした知恵の具現のひとつである。かつては、上野でも多く見かけられた。かよ子さんが昭和二十四（一九四九）年に大阪から木戸家へ嫁いできたときには、妙見町だけでも三戸の家がバッタリ床几をもっていたという。

　バッタリ床几設置の目的は、夏季の夕涼み空間の設定である。近郊農村部に比べて、民家がたてこむ都市部の風通しが悪いのは当然であり、マチヤには築庭も少ない。路地が夕涼みの場となり、近隣の人びとの交流の場ともなる。バッタリ床几は、夏季、近隣の人びとの夕涼みとコミュニケーションの場として恰好の存在だった。

　木戸家のバッタリ床几は七月下旬から八月末までおろされ、子どもたちの花火、年寄りの世間話などの場となったのだが、八月二十四日の地蔵盆の日にはとりわけ大切な場となった。

折りたたみ式床几。伊賀市上野ではこれをバッタリ床几と呼んだ（京都市西陣）

木戸家は、もともと呉服商だった。表戸から入ると「ニワ」と呼ばれる土間がある。実質的には店庭である。そのニワの奥に「通り庭」と呼ばれる通路があるのだが、ニワと通り庭との境には戸じきりが設けられている。通り庭を通って、奥座敷へも、坪庭へも、その裏の蔵へも行くことができる。通り庭とは土間廊のことである。

さて、店庭と通り庭の境の戸は三尺の戸一枚で、収納設備の設けられている部分が戸袋の役割を果たしている。三尺の戸が二枚用意されており、二枚とも戸袋に納めることもできるし、一枚だけを出しておくこともできる。そのうち一枚は、格子が粗く、風通しがよくできている。そしていま一枚は格子が細密で風を通さなくできている。当然、前者は夏用で、これを七月から九月半ばまで使う。ほかの季節には、目の細かい格子戸を使う。

木戸家の玄関を入ったところで、もうひとつめずらしいものを発見した。ニワと呼ばれる土間の上に、玄関の二枚戸と同じ幅の木の大戸が吊りあげられているのである。掛け鉤をはずすと板の大戸がさがって、玄関をビッシリと塞ぐようにくふうされている。この大戸をおろすのは、台風のときだという。玄関、すなわち表戸が障子戸だった時代の台風対策である。農家の入り口のように板の大戸を引き戸にしておく空間的な余裕がないので、大戸を吊り戸にしたのである。蔀《しとみ》戸《ど》の吊りの部分の影響を受けて開発された、すぐれた技術である。台風がきたときは、障子戸をはずして家のなかに入れ、大戸をおろせばいい。玄関がアルミサッシに変わった現在では想像もできない、環境対応のくふうのひとつである。

木戸家の寄りつきの部屋はミセノマ（店の間）と呼ばれる八畳で、その奥が六畳のナカノマ（中の間）、続いて八畳のオクノマがある。オクノマには五尺（約一・五メートル）の廊下がつき、その外が坪庭、坪庭をはさんで離れ座敷がある。ミセノマとナカノマの境は紙障子であるが、七月の梅雨明けから九月彼岸まえまでのあいだは、紙障子を引き開きにし、その空間に竹の衝立を立てる。ナカノマとオクノマの境は襖であるが、やはり七月の梅雨明けから九月の彼岸まえまでのあいだはこれを葭障子に替える。廊下外のガラス戸の部分も、七月の梅雨明けから九月の彼岸まえまでのあいだ竹簾をかける。廊下外に網戸をつけたのは、昭和六十（一九八五）年のことだった。ミセノマには目隠しの衝立が立てられている。七月の梅雨明け以後、九月の彼岸まえまでは葭の衝立、ほかの季節は襖の衝立となる。衝立のまえには季節の花がいけられている。

季節の調度として注目すべきもののひとつに、ブリキ炬燵があった。それは、径、深さともに二十五センチほどの円筒型で、深さ五センチほどの蓋をかぶせる形式だった。藁灰が円筒の半ばほどまで入れてあり、炭は毎日二片入れた。直接布団に入れると熱いので、ブリキ炬燵は、巾着型で口を紐で締めるかたちの袋に入れられていた。袋は綿入れで、絣の布地だった。

昭和二十四（一九四九）年、かよ子さんが嫁いだころ木戸家の家族は、夫、舅、姑との四人家族で、ブリキ炬燵は毎日、姑のさよさんが四個用意した。藁灰を用意するのは、舅の源吾さんの仕事だった。

ブリキ炬燵を使うのは十二月から三月半ばまでだった。ブリキ炬燵のまえは焼きものの炬燵、ブリキ炬燵がヤグラ炬燵にかわったのは昭和二十八（一九五三）年、ヤグラ炬燵が電気炬燵にかわったのは昭和三十四（一九五九）年のことだった。

火鉢は一年じゅう出してあったが、炭を入れるのは十二月から四月までだった。昭和二十四（一九四九）年当時、ガスは入っていたが、煮ものなどには焜炉で炭を使った。炬燵、火鉢、焜炉で炭を使い、三つクドで薪も使った。薪・炭は、近郊からの行商のものを買ったのである。座布団、食器、蚊帳などは128・129ページ表のとおりである。

かよ子さんが木戸家に嫁いだころの舅・源吾さん、姑・さよさんの一年間の衣類の季節変化も、同じ表にまとめてある。

とくに目をひくのは、舅の夏季の姿である。シャツとステテコを身につけ、下半身に英ネルの腰巻を巻いていた。それは、膝下一寸ほどまでのものだった。

姑の夏姿は浴衣地の着物で、暑いときには両肌脱ぎになるのだが、下には白い襦袢を着ており、肌を見せることはなかった。そして、姑のさよさんは、夏でも夏足袋を履いていた。綿入れ、ハンチャ、羽織は、もとより袷の上に着、トンビは外出のときに着た。木綿の単衣、袷、浴衣のみならず、セルの着物を着る季節もあった。セル（serge）はオランダ語で単衣用のウールである。木戸家の舅・姑の、昭和二十年代における衣類の季節対応は、じつに細やかなものだった。

妙見町に限らず、上野の各町の路地では打ち水が盛んになされてきた。木戸家の打ち水は、季節によっては朝夕二回おこなわれた。朝の打ち水は、木戸障子や格子などの拭き掃除に使った水を打つものである。それも、十一月後半から二月一ぱいはおこなわれない。理由は、冬季に路地道に水を撒くと道が凍結し、歩行者が滑って危険だからである。かよ子さんが嫁いできたころにはまだ、家の前の道路は未舗装だった。未舗装の土の道は凍結しやすかったのである。その代わり、ほかの季節の朝の打ち水は、土埃をおさえるのに有効だった。夕方の打ち水は涼を呼ぶ水で、この水は汚れていない水だった。

一月には、三河万歳、獅子舞、出雲の札売りなどが門に立った。かよ子さんが当地に嫁いできて驚いたことのひとつに、花の行商の呼び声があった。「ハナエー、ハナエー」というやさしくのどかな女性の声である。当地には月の一日、十五日に墓参をする習慣があり、そのための花を一日、十五日に先立って寺田方面から、姉さんかぶりにモンペでリヤカーを引いて売りにきたのである。花は、シキミ、サカキ、菊などだった。

上野市内には、四月八日、オツキ八日と称して竿の先にツツジなどの花をつけ、その竿を庭先に立てる行事があった。四月八日のまえ、四月七日に「オツキ八日の花」を売りにきた。「モモノハナ」と称していたが、それは桃の花ではなく石南花《しゃくなげ》で、値段が高かった。花売りは、寺田方面の人が多かった。石南花の入手にもとでがかかっていたのである。野菜売りも、服部・西明寺方面からやってきた。

「よく餅を搗く家だと思った」と、かよ子さんは語る。それも、表に見るとおりである。正月用の餅は十二月二十八日に搗くことが多かった。ただし、二十八日が午の日にあたる場合は、午の日を避けた。「午の日は大火になる」と伝えたからだ。民家が密集するマチでは、とくに火災を怖れた。裏庭にコンクリート製の防火用水があったが、別に、三つクドの脇に石の水甕があった。それは炊事用、食器洗い用の水を汲みためることを目的としたものではあったが、同時に防火用水の役目も果たしていた。水甕の容量は大バケツ五杯分ほどで、この水は必ず毎日汲みかえることになっていた。

イバラ餅は、イバラの葉が大きくなるころに、そのイバラの葉に餡入り団子を包んで蒸したものだった。これは、夏病み予防だと伝えている。五月五日のチマキ、三月三日の節供餅、それに、寒入りに搗く寒の餅などを並べてみると、町においても季節の折り目に餅や団子をつくって、季節の折り目を意識化していたことがよくわかる。

上野の町の暮らしのなかでもっとも大きな行事は、十月二十三日・二十四日・二十五日を中心とした上野天神祭りである。木戸家の上野天神祭りに注目すると、イエの行事としての天神祭りの有様が立体的に見えてくる。

まず十月二十日、甘酒を完成させる。同日、「呼び使い」と称して、近郊の主だった親戚に天神祭りの招待を告げにいく。そのとき、甘酒を重箱に入れていくのだ。舅の源吾さんは、毎年十月二十日、バスに乗って大山田村阿波の木戸家に出向いた。呼び使いを受けた家からは、十月二十四日、主人が孫をつれて妙見町の木戸家を訪れる。この訪問を「鍋借り」と称し、みやげとして必ず季節の野菜に菓子を添えて持参する。ネギや里芋が中心だった。

さらに十月二十六日には、ゴエンと称して家の女たちがご馳走をつくって食べることになっていた。祭りの支度や接待の慰労の意味があったのである。ゴエンとは「後宴」の意であろう。「呼び使い」(二十日)→「鍋借り」(二十四日)→後宴(二十六日)と、期日と行事名称が定着していることから、この慣行の継続性をうかがうことができる。そして、この慣行のなかには、上野の町と近郊との関係、上野の町の求心性を象徴的に見てとることができよう。

③長野県飯田市箕瀬町《みのぜちょう》・後藤幸史さん（昭和五年生まれ）・同さと子さん（昭和七年生まれ）

後藤家は、箕瀬町二丁目で「松屋」という酒類販売店を営んでいる。次ページ下の表は、昭和三十年代までの後藤夫妻の体験と伝承をまとめたものである。

タテカエの節目は六月一日だった。九月十七日は、氏神である長姫神社の祭日である。秋の祭りに備えて大掃除をし、そのとき夏のシツライを秋のシツライに替えた。障子は、葭簀障子から紙・襖障子に、敷物は、太藺《ふとい》ゴザから絨毯《じゅうたん》へと替えた。風鈴の出し入れにも気を使い、風鈴の材質にもこだわった。

一月二日の初売りには、小皿五枚一組、どんぶりなどを景品にした。岐阜県瑞浪市《みずなみし》の陶器屋が、箕瀬町三丁目の小林旅館に泊まり込んで初売りの景品見本をもって予約をとりにまわった。小林旅館には、ほかに髪油、化粧品などの商人も泊まっていた。

夏の売り出しにはビールがよく出た。戦前には夏でも酒が売れた。「松屋」という屋号の入った団扇をサービス品とした。

年末の売り出しには、タオル、カレンダーなどをサービス品にした。売り出し以外に酒が売れたのは、①刈りあげ、②晩秋蚕まで終えた蚕あがり、③大晦日・正月、④長姫神社祭り、⑤花見――など。一合枡での計り売りもした。

汲みとりには、羽場の農家がやってきた。お礼に、野菜の類をもらった。竈や風呂場の灰も、羽場の農家がもっていった。残飯類は、バケツに入れて表に出しておくと、羽場や伊賀良の豚農家が巡回回収していった。

裏庭の鬼門に花梨《かりん》の木がある。「借りん」と掛けて、吉例とした。魔除けの山椒、桂の木もある。

(2) 敷物と床の間

三重県伊賀市福居町の寺村壽夫さん

6月	7月	8月	9月	10月	11月	12月
←葭		簀→	9/17		←紙・襖	
←	太藺ゴザ→		9/17		←絨毯	
	←	→				
←	麻・藺草→		9/17		←木綿・正絹（客）	
←	籠（陶）・鋳物→		9/17		←陶器	
	←南部鉄	→				
単衣	浴衣 絽・紗（よそゆき）		単衣 9/17	袷	半纏ほか	
綿裏			9/17	ネル裏		
		←麦茶（冷）→				←甘酒
		8/7↔8/15 盆			11/20↔11/30 エビス講	12/20← 歳末

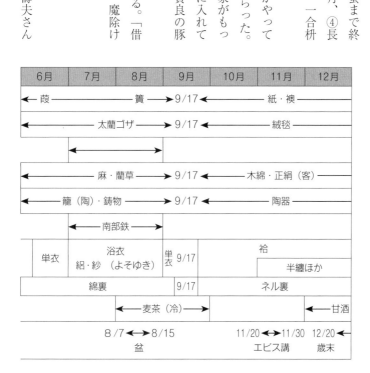

（大正八年生まれ）は、敷物を次のように替えた。夏季は藺草か籐、ほかの季節は絨毯である。寺村家で天津《てんしん》ものと通称される毛織の絨毯を使いはじめたのは昭和三十五（一九六〇）年のことで、それ以前は木綿の絨毯だった。木綿絨毯としては、鍋島毯、赤穂毯、堺毯などが知られていた。

　飯田市中央通りの宮下芳治（大正十四年生まれ）家では、九月十八日から翌年の五月末日までのあいだは敷物として座敷に太布《ふとぬの》を敷いた。この地でいう太布とは、玉繭（双子繭）を使った太い絹糸で織った厚手の布である。いかにも養蚕地帯らしい敷物だといえよう。

松屋・後藤幸史家の季節対応暦

暮らしの項目		1月	2月	3月	4月	5月
調度品その他	障子	――	――	紙・襖	――	――→
	敷物	――	――	絨毯	――	――→
	蚊帳					
	座布団			木綿・正絹（客）	――	――→
	床の間花器	――	――	陶器	――	――→
	風鈴					
衣類	着物			袷		
			半纏ほか			
	足袋			ネル裏		
飲みもの		←――	甘酒	――→		
売り出し		1/2 初売り				

商店では、季節によって暖簾を替える。夏季を白にしてほかを色ものにするとか、夏季を絽にして他季を木綿にするといった気配りが見られた。

床の間の花器については事例のなかでふれたが、各地方、各家々で、床の間の季節対応には心を配った。

寺村壽夫さんは、床の間の掛け軸について次のように語る。

・一月＝日の出、松、鶴など　二月＝梅　三月＝三月三日雛、桜、新緑など　四月＝春山、春景、新緑、杜若《かきつばた》など　五月＝若もみじ、滝、杜若、鮎など　六月＝鮎、蛍など　七月＝素滝、高僧文字、経文など　八月＝素滝、高僧文字、経文、満月など　九月＝秋の七草、薄など　十月＝紅葉、秋景、天神図（上野の天神祭りに合わせる）など　十一月＝雪中もの　十二月＝雪中もの、処世訓、茶掛けなど

床の間の置き物にも配慮した。一月の鏡餅、六・七・八月は置き物を単純化し、床の間の空間を広くする。八月は香炉をおく。十月は瓶子、天神像（天神祭りに合わせる）など。掛けものは、季節に先がけるものはいいが、季節に遅れてはいけないとされる。花は、季節を象徴する花が選ばれた。

(3) 坪庭・蚊遣《かや》り

長野県飯田市の市街部の町屋のタテカエを中心に、十四戸ほどで聞きとりをした。その際、坪庭や小さな植えこみについてもたしかめた。飯田市は昭和二十二（一九四七）年に大火にあっているので変容がはなはだしいが、大火以前のこともよく記憶されていた。

坪庭の植物には、以下のものがあった。

松、槇、ネズミサシ（質屋の質草が鼠害にあうのを防ぐためにネズミサシの枝を使った）、カシ類、梨、花梨、山椒、桂、南天、金木犀、サツキなど。

花梨と「借りん」、樫と「貸し」、南天と「難転」など、吉祥を願う言語呪術をこめたものが見られる。

梨を「無し」と掛けて嫌う地もあるが、当地では「鬼門梨」「鬼門の災い無し」として、多くの町屋がこぞって梨の木を植えていた。梨は、実もなり、食べられる。それに、四月になって白い花が一斉に咲くと、家にも町にも春風が吹いた。秋には落ち葉が樋に入って困ることもあったが……。

坪庭や裏庭のわずかな樹木にも、季節を告げる生きものどもがやってきた。鶯、目白、椋鳥。季節的ではないが、鳩や雀もきた。夏は油蝉、ミンミン蝉、法師蝉が微妙な季節の移ろいを告げた。カミキリムシもきた。坪庭の池には蟇《ひきがえる》もいた。池があるくらいだから蚊の発生もあり、蚊には悩まされた。

各表にも示したとおり、どこでも蚊帳を吊ったのだが、飯田市の町屋では、螢狩りをして螢を蚊帳のなかに入れて季節を楽しむという方法が広くおこなわれていた。町屋の蚊遣《かや》りには、蚊取線香のほかに、柑橘類の皮、桑の根、薄、野菊を干したものなども燻された。昭和三十年代までは蝿にも悩まされ、蝿とり紙やガラス製の蝿とり壺も用いられていた。


住まいを中心として、調度類までもふくんだ季節対応の繊細な展開は事例に見たとおりであるが、近世以来、マチ屋のなかで形成・伝承・実践されてきたタテカエを中心としたその展開のクライマックスは、昭和十年（一九三五）前後だったのではなかろうか。季節に対応する設備・事物の数の多さ、その適用範囲の広さなどが、この時期にもっとも多く、広くなったものと思われる。

住を中心としたこまやかな季節対応は、季節の推移・循環や自然環境に寄りそう、やさしいものだった。

近年、「和食」が世界的に注目されるようになってきたが、その要因のひとつに、旬の食材を生かすという原理がある。これは季節循環に即応するものであるから、住まいの季節対応とセットになっていたものだと考えるべきであろう。

2　養蚕とタテカエ

季節のめぐりに応じた住まいの「しつらい」に関する変化は、町屋のみではなかった。生業や、主たる生業の要素にかかわる変化は種々見られるが、ここでは養蚕に注目する。生きものである蚕を飼育して繭を得る養蚕は、自然環境、とりわけ季節循環・気温変化と深くかかわって連動する。蚕の餌である桑の葉の発芽と生長に連動してすべては動いた。以下に事例を示そう。

①静岡県浜松市北区引佐町渋川・小出諫さん（昭和三年生まれ）

諫さんの記した昭和五十四（一九七九）年の『養蚕飼育日誌』の養蚕暦の主要部分は次のとおりである。

春蚕・掃き立て＝五月六日➡上蔟＝六月一日〜四日、出荷＝六月十二日
夏蚕・掃き立て＝七月一日➡上蔟＝七月二十五、二十六日、出荷＝八月一日
初秋蚕・掃き立て＝七月二十日➡上蔟＝八月九日〜十三日、出荷＝八月二十日
晩秋蚕・掃き立て＝九月一日➡上蔟＝九月二十五日〜二十七日、出荷＝十月四日

小出家では、昭和五十四（一九七九）年現在、別棟の蚕室がつくられていたが、諫さんの母けさのさん（明治三十七年生まれ）の時代、さらに諫さんの妻うめのさん（昭和六年生まれ）が嫁い

できたころには別棟蚕室はなく、母屋を蚕室として使っていた。春蚕の掃き立てまえの四月末から晩秋蚕の出荷のすむ十月上旬までは、母屋の部屋でオーエと呼ばれる寄りつきの十畳間と、その奥のデイと呼ばれる八畳間が蚕室として使われた。そのために、この期間は二間の畳があげられ、二間は板の間になった。二部屋の畳は、デイの北側のオクデイに積みあげられていた。ウチニワと呼ばれる土間は桑置場になった。

蚕は温度に敏感であるため、温度管理には神経を使った。

春蚕の掃き立て直後の一齢期には、戸障子や天井の隙間に目貼《めば》りをした。春蚕の時期は気温が不安定なので、その日の温度によって煉炭を焚いて部屋を暖めた。五齢になっても暖めることがあった。温度が下がると蚕が糸を吐かなくなり、繭にムラができるからである。

一方、通気も重要で、うめのさんはけさのさんから「三齢以後は、天井のクモの巣の糸が揺れる程度の風を入れよ」と教えられた。これは、けさのさんも姑から教えられたことだった。

春蚕と秋蚕は五齢になると覆いをかけて庭に出したのだが、その際、鳥の害に注意しなければならなかった。五齢直前、鳥の害をおそれて戸を締め切ったために、蚕を死なせたこともあった。オーエとデイの畳は、晩秋蚕の繭出荷のあとに敷かれたのである。

②長野県飯田市宮ノ上・北原良男さん（大正十五年生まれ）

北原家は養蚕農家だったので、季節のめぐりに応じて以下のようにタテカエをおこなった。春蚕の掃き立てが五月のはじめなので、四月末日には養蚕向け、夏向けのしつらいをしなければならない。障子には、襖の中段のみを格子と障子紙でつくった「中透《なかす》き障子」、襖の中央部に四角の和紙部分を設けた「窓襖」といった障子があった。ともに、直接外気に触れない母屋の内部分の部屋を仕切る際の採光に配慮したものだった。ほかに板戸もある。四月末日には、中透き障子、窓襖、板戸などをとりはずして、すべてを紙障子に替える。これをもとにもどすのは、春蚕、夏蚕、秋蚕、晩秋蚕が終了する十月末日だった。

養蚕農家のタテカエとしては、いまひとつ注目すべきものがある。それは敷物である。四月末日、養蚕に使う部屋の畳の上に、部屋の広さに応じた渋紙を敷くのだ。正座敷の場合は十五畳、八畳間には八畳の渋紙を敷く。その渋紙とは、次のようなものだった。

南京袋の布地に、和紙を貼り重ねる。これには、蒟蒻玉の粉を水で溶いてつくった薄糊を使う。南京袋地にも、和紙にも糊を刷《は》く。その上に柿渋を塗る。南京袋地に裏打ちされた丈夫な渋紙だ。

この渋紙は、畳を養蚕作業にかかわる汚れや破損から保護するためのものであるが、同時に、夏季に大発生して人びとを悩ませる蚤《のみ》除けにもなった。三河や遠州の平野部の養蚕農家では、養蚕期間に畳をあげて板敷きのままにしたり、茣蓙《ござ》や筵《むしろ》を敷いたのだが、春・秋に寒冷気の強い当地では、畳を敷いたままにして、その保温力を保ちつつ汚れを防ぐために渋紙を敷くという、独自な方法を考案・伝承してきたのである。

渋紙をとりはずして畳が顔を出し、戸障子が入れ替えられるのは、十月末日のことだった。北原家では、障子と敷物で養蚕対応・夏向きのしつらいをする四月末日と、それをもとにもどす十月末日には、餅を搗き、尾頭つきの魚を用意して、節目の祝いをした。養蚕が、複合する生業要素のなかで重い位置を占めていたことがわかる。

良男さんは、子ども心にこのタテカエの両日はうれしく思った。ご馳走もうれしかったのだが、それにも増して、家の模様替えがいかにも心改まる感じで心地良かったという。

3 雪囲いと冬の床

⑴雪囲いと床の実際

・生杉は、針畑峠《はりはたとうげ》で若狭小浜の遠敷川《おにゅうがわ》上流部と結ばれた県境の地で、標高四百五十メートル。近畿地方に属してはいるが、ここは雪国である。

毎年十二月十三日、氏神日吉神社の囲炉裏のつくり替えをおこなう。これを「ユルリイレ」と称して、ムラのイエイエではこれがすむと雪囲いのカヤダテをした。

カヤ刈りは、ユルリイレのまえにおこなうことが多かった。カヤの丈は人が立って手を伸ばした高さで、家の周囲に支柱を立て、支柱と支柱のあいだに「コウ」と呼ばれる横木をわたすのだが、これには稲架《はさ》の杉材を利用した。カヤの丈に応じてコウ二本を基本とするが、風のあたる面は三本にした。カヤの外から割り竹をあてて締めた。

四月はじめにカヤダテをはずし、カヤはツシ（屋根裏）に収納しておいた。のちにこれを、屋根萱に利用した。

こうしたカヤダテは戦前までで、戦後はトタン、現在は羽目板を使うようになった。

屋内にも季節対応があった。イロリのある部屋には幅三尺、長さ十二尺の厚ムシロを敷き、その上にゴザを敷く。これを敷くのは十一月三日の明治節（現在の文化の日）で、とり除くのは梅雨明けとされていた。梅雨明けから明治節まえまでは、藺草《いぐさ》で織ったウスベリを敷いた。夫婦の寝室のナンドと子どもたちが寝るヘヤなどにはワラトコ（藁床《わらどこ》）を敷いた。ワラトコとは、新藁を径一寸五分に束ねたものを三尺にそろえ、長さ六尺になるように編みつけたもので、これをつくるのは女性の仕事とされた。

毎年、稲刈りが終わった明治節から十二月のあいだに入れ替えをした。梅雨になるまえにワラドコを干した。田の荒起こしのころ警官と区長が巡回してきて衛生検査をし、検査済証をくれた（事例①＝滋賀県高島市朽木字生杉・西川定市さん・大正十二年生まれ）。

・杉の丸太で骨組みをつくってそこにカヤ束を結いつけるかたちの雪囲いを十一月中につくった。カヤは個人山で刈り、乾燥させたものを運びおろしたが、カヤ山のない家では惣山《そうやま》（村の共有山）で拾いガヤをして工面《くめん》した。雪囲いをはずすのは四月下旬、ムラの祭りのまえだった。雪囲いに使ったカヤは、屋根ガヤ用として保存した。現在は、ビニール製の波板を使うようになった。

稲刈り後の十月下旬、イロリのあるオエ（八畳）に新藁の束をほぐして厚さ六〜八寸ほどにまんべんなく敷き、その上にムシロを敷く。ネドコ（六畳）には新藁を厚さ一尺ほどに敷きつめて、上にムシロを敷いた。冬をすごし、翌年の五月十日の祭りのまえに藁をとり出して、カボチャ畑の肥料にした。夏季、オエにはムシロを敷き、来客には一畳分のゴザを出した

（事例②＝富山県南砺市利賀村阿別当《あべっとう》・野原ことさん・大正四年生まれ）。

利賀村岩淵の野原元治さん（明治四十四年生まれ）は、冬季の下敷きに稗ガラ、シコクビエのカラを使い、その上にムシロを敷いた。来客のときには、隣家とのあいだでヘリつきゴザを融通しあったという。下敷は、十一月、初雪が降ってから入れ、五月七日の祭りのまえに除いて畑の肥料にした。

・雪囲いは、杉の丸太を組んでカヤ束を結わえつけてつくった。十二月上旬につくり、四月上旬に除いた。ネドコは板の間だったので、十二月になると径七〜八寸の藁束をアイガチ（根

先交互）に組み合わせて敷き、上にムシロを敷いた。これをネジキと呼んだ。四月十五日の祭りまえに除くことになっており、四月十二日ごろ大掃除の検査があったので、そのまえに除いた（事例③＝富山市山田字谷・谷川覚広さん・大正十五年生まれ）。

・雪垣の素材はカヤで、母屋の周囲に杉の横木を四本ずつまわし、支柱で支えてそれにカヤ束を結わえつけた。横の抑えには、城端から買った竹を使った。十月末から十一月はじめに設置し、三月末から四月はじめに除いた。オエ（イロリのある部屋）およびチョウダイ（寝室）にはトコを入れた。冬用のトコは、よく乾燥させたカヤ（薄）を厚さ一寸五分ほど敷きつめ、俵編みで編んだコモを敷き重ね、さらにその上にムシロを重ねた。

十一月はじめにトコを入れ、四月三十日の神明社の祭りのまえまでにトコアゲをした。新しいカヤの床ではじめて寝る夜はとても暖かかった。トコアゲで除いたカヤは桑畑に入れた。それは、雑草の抑えとしても、肥料としても有効だった（事例④＝富山県南砺市菅沼・北忠兵衛さん・大正元年生まれ）。

・囲炉裏のある部屋には、十一月上旬にムシロを敷いた。ネドコと呼ばれる部屋には、十一月上旬に新藁を敷きつめ、その上にムシロを敷いた。五月上旬に藁を除き、それを杉の植林に入れた（事例⑤＝石川県白山市中宮・不破たまさん・大正九年生まれ）。

・雪囲いは、稲刈りがすんでから、稲架竹を母屋の周囲に固定し、それに藁ムシロを結いつけ、三月末に除いた。囲炉裏の周囲四辺に、厚さ五寸・幅一尺・長さ三尺の「クロギイシ」と呼ばれる切石を据え、さらにその周囲、部屋じゅうにニカ（籾ガラ）を敷きつめ、その上にゴザを敷いた。毎年、稲の収穫・脱穀・籾擂のあとで新しい籾殻と古い籾殻を入れ替え、古いものは肥料にした（事例⑥＝福井県坂井市丸岡町一本田・中島藤作さん・明治四十二年生まれ）。

・雪囲いは落とし板式である。板は杉材で、幅一尺前後。受けの柱も杉。板にい・ろ・は文字が記されている。玄関にはカヤ束を連ねた。十一月末にはめこみ、四月中旬にはずした。イロリの部屋は板の間で、ここには稲刈り・脱穀が終わってから厚さ一寸ほどに新藁を敷きつめ、その上にムシロを敷いた。十二月一日は、ノンバギと称してムシロを干して叩いた。藁を除くのは五月、ノラへ出るまえで、藁は肥料として桑畑に入れた。イロリのほかに、客間、婆の部屋、その他計三つ掘りゴタツがあった。コタツは十月末から十一月はじめの戌の日に出すといいと伝えていた。野に降りるようになると、綿入れを脱いだ（事例⑦＝新潟県魚沼市外山・樺沢コトさん・昭和七年生まれ）。

・雪囲いは十一月中旬につくり、四月の上旬から中旬のうちに除く。母屋の周囲にヤグラ（木組）を立て、そこに女竹を結いつける。女竹は農協で仲介してもらった。女竹は積んで保存する。十一月中旬、イロリの部屋に新藁をバラで敷きつめ、その上にムシロを敷く。四月上旬から中旬のあいだに藁を除き、藁は堆肥にした（事例⑧＝新潟県上越市高森・山西きよさん・大正十一年生まれ）。

・母屋の周囲の枠木は、タテザオおよび横木からなる。その横木に、ブナ、クロモジ、ギョウブなどの柴を逆さに結わえつける。鎧のような形状となる。これが当地の雪囲いだった。ガンギと称する玄関の雪除け部分にはカヤの簀を用いた。十一月中旬につけ、四月中旬に除いた。除いた柴は、燃料として利用した。外厩の雪囲いには、粟ガラ、稗ガラを使った。冬至のまえに、ムシロの下に藁を厚さ一寸ほどに敷きつめた。春、山へ出るまえ、八十八夜の四、五日まえにその藁を除いて焼く。その灰を焼畑で栽培する粟、稗の肥料にした（事例⑨＝新潟県中魚沼郡津南町大赤沢・石沢政市さん・明治三十六年生まれ）。

・雪囲い用の木組丸太の縦用をタテボケと称し、

萱簀と板の雪囲い（秋田県仙北郡《せんぼくぐん》美《み》郷町《さとちょう》）

雪囲いの萱束を結びつけるための木柱と横木（岩手県花巻市大迫町内川目）

これは二間半、横用をヨコボケと称して二間半～三間としていた。ヨコボケは、古くは七本、現在は六本としているが、雪の圧力は下部により強くかかるので、下部をより密に、上部を粗に組む。

渡辺家の入り口は東妻入りで、こちらは簀を立て、南・北・西には径二寸のカヤ束を結わえつけた。昭和六十（一九八五）年以降、採光のために北側の一部にビニール製の波板を使うようになった。雪囲いの設置は十一月上旬で、除去は四月下旬である。

イロリのある部屋には、十一月上旬から四月下旬まで厚コモを敷く。厚コモは、スグリ藁を素材として俵編みを使って編んだもので、厚さは一寸五分だった。この厚ゴモの上にさらにムシロを敷き重ねた。夏は、板張りの上にウスベリを敷いた（事例⑩＝山形県鶴岡市七五三《しめ》掛《かけ》・渡辺亀吉さん・大正二年生まれ）。

・雪囲いには、十月末から十一月はじめにカヤを簾状に編みつけて使い、五月上旬に除いた。そのカヤは屋根裏にあげておいて、ムラで屋根のカケアイ（無尽）を組んでいる家へ屋根ガヤとして持参した。十月中旬早稲の新藁を囲炉裏のまわりの板床に厚さ一寸ほどに敷きつめ、その上にムシロを敷いた。藁とムシロは六月上旬に除いた（事例⑪＝岩手県和賀郡西和賀町湯田・高橋仁右衛門さん・大正九年生まれ）。

・雪囲いは十一月上旬から中旬にとりつけ、四月上旬に除いた。風雪を多く受ける北側には径四寸のカヤ束を並べ、東・西・南にはカヤの簀を張った。簀の耐用年数は五、六年である。簀の部分は昭和二十一（一九四六）年から板にし、昭和四十（一九六五）年からはビニールの波板にした。北側のカヤ束は屋根ガヤとして利用した（事例⑫＝秋田県湯沢市上院内・阿部勇吉さん・大正四年生まれ）。

・十月上旬に稲刈りをし、二十日すぎまで稲を干し、その稲架用の丸太を母屋の雪囲いの骨組みとして、十一月中旬にカヤの雪囲いをつくり、四月中旬にはずした。カヤは屋根用に保存した。囲炉裏のある部屋には、十一月初旬に厚ムシロを敷いた。六月上旬、イロリの四囲にふつうのムシロを敷いて、厚ムシロは除いた（事例⑬＝秋田県湯沢市秋ノ宮磯・菅原孝太さん・大正六年生まれ）。

・家屋敷を吹き（吹雪）から守るために設置する囲いのことを「カッチョ」と呼ぶ。現在、ほとんどの家のカッチョは板材である。それも、四季を通じて常時設置されている。しかも、その支柱は鉄パイプまたはコンクリート柱などである。しかし、雪囲いが板材になったのは戦後のことで、それまではカヤ束を連ねて固定させたものだった。カヤは、岩木川の河原、土手、その他から集めていた。雪囲いとして使ったカヤは保存しておいて、屋根ガヤとして使った。現在使われている板材は、東の山中から伐り出したヒバ材からとったものだ。ヒバ材は耐用年数が長いので、雪囲いに適している。

母屋の建て替えが進み、屋根がカヤからトタン、瓦などに変わるにつれて、雪囲いに板材が求められるようになった。しかも、雪囲いの常設は平成に入ってからのことであり、それまでは、カヤ、板を問わず、十一月中旬から十二月はじめに設置し、三月末から四月はじめに除去するという季節的なものだった（事例⑭＝青森県五所川原市金木町藤枝・外崎明さん・昭和十年生まれ）。

藤枝は、津軽鉄道の西側約一・五キロにわたって南北一直線に連なるムラである。五十戸の民家の雪囲いの板が見事に連なって見える。そして、各屋敷の乾角や門口には欅や板屋《いたや》楓《かえで》の古木が立っている。これは、西北から吹きつける強烈な吹雪から母屋を守る役割を果たしている。雪囲いと相俟って、防風・防雪の役割を果たしているのである。

防雪垣のカッチョ（青森県五所川原市金木町藤枝）

青森県つがる市木造吹原小字中山では、雪囲いのことを「カッチョ」という。同地の渋谷久男さん（昭和九年生まれ）は、カッチョについて次のように語る。

・昭和二十五（一九五〇）年までは、カッチョの素材はカヤだった。以降、平成十五（二〇〇三）年までは杉板を使った。杉は、鰺ヶ沢から馬車で運んだ。この間、毎年十二月はじめにカッチョを設置して、三月下旬に収納していた。平成十六（二〇〇四）年、設置・収納の労力を省くために鉄柱をめぐらしてそれにネットを張り、年間常設のかたちにした。

大崎平（宮城県）で屋敷林のイグネに関する調査をしていたとき、大崎市古川大崎小字伏見本屋敷の門脇れふ子さん（昭和七年生まれ）は次のように語っていた。

・イグネのない家ではカヤまたは藁でヤドツ（ヤドス＝宿簀）と呼ばれる簀を編み、それで母屋を囲んで風雪除けにしていた。これは、稲刈りが終わると設け、三月末に除かれていたのである（事例⑮）。

筆者が少年時代をすごした静岡県の遠州地方では、冬季、「遠州の空っ風」と呼ばれる強い西風が吹いた。この西風から母屋の暮らしを守るために、屋敷林や槇囲いがない家では次のようにしていた。稲刈り、脱穀が終わると、屋敷の西側に高さ二間・幅二間ほどの藁の垣をつくって備え、三月末には除去した。これを「シオリ」と呼んでいた。

・座敷は別だが、イロリのある部屋、二十畳のダイドコロとネヤは、土間を基本とした時代があった。ダイドコロとネヤには、脱穀後の籾ガラを敷きつめ、その上にムシロを敷いた。雪囲いは、母屋の前面にはカヤ束を立て、ほかはカヤ簀を立てた。立てるのは十一月中旬で、除くのは四月三日だった（事例⑯＝滋賀県長浜市余呉町今市・太々野功さん・昭和十一年生まれ）。

・「守門岳に七回雪が降ると雪が里に降る」「守門岳に三回雪が降ったら雪垣（雪囲い）をつくれ」「守門岳に三回雪が降ったら大根を囲え（大根、蕪、白菜、里芋などを貯蔵穴に入れる）」「赤雪（黄砂混じりの雪）が降るともう雪は降らない」「赤雪二回降ったらもう春だ」などといい伝えた（事例⑰＝新潟県魚沼市大栃山・大島寛一さん・明治三十八年生まれ）。

・ムラには共有のヤガヤ（家萱）場があり、三月下旬、良いカヤを生やすために野火づけをした。雪囲いは母屋の周囲に木組を設け、それにカヤ束を結びつけたものだった。雪囲いは十二月末につくり、春の彼岸すぎに除いた。雪囲いのカヤにはオオガヤとコガヤがあり、オオガヤは屋根素材として保存し、コガヤはただちに炭俵の素材にした。白炭用は丸俵、黒炭用は角俵で、炭一俵一円のとき炭俵は十銭だといわれたが、炭俵編みは年寄りの収入になった（事例⑱＝長野市鬼無量・松脇豊進さん・大正二年生まれ）。

・ネコと呼ばれる、厚さ八分、二間四方の厚ムシロの上で米、大豆などの脱穀をし、それが終わると、陽なたでよく干してから居間に敷いた。ネコを敷く期間は、十一月下旬から四月下旬までだった。寝室に藁を敷きつめ、その上にネコを敷く家もあった（事例⑲＝長野県伊那市長谷平瀬・小松清隆さん・明治四十四年生まれ）。

⑵素材の循環利用

雪囲いの素材としては、カヤが一般的であった時代が長い。事例で見てきたとおり、母屋の周囲に支柱と横木を利用してカヤ束を結わえつけるかたちのものが多く見られた。一部には、風雪を強く受ける方位にカヤ束を使い、ほかにカヤ簀を使ったものもある。そして、カヤ束を使う場合、そのほとんどが雪囲いのカヤを保存しておき、屋根ガヤに転用するという合理的なものだった。このことは、生活様式の変化にともない母屋の建て替えが進み、カヤ葺き屋根がなくなると、屋根ガヤが不要になり、それに連動して母屋を囲む雪囲いも落とし板や立て板、トタン、ビニールの波板などに変容してきたことを物語っている。事例⑱に見られるように、雪囲いのカヤでも大ガヤを屋根に、小ガヤを炭俵にと仕分けて転用した例もある。

カヤ屋根の消滅は、カヤの雪囲いを変化させたのみならず、ムラ共有のカヤ場、カヤ野を消滅させ、春の野焼きの風景も過去のものにした。のみならず、秋の七草に数えられた撫子《なでしこ》、女郎花《おみなえし》、桔梗《ききょう》を激減させている。盆花採りをする子どもたちの姿もなくなった。

玄関部の雪除けをガンギ、雪棚、雪ダレなどと称してカヤ簀や板を使った例も見られたのであるが、建て替えが進んだ現今の雪国の農家の玄関は、非積雪地帯の農家の玄関とは異なる。ガンギを高質化・固定化して風雪や雪泥足の雪や泥の侵入を防ぐもうひとつの玄関として美しくくふうされ、二重構造の玄関になっている。雪囲いの素材としては、カヤのほかに、女竹（事例⑧）、柴（事例⑨）、藁（ムシロ＝事例⑥、ヤドス＝事例⑮）などがあり、柴は燃料に転用されていた。

事例⑭のカッチョをつぶさに眺めると、これは、ほかの事例の多くが母屋を囲むかたちであるのに対して、冬季の常時強い風雪に襲われる屋敷の西側の防備に特化した屋敷垣的な存在であることに気づく。雪囲い・雪垣には、母屋を囲むものと、屋敷を守るものの二種があるのだ。してみると、宮城県のイグネや富山県砺波平野のカイニョなどの屋敷林の有無で雪囲いは大いに異なってくることになる。それは、事例⑮に見るとおりである。

雪国の床《ゆか》の季節対応も、事例で見てきたとおりである。冬を迎えるまえ——多くは十一月——収穫後新藁の束を解き、バラの藁を敷きつめて、その上にムシロを敷く例と、藁束を並べて敷く例とが見られた。事例③では、これをネジキと呼んでいる。

夏に先立つ晩春、これらを除くのであるが、多くはこれを肥料にする。南瓜畑、桑畑、杉の植林地などに入れているが、事例⑨では藁を焼き、灰にしてから焼畑の稗、粟に施した。冬季の床に敷いたものは、藁以外に稗ガラ、シコクビエのカラ、カヤなどがあるが、いずれも使用後は肥料にしている。事例④では、カヤをチョウダイ（寝室）に敷いたのだが、敷いた日の暖かさが語られているのが印象的である。事例⑥⑯では、稲の収穫後に新しい籾ガラを入れた。これも、使用後は肥料にしている。

農耕の季節循環の結果、収穫にかかわる新藁や新籾ガラが住の防寒の季節対応に有効利用され、それらはまた用済み後土に帰り、土を肥やし、作物を養った。ここにはみごとな循環があった。冬季の床保温の敷物としては、右のほかにあらかじめ防寒・保温を目的として編んだ厚ムシロがあった。

雪囲いの設置と除去、敷物の除去、入れ替えなどの「時」「節目」としては、事例⑰のような自然暦、梅雨のごとき気象、ムラ祭り・祝日、冬至・土用などの暦にもとづく日などがあげられる。事例⑰には雪囲いとの関連で「大根囲い」があげられているが、食物の貯蔵も季節に連動するもので重いいとなみだった。

〈註〉

（1）鈴木牧之『北越雪譜』初出一八三五（岩波文庫　一九三六）

二　ムケの朔日《ついたち》を追う

ムケノツイタチ（剝けの朔日）、キヌヌギツイタチ（衣脱ぎ朔日）、ムケゼック（剝け節供）、コオリノツイタチ（氷の朔日）などと呼ばれる日がある。定められた日としては六月一日と七月一日の二者があるが、本来は旧暦六月一日におこなわれていたものが、新暦六月一日と、新暦六月一日の月遅れである七月一日に分かれたものと考えてよかろう。まず、以下にこの不思議な行事の内容についての若干の事例を示そう。

1　ムケの朔日をめぐる諸伝承

・七月一日をキヌヌギ朔日と称し、正月の餅を干し餅にしたものを砕いて、炒って食べる。蛇は年に一度脱皮するもので、この日は大蛇が桑畑のなかで衣を脱ぐ（脱皮する）日だから、蚕の盛りだが骨休めをせよといわれた。桑は前日に摘んでおく（事例①＝新潟県魚沼市大白川・浅井主雄さん・昭和三年生まれ）。

・七月一日をキンノギ朔日と称し、この日、正月の鏡餅を切って乾燥させておいたものをホド

（イロリ）で焼いたり、油で揚げたりして食べる。この日は桑畑へ入るな、大豆を移植するなといわれた（事例②＝新潟県魚沼市穴沢・志田好雄さん・昭和九年生まれ）。

・七月一日には、朝、山芋の煮つけを食べる。この日、桑の木の下へいくと、皮が剝けるし、気を抜かれてしまうから、桑畑へいってはいけないとされていた（事例③＝新潟県村上市北大平・宇鉄タマヨさん・昭和三年生まれ）。

・七月一日、「キヌヌギトロロ」と称し、人間の皮がツルッと剝けるようにとの祈りをこめて、この日にトロロ汁を食べる（事例④＝新潟県村上市荒沢・大滝スミイさん・昭和七年生まれ）。

・六月一日はキヌヌゲ朔日と称して餅を搗いて食べる（事例⑤＝新潟県新発田市滝谷新田・佐久間進さん・昭和二十五年生まれ）。

・六月一日は人の皮が剝ける日だとして、この日は自然薯でトロロ汁をつくって食べた（事例⑥＝山形県鶴岡市田麦俣・佐藤三吉さん・大正十三年生まれ）。

・六月一日をムケの朔日と称し、この日は山芋をトロロ汁にして食べた。トロロ汁は人の皮を剝がすのに効力があると伝えた（事例⑦＝山形県西置賜郡小国町荒沢・山崎三男さん・昭和十一年生まれ）。

・六月一日をムケの朔日と称してトロロ汁を食べる（事例⑧＝山形県西置賜郡小国町石滝・水野宗信さん・昭和十一年生まれ）。

・六月一日をムケ朔日と称して、凍み餅を食べる（事例⑨＝山形県西置賜郡小国町小玉川・藤田栄一さん・昭和六年生まれ）。
・六月一日をムケ朔日と称し、この日は小豆餡を入れた小麦粉の炭酸饅頭をつくって仏壇に供え、家族も食べる（事例⑩＝栃木県那須郡那珂川町大山田・益子貴美江さん・昭和六年生まれ）。
・六月一日をムケの朔日と称し、この日、正月の鏡餅を凍み餅にしておいたものを食べる。この日にならなければ、凍み餅を食べてはいけないとしていた（事例⑪＝岩手県北上市二子町川端・Sさん・昭和八年生まれ）。
・七月一日に凍み餅を食べる。この日までは凍み餅を食べてはいけない。凍み餅を朴《ほう》の葉に盛って家の神々に供える。この日凍み餅を食べると身体が丈夫になると伝える（事例⑫＝山形県鶴岡市関川・野尻伝一さん・昭和九年生まれ）。
・七月一日に凍み餅を砕いて粥状にして食べる（事例⑬＝岩手県岩手郡雫石町鶯宿小字切留・横田捷世さん・昭和十八年生まれ）。
・七月一日に凍み餅を食べる。この日の凍み餅は身体にいいという（事例⑭＝青森県西津軽郡鰺ヶ沢町一ツ森町字大谷・吉川隆さん・昭和二十五年生まれ）。
・会津若松では、正月の餅を凍み餅にし、これを氷餅として六月一日のムケの朔日に食べた。また、『若松風俗帳』などをふまえ、近世飯豊山の氷を氷室で保存し、ムケの朔日に食べたとしている（事例⑮＝佐々木長生「土中貯蔵と雪中貯蔵」『食の民俗事典』[1] 柊風舎）。

・内田邦彦は、『津軽口碑集』[2]のなかで次のように述べている。

「六月朔日「歯固め」とて干餅に水飴をつけて食う（嘉瀬）（大川）（藤崎）。貯え置きたる正月のおや鏡餅を食う。歯に虫つかぬようにとてなり（小和巻）。昔は岩木山の雪を買いて食いたり」（事例⑯）

・竹井巌は、「金沢「氷室」考」[3]で旧暦六月朔日の「藩主への祝い氷」「将軍家への氷（雪）献上」「六月朔日の公家の氷」などについて述べている（事例⑰）。

・『遠野物語拾遺』[4]に次のようにある。

「六月一日に桑の木の下に行くと、人間の皮が蛇のごとく剝け変ると謂って、此日だけは子供等は決して桑の実を食いにも行かない」（事例⑱）

・加藤嘉一『芳賀郡逆川村木幡の年中行事』[5]（栃木県）に、次のようにある。

「むけつ一日と言って、この日人間の皮がむけ換えると言う。早朝畑に行ってみると自分の皮が桑の木にかかっていると、又当日うどんを食うと色白くなり、柏饅頭を食うと生涯中気にならぬと言われている」（事例⑲）

・福島県南会津郡南会津町栗生沢では、六月朔日を「ムケ朔日」といい、コガシ（香煎）をなめる。米、麦、トウギミ（唐黍）の三種を炒って挽いたものである。「コガシをなめて紫のクワの枝にぶらさがると人の皮がよく剝ける」、または「お天道さまが上がらぬうちに桑の枝から逆さにぶらさがると皮の剝けるのが見える」などといっている（事例⑳＝『栗生沢民俗誌』[6]）。

・福島県南相馬市鹿島区では、六月一日を「むけの朔」「歯固め」と呼ぶ。この日は人間の皮が剝けるので桑畑に入るものではないとも、木の皮のほうが剝けるといって仕事を休む。また、「歯固め」といって、正月にとっておいた稲穂に豆を混ぜて炮烙で煎って食べるものとし、歯が丈夫になるといっている（事例㉑＝『鹿島町史・民俗編』[7]）

・福島県南会津郡南会津町旧舘岩地区では、六月朔日を「ムケの朔日」と称し、人間もこの日早く起きて桑の木に逆さまにぶらさがると、自分のぬけがらが見られるといういい伝えがある。この日、モチ米にキビなどを入れ、ササの葉で三角に巻いたヒシ巻きをつくり、煮て食べた（事例㉒＝『舘岩村史・民俗編』[8]）。

・青森県下北郡東通村《ひがしどおりむら》では、六月一日を「歯がため」「蛇のモゲガラ（ムゲガラ）節供」と呼んだ。正月のお供えをザルに入れて雪の上で干しておいたものを食べる。また、この日は、蛇がモゲガラ（脱皮）する日で、それを見るとよくないので、山仕事や畑仕事をせず、甘酒をつくって飲んだ（事例㉓＝『東通村史・民俗民俗芸能編』[9]）。

2 脱皮・再生の願望

六月一日におこなわれ、伝えられてきた行事の本質は、さらに多くの資料収集ののちに明らかになるはずであるが、ここでは、右に示した事例を緒《いとぐち》として、少々の腑分けを試みることにする。すでに、行事名の定かでないもの、内容の乏しいものも多くなってきているが、それも時の流れにかかわることでやむを得ない。

⑴人の皮が剝ける日

「六月一日は人の皮が剝ける日」だとする伝承がある。事例④や⑥にはそれがわかりやすく語られているが、事例③⑦⑱⑲⑳㉑㉒などにも、人の皮は剝けるものである、ムケの朔日に剝けるとする伝承が見られる。六月一日の行事名称も、右の伝承内容と呼応するように「剝けの朔日」「剝け朔日」「剝けつ朔日」などが主流だと見てよい（事例⑦⑧⑨⑩⑪⑮⑲⑳㉑㉒）。こうした行事名称を伝えてはいるものの、それにともなう伝承を欠落させてしまい、凍み餅だけを食べるといった例も多い。しかし、これらもこの日につけられた呼称からすれば、当然「人の皮の剝ける日」という伝承をともなっていたはずである。人が蛇と同時に脱皮して皮を残すと信じる者はいるはずもないのだが、ここには「信仰心意的願望」「儀礼的心象」がこめられているのである。汚れ、疲れ、老化が進むと、体と魂をより健やかに若々しく再生させたいという願いが生まれる。清らかに、健やかに再生することへの願望が、ここにはある。

⑵蛇の脱皮と人の物忌み

脱皮・再生を果たす身近なモデルは蛇だった。ここで注目すべきは事例①の蛇の脱皮であり、㉓の「蛇のモゲガラ節供」である。六月一日に、「人の皮脱ぎ」と「蛇の脱皮」が隣接して語られていることには、蛇の脱皮力を人が感染受容したいという信仰心意的願望があることに注目しなければならない。

蛇が脱皮する日が六月一日と決まっているわけではないが、蛇の脱皮自体は夏で、「蛇《へび》の衣《きぬ》」という季語がある。蛇のかたちそのままの脱皮ガワにかかわる民間伝承もあり、蛇が脱皮直後の軟かい体を守るための、またうまく脱皮するための生態伝承もある。「蕨の恩」といった伝承などはそれである。六月一日という日は、蛇の脱皮の成就を念じ、ひいては人の脱皮再生を祈る日だったのである。

蛇の脱皮を滞りなく成就させるために、人は「物忌み」をしなければならなかった。この日、仕事を休み、山にも畑にも入らずに、おこないを慎んだのであるが、禁忌の中心は、桑畑に入ることの禁止である。事例①②③⑱㉑などにそれが見られる。なぜ桑畑なのかについてはあとで述べるとして、「物忌み」の民俗事例を示しておこう。

・沖縄県八重山郡の新城島では、粟の種おろしの日に次のようにした。イバツと称する粟とモチ米を混ぜた飯、塩、ニンニクを仏前に供える。主人が家から近い畑に赴き、五十センチ四方ほどの地を鉄ヘラで起こして、粟の種を蒔く。結び目をつけた薄の葉（サン）を三本立てて帰るのだが、行き帰りに人と会うと不作になると伝え、ヘラを小石で叩いて音を出し、自分が種おろしにかかわる者であることを知らせながら歩く。この日は、三味線などの音を立てず、子どもたちも静かにさせた。粟の根ざし、芽生えのために人びとはおこないを慎んだのである（事例㉔＝西大舛高一さん・大正六年生まれ）。

・沖縄県八重山郡竹富町西表《いりおもて》では、稲の種どりを次のようにした。高盛り飯の種どりイバチ、塩、干しダゴ、ツノマタ（海藻）、パンスー（野菜）の味噌和えを仏壇に供えて線香をあげ、自分の祝詞を唱える。この日からソージ（物忌み）のために家では一切の物音を慎む。三味線はもとより、薪割りなどもひかえる。稲籾の根ざし・芽生えが順調に進むことを祈って、家族はおこないを慎むのである（事例㉕＝松山忠夫さん・大正五年生まれ）。

・和歌山県新宮市熊野川町大山では、旧暦二月七日と十一月七日にボタモチをつくって山の神を祭った。二月七日は山の神さまが木を植えてまわる日だと伝えて、山へ入ることを厳しく禁じ、おこないを慎んだ。木の根づきを祈ったのである（事例㉖＝久保武男さん・大正三年生まれ）。

こうして並べてみると、蛇が脱皮すると伝えられる六月一日に山野・畑に入ることを慎み、忌み籠りをしてひたすら無事なる蛇の脱皮を願うという心意が理解できる。もとより、ハブやマムシは人に害をもたらしはするが、そうした対立的側面を超えて共存を容認した民俗が、この国にはある。

(3) 蚕と桑の呪力

桑畑へ入ることの禁忌事例は先にたしかめたが、ほかにも⑲⑳㉒などに桑が登場する。いったいなぜ、このように桑畑・桑が、六月一日と強く結びついているのであろうか。

折口信夫は、再生・若がえりに強い関心を寄せ、沖縄の宮古島で使われた「しぢゅん」「すでる」などのことばの考察とあわせて次のように述べている[10]。

「蛇は卵を出て後も、幾度か皮を蛻ぐ。茲に、這ふ蟲の畏敬せられた訣がある。南島では屢、蝶を鳥と同様に見てゐる。神又は悪魔の使女《ウナヂ》としてゐるのは、鳥及び蝶であった。わが国でも、てふとりの名で、蝶を表してゐた。蛇よりも、蝶の変形は熱帯ほど激しかつた。蝶だと思うてゐると、卵の内にこもってしまひ、また毛虫になって出て来る。此が第二の卵なる繭に籠って出て来ると、見替す美しさで、飛行自在の力を得て来る。だから卵や殻・繭などが神聖視せられて来るのである」

折口は蛇から蝶へと継げているが、卵・繭にいたって蚕を想定している。蚕は、その生命を卵→孵化（蟻蚕・毛蚕）→脱皮→変色→四眠と脱皮→繭籠り（脱皮→蛹）→羽化（カイコ蛾）→産卵と変身、循環させる籠り・脱皮・変身をくり返す。蚕もまた蛇以上に「人の脱皮」「人の再生」に対して感染呪力を放つ身近な存在だったのである。

桑畑にかかわる禁忌、桑の木が六月一日の「剝けの朔日」「衣脱ぎ朔日」と深くかかわって語られるのは、桑が籠りと脱皮・再生呪力の主たる蚕の聖なる食物だったからである。

⑷衣がえの日

衣脱《きぬぬ》ぎ朔日《ついたち》という表現は美しく優雅だが、これは農民の暮らしのなかで実際に用いられてきた。宮崎県西都市《さいとし》上揚《かみあげ》の浜砂久義さん（大正八年生まれ）から「キンザオ」ということばを聞いたときも驚いた。それはキヌザオ（衣竿）で、物干し竿のことだった。美しい表現である。

衣脱ぎ朔日は、事例のなかでは人の皮剝けを意味するものであるが、現実的には、六月一日に冬や春の衣＝着物・服を脱ぎ、夏の衣類に替えることを象徴する。「更衣《ころもがえ》」の一種に相当するのだが、更衣は時代と社会階層、旧暦から新暦への転換のなかで複雑な変転を示してきた。旧暦時代、公家を中心として四月更衣と十月更衣が中心となってきたのではあるが、夏は初夏と盛夏では暑さも異なるので、単衣《ひとえ》から羅《うすぎぬ》などへの変換もあり、その対応は、庶民においてはじつにさまざまだった。秋から冬への対応も、袷《あわせ》、綿入れなど多彩である。

新暦時代、六月一日をもって、制服を夏用に替える例が多く見られるが、「衣脱ぎ朔日」は、旧暦時代の伝統を襲い、夏衣、それも真夏に対応できる衣に変わっていく印象が強い。衣脱ぎは、冬や春の衣を脱ぎ夏季を乗り切る薄い衣類に替えることをも意味する。

3　ムケの朔日と食

剝けの朔日の「食」としてもっとも注目されるのは山芋・自然薯であり、それを使ったトロロ汁である。トロロ汁は事例④⑥⑦⑧などに見られ、事例④では「人の皮がツルっと剝けるように」と説明されている。「衣脱ぎトロロ」ということばもある。事例③では、トロロ汁ではないが山芋の煮つけを食べている。山芋・自然薯は活力食物として広く知られており、粘着性をもつ美味なるトロロ汁は、厳しい暑さの夏を乗り切る食物として適切な呪力をもつものと信じられていたのである。東北地方から長野県にかけては、正月の三が日のうちに、自然薯を中心に、一部は栽培種のヤマノイモを使ったトロロ汁を食べなければならないとする慣行が広く根強く生きていた。

日本人の餅への執着の基層には、スティッキーフード（粘着食物）に対する嗜好性があり、餅以前に里芋の存在があったと考えられるという説がある。[11]餅から里芋へと遡源できるとすれば、当然、里芋よりも粘着性が強い自然薯までさかのぼることができるはずだ。餅（米・稲）、里芋が栽培作物であるのに対し、自然薯は採集食物であるのだから、儀礼食としての淵源は自然薯こそが古層の極を語るものなのである。

次に、凍み餅・干し餅に注目しなければならない。正月の鏡餅を凍み餅・干し餅にしておき、六月一日（七月一日）に食べる。それまでは食べてはいけないとする伝承がある。これには二つの基層がある。そのひとつは正月と六月一日の連接で、正月の年神の力のこもった食物を六月一日に食べて、夏を乗り切る力にするというもの、いまひとつは、凍み・氷の力を負って「冷」の力を内在させる食物を六月一日に食べることによって、暑と熱を乗り切る力が得られるとする考えである。江戸時代には、六月一日に、「飯豊山」（事例⑮）、岩木山（事例⑯）、石川県白山々塊（事例⑰）などの氷や雪を食する慣行があったというが、その慣行は、雪や氷に暑気を乗り切る呪力があると信じてのことである。凍み餅は雪や氷と同様の呪力をもつと見られてきたのである。

事例⑩の小麦炭酸饅頭、事例⑲のうどんはグルテンをふくみ、活力源となる。事例⑳の「コガシ」なども、麦の収穫直後のことで、これらは夏を乗り切る力として食するとともに、麦の収穫を祝う意味をもふくめたとも考えられる。なかでも、コガシ（香煎）は除湿の食物であり、梅雨どきには好んで食べられた。また、奄美大島ではハブ除けにハッタイ粉を食べ、三信遠国境山地などではマムシ除けにハッタイ粉類を屋敷に撒いて、蛇から水気と水精を奪って活動を制止しようとする呪術があった(12)。

右に六月一日の「剝けの朔日」「衣脱ぎ朔日」の構成要素を見つめてきたのだが、この日の行事の根底には、冬をふくむ五月末日までの心と体の汚れと疲れを除去し、若がえり、再生して、きたるべき厳しい夏を乗り切ろうとする強い願望のあったことが窺える。

〈註〉

（1）佐々木長生「土中貯蔵と雪中貯蔵」（野本寛一編『食の民俗事典』柊風舎　二〇一一）
（2）内田邦彦『津軽口碑集』初出一九二九（池田彌三郎ほか編『日本民俗誌大系第九巻「東北」』角川書店　一九七四）
（3）竹井巖「金沢「氷室」考」（『北陸大学紀要』第34号　二〇一〇）
（4）柳田國男『遠野物語』初出一九一〇（『遠野物語拾遺』を加えての『遠野物語増補版』一九三五。ここでは新潮文庫版によった）
（5）加藤嘉一『芳賀郡逆川村木幡の年中行事』初出一九二九（池田彌三郎ほか編『日本民俗誌大系第十二巻「未刊資料Ⅲ」』角川書店　一九七六）
（6）石川純一郎『栗生沢民俗誌』（南会津町教育委員会　二〇一〇）

（7）鹿島町史編纂委員会『鹿島町史第六巻（民俗編）』（福島県鹿島町　二〇〇四）
（8）舘岩村史編さん委員会『舘岩村史第四巻（民俗編）』（舘岩村　一九九二）
（9）東通村史編纂委員会『東通村史　民俗・民俗芸能編』（東通村　一九九七）
（10）折口信夫「若水の話」初出一九二七（『折口信夫全集第二巻』中央公論社　一九五五）
（11）上山春平・佐々木高明・中尾佐助『続・照葉樹林文化』（中央公論社　一九七六）
（12）野本寛一「ハブと年中行事」（『生態民俗学序説』白水社　一九八七）

Ⅲ 籠る季節の民俗

一　生きものの冬籠り

冬をむかえるに先立ち、人をとりまく世界から、さまざまな生きものたちが姿を消していく。変温動物の冬眠はもとより、恒温動物の一部にも、疑似冬眠ともいうべき穴籠り、冬籠りをするものがあるし、発生過程の段階で成虫として人びとに親しまれた昆虫も姿を消す。蛙も、地中にもぐり、あるいは水底で冬眠する。降雪予測口誦のなかにも、次のものがある。

・蛙が地中深くもぐる年は雪が多い（新潟県魚沼市上折立・富永弘さん・大正二年生まれ）。

・蛙が土中に深く入った年は多雪である（山形県鶴岡市田麦俣・渋谷賢造さん・明治三十年生まれ）。

また、「樹を殺し　冬眠の蟇《ひき》　掘りおこす　青柳志解樹」といった句もある。

1　姿を消す魚、ドジョウの生態にひかれて

平成六（一九九四）年七月三十一日、山形県鶴岡市本郷の庄司二郎さん（昭和三年生まれ）から赤川の河川漁撈の話を聞き、話題が「鮭の大助」におよんだところだった。それまで横に座って

うとうとしていた二郎さんの母きちよさん（明治三十五年生まれ）が、俄然として口を開いた。

私がこの家に嫁いできて間もないころ、隣の庄司半左衛門というお爺さんから、次のことを教えられた。

「十一月二十日、恵比寿講の夜、

〽オースケ　コースケ　水口のドジョウ　皆下ろうぜ　ホー　ホー

という声がする。この声を聞いた者は必ず死ぬといわれている。その声を聞かないようにするためには、恵比寿講の夜には餅を搗かなければならない」

この伝承には、たしかに恵比寿講、耳ふさぎ餅、入川禁止などが語られており、鮭の大助溯上伝説の影響も見られる。現実の鮭は、産卵活動を果たすとオオザレになって死んで川を下るのだが、この伝承には、鮭の大助・小助はドジョウをふくむあらゆる川魚を誘導して姿を消していくイメージがある。ドジョウは、冬季、泥中に籠って人界から姿を消すという生態をもつ。このことが、そのイメージを強めている。

この話を聞いてからというもの、きちよさんは、とてもおそろしくて恵比寿講の夜には一歩も外に出ることができなかったという。

この伝承には、冬季に冬籠りをする生きもののために、人はそれを阻害することのないように身を慎み、忌み籠りをすべきだという、古層のいとなみのにおいがこめられているのではなかろうか。

また別に、川から姿を消す魚の話は、「川塞ぎ一日」に底流する「冬季に漁を慎む」という要素とも通底しているにちがいない。

2　ムジナのお祝言

平成七（一九九五）年、福島県耶麻郡猪苗代町関都《せきと》を訪れた折、安部作馬さん（明治三十八年生まれ）から次のような話を聞いた。

・十一月十五日は百姓仕事の終わった区切りとして油飯を炊き、餅を搗いた。子どものころ、この日になると親たちから、「今日はムジナのお祝言だから雪が降るぞ」「さあ、ムジナのお祝言がはじまるから、橋の下へいって見てこい」などといわれたことが心に残っている。

不思議でおもしろい話である。この話を聞いた瞬間、「十一月十五日」という日付と季節性、「降雪伝承」から、「ムジナの穴籠り」「籠りの季節」の到来、季節転換象徴ではないかと思った。

その後、福島県喜多方市山都町《やまとまち》一ノ木高野原の佐藤不二夫さん（大正二年生まれ）からは次のように聞いた。

・十月十日はムジナの嫁入りだから、新ソバを食べるものだ。

ところで、ムジナ（貉）という呼称は、動物学上の正式名称ではなくイタチ科のニホンアナグマをさすものだといわれるが、食肉目イヌ科の獣《けもの》であるタヌキと混乱して用いられる場合もある。先の二例は、ニホンアナグマをさすものと思われる。ニホンアナグマは冬眠するが、タヌキは、冬季深い眠りにはつくものの真の冬眠はしないとされる。

広島県庄原市高野《たかの》町上里原《ちょうあがりはら》では、ニホンアナグマのことをマミと呼び、タヌキはタヌキである。同地の猟師長桜斎さん（昭和七年生まれ）は、マミとタヌキについて次のように語る。

・タヌキは、マミの穴に同居していることがある。

マミには、マミ（大）とササマミ（小）の二種類がある。熊が冬籠りをする穴は初雪の日に足跡をたどってたしかめておき、二月十五日までに捕獲するのだが、マミの穴も初雪の日に見つけるのがよい。マミの穴籠りは十二月十日ごろから春の彼岸ごろまでで、穴に籠っているマミは腹のなかがカラである。タヌキはマミの宿借りで、冬じゅう出入りする。

マミを捕獲するには、マミの穴の奥に向けて、長さ一尺という短い柄の鍬で穴を掘っていく。横穴なので、土を自分の腹の下へ入れてから、順にうしろへ送り出し、外へ蹴り出す。

マミ狩りにはだいたい蓑を着ていくので、穴のなかでマミにぶつかる瞬間に蓑を押しこんでマミの足をつかみ、足を紐で縛って穴から引き出す。銃の台木で頭を叩き、すぐに逆さに吊して血を抜く。

マミは、一つの穴にメオトで籠る。タヌキが同居している場合には、マミが奥に、タヌキが入口に近いところに籠っている。マミが奥にいるのだが、マミの便所は入り口にある。タヌキは毛が長いので大きく見えるが、マミのほうがタヌキより重い。

タヌキは、鍋、タヌキ汁などにする。鍋の中身は肉、馬鈴薯、里芋などである。タヌキ汁には牛蒡を入れる。

タヌキの肉には臭いがあり、食べると小便が臭くなる。マミのほうが脂が多く、肉がうまい。野菜とともに煮る。毛皮はタヌキは衿巻きに、マミは木挽《こびき》の腰皮などにした。夏バテせんようにと、冬季に獣肉を好んで食べた。

ムジナ・マミ(ニホンアナグマ)が本格的な冬眠・冬籠りをするのに対して、タヌキは冬眠には至らず疑似冬眠で、ニホンアナグマの穴を借用して冬をすごすかたちであることがわかる。また、ニホンアナグマがメオトで穴籠り、冬眠するという観察に注目したい。アナグマは穴のなかで出産するともいわれている。ムジナのお祝言・ムジナの嫁入りという伝承は、こうした生態に根ざしたものと考えることができよう。

タヌキは真の冬眠はしないとされるが、冬季の穴籠りをまえにして秋の摂餌活動は盛んで、夏に比べてその体重は急増する。

福井県小浜市上根来《かみねごり》の猟師岩本重夫さん（大正十三年生まれ）のもとに通ったことがあった。平成六（一九九四）年十一月二十六日、岩本家を辞したのは午後五時半をすぎており、外は真っ暗だった。上根来から小浜の町までタクシーで下ったのであるが、上根来から忠野のあいだで、道を横切るタヌキに四回出逢った。冬季の穴籠りをまえに、摂餌活動を活発化していることがわかった。岩本さんは、次のように語った。
・多くのタヌキは岩穴めいたところに冬籠りをするのだが、なかには穴に入らないタヌキもある。それを「ノラ」と呼ぶ。ノラは捕獲して食べても臭いはないが、穴に入っているタヌキには臭いがある。
ノラの捕獲は、月夜、雪上に魚や猪の内臓を撒いておくとタヌキがそれを食べにくるので、そこをねらう。穴籠りのタヌキは、穴の前で杉の生葉を燻し、笠で煽いで穴のなかに煙を入れる。タヌキの皮には商品価値があり、昭和五十年代には一匹七千円で売れた。

3　小玉鼠の話

武藤鉄城の『秋田マタギ聞書』(1)のなかに、たびたび「小玉鼠《こだまねずみ》」が登場する。とうみんねずみ、やまねずみとも呼ばれる小玉鼠とはニホンヤマネのことで、齧歯目《げっしもく》の夜行性、背中に黒い筋をもつ小獣である。漢字で「冬眠鼠」と表記する。ヤマネとは、ヤマネズミの略称だと考えられる。体長七センチ、体重二十五グラムと小さいが、冬眠にそなえて多食するので、秋の体重は三十～四十グラムになるといわれている。

十月から四月と冬眠期間は長いが、この期間はまったくものを食べない。籠りの穴は、木の洞、土のなか、落ち葉のなかなどだが、なかには立木を伐ったり割ったりすると球状に丸まって冬眠しているヤマネが球のように転がり出てくることがあるという。このことから小玉鼠と俗称されるようになった。

ヨーロッパ産のヤマネには、冬眠が七か月～九か月におよぶものもあるという。こうしたことからフランスには、「ヤマネのように眠る」という表現があるという。

武藤鉄城は、仙北市西木町上檜木内西上戸沢のマタギ鈴木政治郎さんの語りとして、「小玉鼠はどういうわけか鉄砲のような音を立てて、軀体が破裂することがある。ひどい音を立てて肉が飛び散る。それのハネる時は、山の神の機嫌の悪い時であるから、その音を聞いたら戻るものだという。強いて行けば不猟は勿論、碌な目に遭わないと、私は木の凍み溶ける時の幹の音だと思っているが……」と書いている。

ニホンヤマネにはこのほかにも山の神ともかかわりを思わせる伝承があることから、武藤は、小玉鼠は「木霊鼠」を意味するものではないかと考えた。長期間死んだように、ときに木の幹に籠って再生するヤマネに、人びとは霊性を感じていたのである。

　イタチ科の小獣オゴジョは純白で、これに出会うと山仕事や猟に出ることを慎むという伝承を、大井川・天竜川流域でたびたび耳にした。オゴジョは、オゴウすなわち女性で、山の神は女性だとする考えに通じる。木霊鼠ともども、異形・異相を示す山の小獣の霊性については、さらなる探究が必要である。

4　熊の穴籠り

　熊（ニホンツキノワグマ）が「冬至に穴に入って春の土用に穴から出る」というのは、各地の猟師がともに語るところである。環境条件によって、冬至〇日まえ、〇月〇日から冬至といった例もある。

　穴の種類もさまざまある。福井県小浜市上根来では、岩穴・木の穴＝ゴーライと称し、牡や仔なしの牝が入る。倒木の根＝クボテと称し、仔産み・仔づれが入る――などと伝えている。南アルプス南麗では、ベト穴と称する土の穴もあったと聞いた。

　穴籠りのまえには摂餌活動が盛んで、ブナの実、ナラの実、山ブドウの実などをあさる。枝を折り、棚をつくる場合もある。

『秋田マタギ聞書』(2)には、熊は穴籠り中の尻をとめるために、ヒメコマツの根の脂気の強いところを喰うという報告がある。こうした話は各地で耳にする。

出穴に際して熊は、松ヤニをふくむ尻止め、糞止めの凝固物を尻につけているのだが、これを入手できるのは稀で、静岡市井川ではこれを「ツペ」と呼び、秘薬とした時代があったと聞いた。

右のように尻止めとして松ヤニを喰うという伝承があるのだが、これは穴籠り、穴に入る最後の最後で、その直前に熊がおこなうもうひとつの食習が伝えられている。静岡県榛原郡川根本町《はいばらぐんかわねほんちょう》小長井の猟師小長谷吉雄さん(明治四十五年生まれ)は、次のように語っていた。
・熊は冬至に穴に入る。穴に入るまえにタラの実を喰う。タラの実は下剤であり、これを喰って冬眠のまえに腸をカラにするのである。下痢した糞があれば、その近くに必ず熊の穴がある。
出熊の時期は四月の中旬で、穴から出るとタラの芽を喰う。これも、冬眠中腸にたまったものを排出するためである。

出熊と催瀉植物については、第I章「雪国の春」の「二　キドい山菜を食べる」の「3　冬籠りとキドい山菜」(61ページ)でも述べたとおりである。

前掲の『秋田マタギ聞書』のなかに、田沢村玉川の中嶋清之助さんの話として、以下のように記されている。

「熊は穴入り前に、どっさりシダミ（楢の実）やブナ栗（橅《ぶな》の実）を喰う。脂を摂取するためである。〝身干し〟というのは、喰ったシダミやブナ栗を全部軀体の外へ出すことである。エヅメというのは、柴を曲げて、いわば床をつくるのであるが、そこで穴入りの前に脱糞する。それは約一週間ほどの間にやるもんだ」

「身干し」に類似する伝承がある。

・ネボシ（寝干し）ということばがある。冬眠に入る一日・二日まえに、小便と糞をして腹をカラにして体を干すことである（岐阜県高山市清見町三ツ谷・中屋隆三さん・明治四十三年生まれ）。

体内をカラにするという伝承とは別に、「毛干し」という習性を伝えるものもある。

・ブナまたはナラの枝を折り、厚さ八寸、五尺四方ほどの棚をつくって、その上でケブシ（毛干し）をおこなう（長野県下水内郡栄村和山《わやま》・山田重数さん・大正二年生まれ）。

『秋田マタギ聞書』に、上檜木内村戸沢の門脇竜治郎さんの語りとして以下の記述がある。

「穴入り近くになると木のウラ（梢）を折り曲げ寄せて、その上に坐る。それに雪が載ると、又別に作る。仔熊は大抵一匹か二匹付いているが、そのように仔付きのものは、樹の皮を剝いで坐る所を作ったりして、母の愛を見せる。その仕掛けを作ることを〝エヅミ掻く〟という。二週間位そうして毛皮を干す。またエヅミのあたりには、どっさり糞をたれて、腹の中の物を出す。だから穴の中には、食物も、糞もないのである」

ここには「身干し」「毛干し」の両方が語られている。熊が、冬籠り・穴籠りに先立って周到な準備を重ねていることがよくわかる。

赤羽正春は、「熊が冬眠で穴に籠り、ここで仔を産んで春先の雪解け時に出てくる姿は、人に「再生と復活」を意識づけた」と述べている。(3) 同感である。

ここでとりあげたムジナ、ヤマネなども冬季に籠りをするのだが、この国最大の獣の生態のもつ影響力は大きい。籠りと再生に加えて「増殖」も見られるからである。

蚕や蛇も籠りから再生するのだが、これらは脱皮をも併せて生命力を更新する。こうした生きものたちの生態から、この国の人びとが生命や精神の再生復活の原理を学んできたことはたしかであろう。そうしたなかで、冬籠りを余儀なくされる雪国の人びとが、雪深い山中の穴に籠って増殖・再生をくり返す熊に共感し、影響を受けてきたことはまちがいなかろう。

こうした雪国の原理性のごときものは、雪や山と縁遠い地の人びとにも影響をあたえたとみることもでき、それが、蛇や蚕、ドジョウ、タニシなどの生態発信とも重なっているのである。

〈註〉

（1）武藤鉄城『秋田マタギ聞書』（慶友社　一九七七）
（2）前掲（1）に同じ
（3）赤羽正春『熊』（ものと人間の文化史144　法政大学出版局　二〇〇八）

二　トコロの力

トコロはヤマノイモ科の多年生蔓性植物で、根茎は強い苦みをもつが救荒食物として広く知られてきた。(1) 細根を髯《ひげ》に見たてて「野老」と書き、正月に、蓬莱盤《ほうらいばん》を構成する吉祥物としても用いられてきた。また、各地の神社の神饌として使われてきた例(2)や、年中行事に登場する例(3)もある。

しかし、サポニンなどを含有する苦みの強い根茎を常食としてきた事例の報告は希少である。第I章「雪国の春」のなかの事例③（岩手県盛岡市玉山区好摩）で紹介した「トコロのキドさで冬の穢れを抜く」という伝承はきわめて重要なので、ここでは、トコロをキドさのある山菜と併せて考えるために、まずトコロの冬季常食の事例を紹介する。

トコロ。採掘後、細根のついたまま茹であげたもの（山形県鶴岡市温海川）

1　冬季のトコロ常食

・十一月のなかで五日から六日間、男たちが「イモ掘り」と称して山に入った。イモとは、ヤマノイモ（自然薯《じねんじょ》）、ホド（土芋）、トコロの三種をさす。トコロは、苦いが体によいといわれている。米の研ぎ汁で三時間以上煮れば、強い苦みは抜ける。いったん干して、カマスに入れて保存する。そして、雪に降りこめられる冬季に、日々のオヤツとして煮て食べる（事例①＝新潟県魚沼市三ツ又・中沢知一郎さん・大正六年生まれ）。

新潟県村上市大沢では、トコロは、十一月に女衆が掘る。「晩秋から冬にかけて、トコロを煮てザルに入れておき、家族が自由に食べた」（佐藤末吉さん・昭和四年生まれ）。

トコロの煮方について次のような伝承がある。

・一度煮てからその煮汁を捨て、トコロをコンクリートの上で揉む。よく揉んでからもう一度煮る。トコロは便秘の薬で、トコロを食べるとすぐに便所にいきたくなる（事例②＝新潟県村上市大沢・大滝和子さん・昭和十三年生まれ）。

・トコロは十一月末に掘る。家のなかにおくと乾燥しすぎるので、テゴに入れて軒下においた。いまではナイロンの袋に入れて雪のなかに埋めておく。三月までおくと苦みが薄くなる。煮てから流しでよく揉むと泡が出る。揉むと味も色もよくなる。よく煮えたかどうかは細根がうまく抜けるか否かでわかる。トコロは便秘の薬でよく効く。大滝正家では正月のイタダキ膳にトコロを飾った（事例③＝新潟県村上市山熊田・大滝キヨ子さん・大正十二年生まれ、大滝正さん・昭和七年生まれ）。

・トコロは十一月雪がチラッと降ってから甘みが出るといわれており、そのころ掘った。米糠を入れて煮ると苦みが薄くなることが伝えられている。トコロは、冬のあいだ煮ておき、家族が随時食べた。元旦の膳の上に三重ねの餅を飾り、その周囲にトコロ、ユリ根、干し柿、栗、昆布、スルメを盛り、松とヤドメ（イヌツゲ）の枝をのせる。イタダキと称して家の主がこの膳を家族全員の頭上にかざす（事例④＝新潟県村上市雷《いかづち》・大滝和子さん・昭和十六年生まれ）。

・トコロを上手に煮るには米糠や米の研ぎ汁を入れるとよいと伝えている。冬季、家族はザルに盛られたトコロのなかからうまそうなものを選ぶようにして食べた。トコロは苦みがよい。整腸剤になると伝えられている。正月、「ヨロコブトコロ」（喜ぶところ）という言語呪誦をこめて、膳に飾った鏡餅の周囲にユリ根（ヨロ）、昆布（コブ）、野老（トコロ）をおき、さらに、栃の実、栗の実、柿の実、榧の実などを盛って、神棚に向かってイタダキをおこなう。大晦日には正月に食べるトコロも煮る（事例⑤＝山形県鶴岡市関川・五十嵐昭一さん・昭和二年生まれ）。

・正月、神棚にトコロをのせた餅を供えた。トコロは晩秋、父母が掘ってきてよく洗い、細根のついたまま茹でてからザルに入れて食卓のそばにおいた。トコロは冬場のお茶請けで、家族も客も自由に食べた。細根を抜き、皮を剝いて食べるのである。母の富江（明治四十四年生まれ）はとりわけトコロを好んでいたので、冬季にトコロを欠かすことはなかった。「トコロは冬の毒を抜く」という伝承があった（事例⑥＝山形県鶴岡市温海川・今野健太郎さん・昭和二十三年生まれ）。

・トコロは、雪のまえに掘って、雪ムロのなかに土をかぶせ、藁をかけて保存した。冬季、トコロを煮て笊《ざる》に入れ、ストーブの横におき、家族や来客が自由に食べるという習慣がある。ストーブの季節にトコロがきれることはない。なお、当地においては、子どもの七歳の祝いのとき、トコロ三本と笹巻きと餅を神棚に供える。トコロには、将来トモ白髪になるまでの長壽への願いがこめられる。餅は丸餅二個の重ねで、その上に風車を立てた。なお、鶴岡市温海川の農産物直販店「キラリ」では、茹であげたトコロをビニール袋に入れ、五〇〇グラム二〇〇円で売っていた。よそからきた若い娘たちが便秘の薬としてよく買っていくとのことだった（事例⑦＝山形県鶴岡市温海川・白幡卯八さん・昭和八年生まれ）。

・トコロを正月に食べる家があった。また、トコロを畑に栽培している家もあった。打撲をしたときには、トコロを擂《す》り、キハダの皮と混ぜて貼った（事例⑧＝山形県西村山郡西川町沼山・大泉武さん・昭和二年生まれ）。

・トコロはお雛さまの大好物だから、お雛さまにあげるものだと伝えている（事例⑨＝山形県鶴岡市羽黒町市野山《はぐろまちいちのやま》・斎藤千代子さん・大正十一年生まれ）。

・堅雪のころトコロを掘ってきて、米の研ぎ汁で煮て、何回も揉んでまた煮る。これを旧暦三月三日の雛祭りにお雛さまにあげ、家族も食べる（事例⑩＝山形県鶴岡市砂谷・白旗喜惣治さん・大正十四年生まれ）。

・雪解けのころ、年寄りたちはトコロ掘りに出かけた。一年ものがいちばん美味で、若いほどうまい。年数がたつと筋が多くなる。掘ったトコロは家でも食べたが、楯岡のマチ（山形県村山市楯岡）へ売りにいった。家で食べるときには、米糠を入れて茹でると軟かくなる（事例⑪＝山形県村山市楡山・鈴木シケノさん・大正十四年生まれ）。

・秋、トコロを掘っておき、三月三日の雛祭りにはこれを茹でて飾り、家族も食べた（事例⑫＝山形県鶴岡市槙代《まきだい》・加藤義勝さん・昭和二十二年生まれ）。

・三月三日にはトコロを白水で茹でてお雛さまに供え、家族も食べた（事例⑬＝山形県鶴岡市浜中・佐藤光民さん・大正八年生まれ）。

・トコロは、秋女衆が雪まえに掘る。正月には小糠を入れて煮てから年神さまと仏さまに供え、家族も食べる。三月三日にも同様にしてお雛さまに供える（事例⑭＝山形県鶴岡市小国・常田竹さん・明治四十三年生まれ）。
・トコロは正月のいただき膳に飾り、また、三月三日のお雛さまに供えた。その都度、家族も食べた（事例⑮＝新潟県村上市中継・板垣なおさん・昭和十八年生まれ）。
・トコロは雪解けに掘る。川で洗い、細根をむしり、洗う。よく揉んでゴザで干してから、そのまま食べたり、トコロ餅にして食べたりした。陽あたりのいいところ、土目のいいところのトコロがうまい。人や牛馬の化膿症に、生のトコロを擂って傷口につけるとよい。吹き出ものにも同様にした（事例⑯＝岩手県宮古市田代小字君田・村上正吉さん・大正十二年生まれ）。
・四月三日の雛祭りに、細根のついたままのトコロを供えた。のちにアク（灰）を入れて煮て食べる（事例⑰＝山形県西村山郡河北町谷地根際・森キヨコさん・昭和五年生まれ）。

右にあげた事例のほかに、青森県八戸市およびその周辺地域でトコロの冬季常食がなされているが、これについては稿を改める。

2　腸を爽快にするトコロ

ここまで紹介した事例を見ると、トコロを食するのに際して、米糠、米の研ぎ汁を加えて煮たり、根茎を揉んだりして、トコロの強い苦みを和らげる方法をとっていたことがわかる。事例①

〜⑦では冬季の間食、オヤツ、お茶請けのようにして食べていた。事例①④⑤⑥⑦では、茹でたり煮たりしたトコロの根茎を細根（ヒゲ根）のついたまま笊に入れ、家のなかの人の集まりやすい場所において、家族も来客も気軽にこれを食べていたのである。食べ方はまず細根を抜き、出刃包丁などで皮を剝いて食べる。

筆者がはじめてトコロを口にしたのは、平成十五（二〇〇三）年三月二日のことだった。保存している写真資料のなかに、昭和五十五（一九八〇）年に新潟県村上市山熊田の苗代田の跡の水田でカラトリイモを栽培しているところを撮影したものがあった。その写真を山熊田に持参し、苗代跡のカラトリイモ栽培についてその詳細を聞いてみたいという思いに駆られて出かけたのだった。

山熊田はシナ織りで知られているのであるが、そのシナ織り伝承館の前に住む大滝ヤスノさんのお宅を訪ねた。そこには大滝キヨ子さん（大正十二年生まれ）ほか三人のかたがたが集まって、薪ストーブを囲んで談笑しながらシナの繊維を績《う》んでおられた。年長のキヨ子さんを中心に、カラトリイモのこと、栃の実のことなどについて語ってくれた。

何気なくキヨ子さんの座の横に目をやると、そこには新聞紙に包まれたトコロがあった。トコロの用途について尋ねると、このトコロはもうすでに煮てあって食べるばかりだという。こうして仲間が集まり、手仕事をしながら、また家族がイロリやストーブのまわりに集まって団欒しながら、煮あげて笊に盛ったトコロの皮を小刀や果物ナイフで剥いて、楽しみながら食べるのだという。

包丁で手ぎわよく皮を剝き、食べてみろと勧めてくれた。薄い飴色に鬱金色《うこんいろ》を混ぜたような色である。口もとへ運んだ瞬間微かな芳香が鼻孔を刺激した。口に入れて嚙む。ねっちりとした食感があり、ほろ苦い。苦いけれども口が涼しい。歯ごたえ、舌ざわりは山芋を輪切りにして煮たものに近いが、それよりも弾力性がある。爽やかな香気がある。ほろ苦いが強い抵抗感はない。聞きとりを終えて帰路についてから三十分以上も、口中に爽涼感とごく軽い刺激が残っていた。「口が涼しい」という感じだった。その食感・味覚は、栃の実、コーヒーなどに通じる嗜好食物の一種だと感じられた（事例③）。

トコロが便秘、便通、整腸の薬になるという伝承が事例②③⑤⑦などに見られ、このことが広く知られていたことがわかる。トコロは、一年じゅう掘ることができるが、採取期は事例①〜⑦のように十一月、降雪・積雪まえと、第Ⅰ章「雪国の春」「二　キドい山菜を食べる」の事例③（57ページ）およびこの節の事例⑪⑯のように雪解けの季節にわかれる。これは、積雪前採掘する地が、トコロを冬季常食したり正月儀礼に使用する地であるのに対して、雪解けのころに掘る地は、事例⑨⑩⑫⑬⑭⑮など旧暦三月三日を基本にした雛祭りにトコロを供えることを慣例としている地である。また、岩手県盛岡市玉山区や青森県八戸市・三戸郡などには、「冬の穢れを除くために、春、トコロを掘って食べる」という伝承がある。

雛祭りとトコロについて、鈴木秋彦は次の事例を紹介している。[4]

「山形県西村山郡河北町谷地では、四月三日（新暦三月三日の月遅れ）の雛祭りのとき「ひな市」がたち、野老が売られる」

年中行事とトコロの関係を見ると、春秋の彼岸、報恩講などにトコロを供えたり食べたりする例は見られるが、トコロと年中行事の結びつきでは、先に見てきた正月のイタダキ膳ほかと、雛祭りが圧倒的に多い。この点をふまえ、トコロの冬季常食と雪解け雛祭り期の食習の意義について考えてみたい。

(1) 冬季トコロ常食の意義

第Ⅰ章「雪国の春」「二　キドい山菜を食べる」（54ページ）のなかで、味覚・嗅覚刺激の強い山菜・野草が、冬の汚れ、冬の穢れ、冬の運動不足、冬の鬱屈感、便秘による脹満感などを除去し、身体を浄化してくれる食物として、冬籠りを強いられてきた雪国の人びとに期待され、力と解放感をあたえてきたことにふれた。強い刺激をもつトコロも、キドさの強い食物である。トコロが便秘を解く薬効をもつ食物であることは、事例のなかでも確かめてきた。トコロは、冬籠りをする人びとにとってじつにありがたい食物だったのである。

(2)雪解け期のトコロ食習の意義

57ページの事例（「二　キドい山菜を食べる」の事例③）では、雪解け直後にトコロを掘り、「トコロのキドさで冬の穢れを抜く」と称してこれを食べている。これは、堅雪の季節にキドさのある山菜・野草を食べるのとまったく同じ目的効用を求めての食習である。この食習は、早春の雛祭りのトコロ献供と食習に連なるものであり、事例⑪や⑯もこれに連接するものとみることができる。事例⑪でトコロが楯岡の町で売られたこと、河北町の「ひなの市」でトコロが売られたことの意味は大きい。雛祭りでのトコロの献供とその食習は、融雪期にトコロを食べて冬の穢れを除去し、冬籠りから解放されることとの象徴だったと見てよかろう。

雛祭りに蓬の入った草餅を食べる習慣は広く全国に見られる。蓬が汚濁や悪しきものを除く呪力をもつと信じられていたからである。三月三日の禊ぎ要素と併せて考えてみても、雪国の雛の節供とトコロの関係は興味深い。さらには、春秋の彼岸のうち春の彼岸に焦点をあててみれば、これも融雪とつながってくる。

(3)非積雪地帯のトコロの食法

積雪地帯におけるトコロの冬季常食並びに融雪時のトコロ食習の食法が、糠・白水（米の研ぎ汁）添加の茹煮や姿揉みに限られ、姿食法を主流とするのに対して、非積雪地帯には別な食法があった。たとえば静岡県浜松市天竜区水窪町《みさくぼちょう》西浦の小塩すずさん（明治四十二年生まれ）は、次のように語っていた。①トコロを洗って叩き、細かくする→②木綿の袋に入れて、谷川で一週間ほどさらす→③堅くなるまで五日ほど、天日で干す→④石臼で碾いて粉化する→⑤黍やトウモロコシの粉と混ぜて塩味をつけて団子にする。

静岡県浜松市天竜区佐久間町相月《あいづき》の「勝木家文書」の天保八（一八三八）年の部には、次のようにある。

「米壱斗弐百三十八文、ひへ壱升七十六文……ひへぬか壱ひよう三朱、ところ壱つけ壱朱、ところ一升七十二文……」

「ところ一升」とは、おそらく前記のようにして粉化したトコロの粉だったにちがいない。稗一升とトコロの粉一升がほぼ等価だったことがわかる。また、この地方のトコロの食法が粉食だったことも知れる。愛知県北設楽郡豊根村《きたしたらぐんとよねむら》富山大谷、岐阜県本巣市根尾越波《ねおおっぱ》などでもトコロの粉食法について聞いたことがあった。こうしてくらべてみると、積雪地帯、なかでも新潟県村上市から山形県鶴岡市にかけての出羽街道ぞいの山中中心に見られるトコロの食法には深い意味があることがわかる。

⑷吉祥物・神饌としてのトコロ

　トコロは、正月の蓬萊盤・イタダキ膳として、雛祭りの饌物として、年中行事と深くかかわってきた。静岡県中部の山間部には一月二十日を「トコロ節供」と称してトコロを重視する行事もあった。全国各地にトコロを神饌として供え続けている神社も多くある。(5) こうした事実の背景としては、一般的に、①救荒食物としてのトコロの力、②トコロの細根を鬚髯《しゅぜん》に見たて、鬚髯の老人を連想するところから、長壽の呪力を期待する、③疝気《せんき》、胃腸病などに対する薬効——などがあげられている。しかし、これらに加えて、トコロが饌物として選ばれた明確な理由を二点追加しておきたい。

　そのひとつは、先に紹介した積雪地帯の食法で食べた食感、味覚、香気などの総合力である。皮を剝くと鼻孔に満ちる芳香、鬱金色《うこんいろ》を示すその身、ほろ苦い味と口中に満ちて残存・持続する刺激と爽涼感である。神饌には、神をひきつけ、喜ばせる力がなくてはならない。そのひとつに香気がある。柳田國男は、「鳥柴考要領」(6) のなかで神と香気の関係に注目し、「榊葉の香をかぐは

中央が神饌としてのトコロ（静岡県牧之原市菅ヶ谷・一幡神社）

しみとあれば云々」という古歌を引きながら、古層の榊は芳香を放つ鳥柴《とりしば》、すなわちクロモジではなかったかと推察している。神饌としてのトコロがもつ芳香と味覚は無視できない。

いまひとつは、薬としてのトコロの力、その中心的な力が注目されてこなかったのだが、それは便秘薬、下剤的整腸薬としての力である。この薬効こそ、交通や流通が未発達な時代、雪国で長い冬籠りをしなければならなかった人びとにとって大きな恵みだったのである。どこの家でも、茹でたり煮たりしたトコロを、訪う人びとともどもに常時、気軽に食してきた事実を重く見たい。トコロは冬籠る人びとの生鮮野菜不足や運動不足による脹満感・便秘を解消してきたのである。事例⑥の富江さんのトコロに対する執着と「トコロは冬の毒を抜く」という口誦句には実感がこもっている。神饌としてのトコロが背負う背景は広くて深い。

〈註〉

（1）菊地勇夫『飢饉の社会史』（校倉書房　一九九四）
（2）金田久璋「飢饉の神饌」（赤坂憲雄編『東北学Vol.8』東北芸術工科大学東北文化研究センター　二〇〇三）
（3）鈴木秋彦「野老の伝承・イモ文化の一視点」（森隆雄編『民俗儀礼の世界』清文堂出版　二〇〇二）
（4）前掲（3）に同じ
（5）前掲（3）に同じ
（6）柳田國男「鳥柴考要領」初出一九五一（「神樹篇」『柳田國男全集19』筑摩書房　一九九九）

三　ナマハゲ・カセドリ――呼称に託された祈り

これまで、「キドイ山菜を食べる」（54ページ）、「トコロの力」（188ページ）などで、降雪、積雪地帯の人びとが、雪に閉じこめられることによる体調不良・鬱屈感・閉塞感などを特定の食物を食べることによって体内から除去し、春にはこれらから解放される喜びを実感してきたことについて述べてきた。しかし、ここであらためて考えてみるとき、冬籠りのあいだに体や心にたまる汚濁や病、悪しきものを体の外側から、しかも家の外からきたるものによって除去してもらおうという信仰心意のごときものがあったのではないかということに思いが至る。そこに浮上してくるのが、折口信夫の説く「まれびと」[1]であり、柳田國男編の『歳時習俗語彙』[2]のなかの「小正月の訪問者」の項に網羅されている来訪者の数々である。

ここでは訪れ神・来訪神のごとき神々の総合的な検討や分析をする余裕はないので、当該の主題にそうものの一部についてのみ述べることにする。

1　ナモミハギ・ヒカタタクリ

まず注目すべきは、現在もたしかに伝承されている秋田のナマハゲである。ナマハゲは、つとに菅江真澄の『牡鹿乃寒かぜ』に、絵図入りで以下のように描かれている。(3)

「正月十五日の夜深く、わかき男ともの集り、鬼の仮面、あるはいふ可笑《ヲカシ》とて空吹の面、あるは木の皮の面に丹ぬりたるをかけて、螻蓑《ケラミノ》といふものに海菅てふ艸を黒染としてふり乱し、手に小刀を持て、小筥の中に物ありてころころと鳴るを脇に掛て……中略……奈万波義《ナマハギ》は寒さにたえず火に中《アタ》りたる脛《スネ》に赤斑のかたつけるをいふなり。その火文《ヒカタ》を春は鬼の来て剝ぎ去るちふ諺のあるにたくへて、しか鬼のさまして出ありく生身剝《ナマミハキ》ちふもの也。……」

『遠野物語』拾遺には、次のようにある。(4)

「正月十五日の晩にはナモミタクリ、又はヒカタタクリとも謂って、瓢箪の中に小刀を入れてからからと振り鳴らしながら、家々を廻ってあるく者がある。タクリというのは剝ぐという意味の方言で、年中懶《なま》けて火ばかり当って居る者の両脛などに出来て居る紫色のヒカタ（火斑）を、此小刀を以って剝いでやろうと言って来るのである。是が門の口で、ひかたたくり、ひかたたくりと呼ばると、そらナモミタクリが来たと言って娘を出して詫びごとをさせる。……」

石川県の能登には「アマメハギ」の伝承があり、いまでもナマハゲと同系の鬼面が登場する。

いまは廃絶してしまったが、かつてはおこなわれていたという類似の行事は多かった。岩手県宮古市田代松草の松草守造さん（明治四十四年生まれ）は、以下のように語っていた。

・一月十四日の夜、鬼の面をつけた大人が「ナゴミタカリ（タクリ）　ナゴミタカリ」と大声で叫んで各戸をまわる。子どもたちは、ミズキに笹の葉をはさんでつくった笛を吹きながらそのあとをついてまわって、家々で餅や団子をもらった。

新潟県村上市大栗田《おおくりだ》の河内昇さん（昭和十二年生まれ）は、次のように語る。

・小正月、大人の担当者が獅子頭、天狗の面、狐の面をつけ、天狗が梶棒《こんぼう》、狐が卸金《おろしがね》をもって全戸を巡回する。大人は、日和蓑《ひよりみの》、蒲《がま》のハバキ、狩猟用の麻の小袖をつける。子どもたちがこれにしたがう。全員で「アマメンハギマショ　アマメンハギマショ」と唱えて、提灯もちを先導として各戸の玄関に入る。各戸では、正月の餅や小正月の餅花を子どもたちにあたえた。アマメは火斑、火胼胝《ひだこ》のことで、老人たちのタッツケから出た部分の足にできていた。

名高いナマハゲは「ナモミ（火斑）剝ぎ」の意で、火斑のことは「ヒカタ」「ナゴミ」「アマメ」などさまざまな方言で呼ばれた。火斑は、イロリで長時間股焙《またあぶ》りをすれば内股にもできたし、長時間背中を火にあてていれば背中にもできた。火斑は紫色で、亀甲のかたちになったという。

火斑の伝承は各地にある。

宮崎県東臼杵郡椎葉村《ひがしうすきぐんしいばそん》では、火斑のことをアマメと呼ぶ。行儀悪く火にあたる子どもを戒めるために、親たちは「アマメ剥ぎの爺くっど」（同村長江・椎葉治美さん・大正十一年生まれ）、「アマメ剥ぎがきゆるぞ」（同村不土野《ふどの》・椎葉伊八さん・大正五年生まれ）。「勧進《かんじん》がアマメ剥ぎにくるぞ」（同村下福良松木・椎葉英生さん・昭和十六年生まれ）などと語ったという。

高知県では、火斑のことをアマブラと呼ぶ。高岡郡津野町芳生野乙王在家《おうざいけ》の長山長水さん（大正十四年生まれ）は、子どものころ行儀悪くイロリの火にあたっていると、親たちから「アマブラコスリがくるぞ」と戒められた。アマブラコスリとは鬼のようなもので、アマブラを剥ぎにくるのだと聞かされていた。吾川郡《あがわぐん》仁《に》淀川町《よどがわちょう》別枝生芋の杉本馨泉さん（大正十年生まれ）は、祖父から「アマブラつくるとアマブラコスリがくるぞ」と聞かされた。愛媛県上浮穴郡《かみうけなぐん》久万《くま》高原町《こうげんちょう》西《にし》谷《だに》の新谷武光さん（大正十四年生まれ）は、祖父母から、「イロリのそばでは行儀をよくしないとアマビラコスリがくるぞ」と聞かされていた。

「アマメ剥ぎ」「アマブラコスリ」の伝承はナマハゲやアマメハギとみごとに一致しているのであるが、日向山中にも土佐山中にも、鬼面の訪れ神が登場する行事はない。ナマハゲ、アマメハギ、ヒカタタクリ、ナゴミタカリのごとき身体性をもつ訪れ神が登場し、小正月を中心として各イエイエを巡回するというかたちは、積雪地帯の特色だと見てよかろう。

2　カセドリ＝瘡取《かさど》り

小正月の訪れ神としてもうひとつ、「カセドリ」をとりあげたい。現在、もっとも広く知られているカセドリは、山形県の上山市で旧暦一月十五日におこなわれるもので、巨大な藁帽子を頭から胴まですっぽりとかぶった男たちが、鬼面を先導にして「商売繁昌火の用心　カセドリカセドリカッカッカ」と叫びながら巡回して銭を受ける。原姿からの変容が著しく、「稼ぎ鳥」「火勢鳥」の文字があてられるなど原義が忘れられ、鳥が強く意識されている。

カセドリの原義については、折口信夫の卓見がある。(5)それを見よう。

「真澄の昔も、今の世も、雪間の村々ではなもみを火だこと考へてゐる事は、明らかです。が、火だこを生ずる様な懶け者・かひ性なしを懲らしめる為とする信仰は、後の姿らしいのです。かせとり・かさとりとも此を言ふ様ですが、此称へでは、全国的に春のほかひびとの意味に用ゐてゐます。かせはこせなどと通じて、やがて又瘡《カサ》・くさなどとも同根の皮膚病の汎称です。此をとりに来るのは、人や田畠の悪疫を駆除する事になるのです。なもみはぎ・かせとりの文言は形式化したものでありますが、春のまれびとの行った神事のなごりなる事だけは、明らかになって居ました。……」

文中の傍直線は折口が施したもので、波線（〰〰）は筆者が付したものである。波線部は折口の敷衍《ふえん》であるが、この行事の核心は、「瘡取《かさど》り」である。冬籠りの栄養の偏り、悪くなりがちな衛生状態から生ずる瘡《かさ》をはじめとして、皮膚病や身心に付着した悪しきものなどを除去してくれるのが、カセドリである。

冬籠りの季節には、さまざまな皮膚病があった。『歳時記』のなかにも収載されている「雁瘡《がんがさ》」という季語がある。雁瘡は、雁のくるころに発し、雁が帰るころ癒える皮膚病で、痒疹《ようしん》、痒疹性湿疹の俗称だとされる。雁の去来と一致するということは、冬籠りの季語と一致するということである。

カセドリの巡回（山形県上山市）

凍瘡も、凍傷も、皹《あかぎれ》も、霜焼けも、冬の皮膚病である。カセドリはまず、こうした、冬の病傷や汚濁を除去してくれる来訪者だったのである。火斑、ナモミ、アマメも、冬季ゆえの皮膚病なのである。

カセドリは、上山市のもの以外でも、東北地方ではさまざまなかたちで展開されてきた。本書第Ⅰ章「一　堅雪の気配——春微動」のなかの事例㉚（岩手県奥州市＝37ページ）では、子どもたちが蓑帽子や毛糸の襟巻きで顔をかくして各戸をまわった。山形県西村山郡西川町大井沢では、旧暦一月十五日の夕刻に、五歳、十五歳、二十五歳、四十二歳、六十一歳、七十七歳、八十八歳になった者が雪除けの菅帽子を後前《うしろまえ》にしてイエイエを巡回し、カセドリの来訪を告げて団子をもらっていた（富樫音弥さん・明治三十六年生まれ・大井沢出身）。カセドリは、人びとの皮膚病・病魔などをもち去ってくれる神だったのである。

宮城県加美郡加美町《かみぐんかみまち》では、現在でも藁帽子をかぶったカセドリが登場する。ほかに、佐賀県佐賀市蓮池町《はすいけまち》などにもカセドリがあり、それはそれで意義深いものではあるが、ここではナマハゲ系・カセドリ系を一括し、キドさのある山菜やトコロなどによって冬のあいだの悪しき堆積物を体内から除去するという積雪地帯の慣行と対をなすように、冬籠りのあいだに付着する悪しきものを外から除去する民俗思想があったことを指摘し、その具現がナマハゲ系・カセドリ系の訪れ神であったことを指摘してみたかったのである。

積雪地帯の冬籠りのプレッシャーは多面的・重層的で重いものだったことがわかり、春を迎える喜びの大きさも推察できる。

3　訪れ神の名称をくらべる

ところで、数多い訪れ神の名称にも注目してみなければならない。沖縄県八重山地方のアカマタ・クロマタ、そのマタの原義は「ムティ」すなわち「面《おもて》」「面《めん》」の意で、赤・黒はその面の色を示す。石垣市川平《かびら》の訪れ神マユンガナシは真世《まよ》の神の意であるし、石垣島のアンガマに登場するウシュマイは翁《おきな》（男の老人）、アッパーは媼《おうな》（女の老人）にあたり、ともに祖霊である。これら来訪神は祝言を唱え、イエやムラに祝福をあたえ、幸いをもたらすと説かれることが多い。

こうした多様な来訪神の第一の使命は祝言、祝福なのだが、対して先に紹介したものの名称は、ナモミハギ、アマメハギ、ナモミタクリ、カセドリ（瘡取り）などと、冬籠りのうちに人の身体にできた悪しきものを除去する、剝ぎ去る能力・使命・神能を第一義的に揚げ、直接的に示す、「剝《は》ぎ」「取り」といった名称であることに、大きな特色がある。こうした名を負う訪れ神を積極的に伝承し、復演し、信仰してきたのは、積雪地帯・雪国の人びとだった。

小正月、春の訪れ神は、一般にイエイエや人びととの新しい年の幸いを祝福するためにやってくるのだとされるが、雪国の人びとは、まず、冬籠りのあいだに体の内外にたまる悪しきものを除去してもらうことを願ったのである。それは、体内に導入するキドさの強い食物、山菜やトコロを食べることと呼応すべきものだった。

こうした信仰心意は、当然、非積雪地帯にも通じる。非降雪・非積雪地帯にも冬籠りはあるし、冬の汚濁と重圧感はあった。それゆえ、雪国と類似の民俗が展開されてきたのだ。しかし、この民俗については、非積雪地帯に比べて雪国発の深く骨太の民俗があったことを忘れてはならない。

〈註〉

（1）折口信夫「国文学の発生（第三稿）まれびとの意義」初出一九二七（『折口信夫全集第一巻』中央公論社　一九七五）

（2）柳田國男編『歳時習俗語彙』（国書刊行会　一九七五）

（3）菅江真澄『牡鹿乃寒かぜ』文化七年（一八一〇）記（『菅江真澄全集第四巻』未來社　一九七三）

（4）柳田國男『遠野物語』初出一九一〇（『遠野物語拾遺』を加えての『遠野物語増補版』一九三五。ここでは新潮文庫版によった）

（5）折口信夫「翁の発生」初出一九二八（『折口信夫全集第二巻』中央公論社　一九五五）

四　始原の年とり食

1　ケの汁とゼンマイ

私がはじめて「ケの汁」という語を耳にしたのは、平成十六（二〇〇四）年のことだった。それは、津軽平野の人びとが掘り出して燃料としてきたサルケ（草炭・泥炭）についての聞きとりを重ねていたときのことである。

青森県五所川原市長富小字鎧石《よろいいし》の太田つよさん（昭和六年生まれ）方を訪れ、サルケの掘鑿方法や掘鑿用鋤、サルケの焚きかた・利用法などについてひととおりの学びがすんだころ、「いまちょうどケの汁があるから、たべてゆかないか」といって、つよさんは椀に盛ったケの汁を出し、もてなしてくれた。

ケの汁は、ゼンマイ、牛蒡、焼き昆布を砕いたもの、油揚げ、凍み豆腐、キナ粉の残りなどを入れて醤油味で煮る。大晦日につくり、正月に焼いた切り餅などを入れて家族で食べて年とりをする汁だという。煮詰まった感じもあり、味は深く、食べごたえがあった。

このときから、ケの汁という不思議な呼称と、この汁の淵源が気にかかっていた。ここではまず青森県（一部、秋田県をふくむ）のケの汁の事例を紹介し、加えて各地の類似の汁にも言及する。
・ケの汁は、大晦日の年越しにつくる。干したワラビ、ゼンマイと、豆腐、牛蒡、人参を入れて、大鍋で煮る。味噌味である。だいたい七草のまえ、一週間ほど食べる。餅を入れる人もある（事例①＝青森県五所川原市金木町藤枝・外崎明さん・昭和十年生まれ）。
・ケの汁は、ワラビ、ゼンマイ、大根、人参、大豆、油揚げ、凍み豆腐などを入れて、大鍋で煮る。味付けには、味噌、醤油、酒粕、砂糖などを入れる。三が日は食べる（事例②＝青森県西津軽郡鰺ヶ沢町一ツ森町字大谷・吉川隆さん・昭和二十五年生まれ）。
・ケの汁は大晦日につくり、新年をむかえる年とり汁にする。ゼンマイ、ワラビを入れ、油揚げ、大根、人参を入れ、餅も入れた（事例③＝青森市雲谷平《もやだいら》・斎藤正美さん・昭和十年生まれ）。
・ケの汁には牛蒡、人参、ワラビ、長芋を入れて大晦日につくる。正月には餅を入れて食べる。デーシコーサマ（大師講・十一月二十三日）にも、ケの汁をつくる。長箸を三本つくる（事例④＝青森県三沢市淋代《さびしろ》・月館八郎さん・大正十年生まれ）。
・ケの汁には大根、人参、油揚げ、ゼンマイを入れる。大晦日につくり、正月に食べた（事例⑤＝秋田県鹿角《かづの》市八幡平夏井・阿部勝夫さん・昭和二十二年生まれ）。
・ケの汁は小正月につくった。干しゼンマイ、ワラビ（干しワラビまたは塩漬け）、フキ（塩漬け）、アカキノコ（サクラシメジ）、サモダシ（ナラタケ）、ササゲ、蒟蒻、カマボコ、ユリ根など十一種類を入れるものだとされていた。味は醬油と味噌だった（事例⑥＝青森県東津軽郡平内町小湊家ノ下・夏泊出身・後藤秀次郎さん・大正十二年生まれ）。

・ケの汁はモノ日につくった。干しゼンマイと塩ワラビが必ず入っていた（事例⑦＝青森県三戸郡三戸町目時・上野あきさん・昭和七年生まれ）。

・一月十五日、小正月にケの汁をつくって食べる。ケの汁には、次のものを入れる。人参、牛蒡、大根、シイタケ、ゼンマイ、ズダ＝大豆を煎ってつぶした打ち豆、油揚げ、凍み豆腐、荏胡麻《えごま》を煎って味噌とともに擂ったもの——。ケの汁は、小正月から彼岸まで食べた。春の農作業に先立って体力をつけるために食べるのだといい伝えられていた（事例⑧＝青森県弘前市中崎小字野脇・小山吉雄さん・昭和五年生まれ）。

・正月につくるケの汁には、フキ、ゼンマイ、キノコ、大豆、豆腐などを入れる。具は大き目である（事例⑨＝青森県下北郡佐井村長後《さいむらちょうご》牛滝・坂井三郎さん・昭和八年生まれ）。

・ゼンマイ、フキ、ササゲ、凍み豆腐を入れた汁を小正月に食べた。これをケの汁と呼んだ（事例⑩＝青森県むつ市川内町上小倉平・板井すきさん・昭和三年生まれ）。

・大晦日に、ワラビ、ゼンマイ、大根、人参、里芋、凍み豆腐を入れ、味噌味をつけてケの汁をつくって食べた。元旦にはこれに餅を入れた。正月の松の内はケの汁を食べた（事例⑪＝青森県つがる市木造・長谷川隆美さん・昭和二十一年生まれ）。

・十六日、今日より十八日まで三日間を小正月といい女の正月とす（小和巻・嘉瀬）。……けのしろという物をつくる。即ち蕨・ゼンマイ・南瓜・大根・人参・油揚げの七種を交えてつくる（五所）（事例⑫＝内田邦彦『津軽口碑集』[1]）。

・元旦に山菜汁を食べた。山菜汁には、ワラビ、ゼンマイ、フキ、ウド（塩漬け、塩抜き）、油

春、地から萌え出るゼンマイ（新潟県魚沼市大白川）

乾燥過程のゼンマイ揉み（新潟県魚沼市大白川）

乾燥ゼンマイは、調理まえに茹でてもどす

揚げ、糸蒟蒻などを入れた。味つけは味噌である（事例⑬＝山形県村山市楯山・鈴木シケノさん・大正十四年生まれ）。

・山菜汁にはワラビ、ゼンマイ、タケノコ、ウルイ（オオバギボウシ）などを入れ、醤油味をつけた。これを毎月一日と十五日と休日の朝餉《あさげ》に食べた。納豆汁は冬のもので、納豆を味噌と擂り合わせ、ワラビ、ゼンマイ、筍を入れた（事例⑭＝山形県西村山郡西川町沼山・大泉武さん・昭和二年生まれ）。

・五月二十日すぎにナマのウド、ミズ、ウルイ、油揚げ、豆腐、凍み豆腐、昆布を入れた味噌味の山菜汁を食べた。秋、茸の季節にはブナタケ、マイタケ、シメジなどを入れた。醤油味のキノコ汁を食べた（事例⑮＝山形県村山市山の内赤石・黒沼儀太朗さん・昭和十二年生まれ）。

・大晦日の年とり膳の吸いものにワラビ、ゼンマイ、豆腐、油揚げを入れた。また、一月七日の七草粥にもワラビ、ゼンマイを入れた（事例⑯＝秋田県仙北市西木町上檜木内・鈴木喜代治さん・昭和九年生まれ）。

・大晦日には納豆汁を食べた。納豆汁には、ワラビ、モトアシ、ズイキ、豆腐を入れた（事例⑰＝山形県鶴岡市羽黒町市野山・斎藤千代子さん・大正十一年生まれ）。

・大晦日にはワラビ、ゼンマイ、里芋、油揚げを入れた汁をつくった。大豆や、兎の骨の叩き団子を入れることもあった。正月には、これに餅を入れて食べた。七草の汁にも、ゼンマイ、ワラビ、大豆などを入れた。山菜汁は冬の食べもので、時なしにつくった（事例⑱＝新潟県村上市山熊田・大滝正さん・昭和七年生まれ）。
・正月に山菜汁をつくって食べた。干しワラビ、干しゼンマイ、干しコーミ（コゴミ）、油揚げ、豆腐を入れたもので、味噌味だった（事例⑲＝長野県下高井郡木島平村馬曲・芳澤定治さん・大正十年生まれ）。

ケの汁にはいくつか考えるべき問題があるが、まずはこれが正月・小正月に食されているという点である。正月・小正月がほとんどであるが、加えてモノ日、大師講の日などにつくるイエもある。そして、それを食べる期間は、大晦日、元旦を中心に、三が日（事例②）、七草のままで（事例①）、松の内（事例⑪）などがある。事例⑧は小正月から彼岸までと長い。事例⑥⑧⑫は小正月であるが、民俗行事や暦法からすれば、むしろ大正月より小正月のほうが古いと考えられる。

ケの汁の具材として注目すべきものは、ワラビ、ゼンマイ、フキといった山菜で、これらがどこでも必ず入っていることである。なかでも事例①②③⑥⑦⑪はワラビ、ゼンマイの両方を使っている。ゼンマイはすべて乾燥ゼンマイであるが、ワラビには干しワラビ、塩漬けワラビの二種がある。流通が発達しなかった時代、生鮮野菜が手に入るはずもなく、ゼンマイ、ワラビ、フキなどは貴重な栄養源であり、それにも増して、これらの山菜は、大地の生命力を象徴するものであった。生命力を象徴する山菜は、年とりにとっては極めてふさわしい食物だったのである。

大晦日や小正月にケの汁をつくり、これを家族一同で食することによって新年をむかえるという古層の儀礼を、「ケの汁」に垣間見ることができる。

事例③④⑪や⑱（山菜汁）などは、大晦日にケの汁を食べ、正月・元旦にケの汁のなかに餅を入れて食べるというのだが、これこそ、現今、全国各地で年とり餅と考えられている「雑煮《ぞうに》」「烹《ぼう》雑《ぞう》」の祖型であろう。一般の雑煮は、正月の神・歳神に供えた餅のおさがりを汁に入れ、ほかの具も入れるので「雑」という字が用いられるのであるが、青森県のケの汁は、ケの汁自体に呪力があったと考えられる。呪力の中核をゼンマイ、ワラビなどのもつ生命力に認めてきたことが考えられる。

ケの汁の「ケ」については、聞きとりのつど伝承者の感想を耳にすることがあった。それは「粥の汁」であり、「飢の汁」であり、また「会の汁」だという人もいた。褻の汁と考える者もあろう。しかしこれらは、ケの汁の本質・実態に照らしてみたとき、納得できるものではない。「ケ」は、食物を示す古い日本語であり、「御食《みけ》」「大御食《おおみけ》」「御食《みけ》つ国《くに》」などとして使われている。「生命を支え、生を支える尊い食の汁」という意が「ケの汁」にはこめられている。雪に降り込められる雪国・北国なればこそ、春の生命力を秘める山菜の汁がケの汁になったのである。

ちなみに、菅江真澄の『牡鹿乃寒かぜ』の小正月の部分には次のようにある。(2)

「汁種《シルグサ》は搨豆《ウチマメ》・蕨《ワラビ》也。杯を人々の前に並べて、さかなは鰰《ハタハタ》、雷子《ブリコ》、あへもの、しほかき鯣、小蝦の酢、はたかんなぎのすし、鮒膾などくさぐさのもの也」

筆頭にあげられた汁が「ケの汁」であることは、ほぼまちがいない。今後の調査によって「ケの汁」の実態・本質はさらに明らかになることであろう。

ケの汁とは呼ばないが、大晦日や正月に山菜汁をつくる地も多く見られる。事例⑬（山形県村山市）、⑯（秋田県仙北市）、⑱（新潟県村上市）、⑲（長野県木島平村）などがそれであり、いずれも積雪地帯である。

大晦日、正月以外でも、事例⑭では毎月一日・十五日につくり、事例⑱では山菜汁は冬の食べものだとして随時つくって食べた。山菜の種類も、ゼンマイ、ワラビを中心としながらも、ウド、ウルイ（オオバギボウシ）、ミズ、コゴミなど種類が増える。事例⑮の山菜汁は、ナマの山菜であるところに特徴がある。

遠く離れた静岡県浜松市天竜区水窪町には、大晦日に「大汁《おおじる》」と称する年越し汁をつくる例が見られる。水窪町西浦小字途中島の望月敬美さん（昭和十四年生まれ）は、豆腐、ネギ、椎茸、里芋を入れる。これにワラビを入れる家もあるという。水窪町大沢の別所賞吉（昭和八年生まれ）

家の大汁は、鮭、豆腐などを入れた粕汁だった。

同じ天竜川水系の長野県飯田市の各地にも、「年とり汁」の習慣がある。上久堅《かみひさかた》地区の例をあげてみよう。

小字原平《はらだいら》の長谷部三弘（昭和七年生まれ）家では、大晦日に、大根、人参、里芋、蒟蒻、豆腐、昆布、ハマグリを入れた汁をつくって年とり魚のブリとともに食べ、元旦には汁に餅を入れて食べた。

小字森の木下善治（大正十二年生まれ）家では、大晦日に大根、人参、里芋、牛蒡、豆腐などを扇子型（末広）に切り、ブリを中心とした年とり膳の品々とともに食べた。元旦には年とり汁に餅を入れて食べた。

小字小野子の長沼正男さん（大正三年生まれ）は、大晦日に、牛蒡、人参、大根、里芋、兎の肉、兎の骨の叩き団子を入れて年とり汁をつくり、家族そろって食べた。元旦にはこれに餅を入れて食べた。

右に見た天竜川水系山地のムラムラの例は、ケの汁や東北地方の山菜汁に比べて山菜への執着を欠いてはいるものの、「年とり汁」としては太い共通性をもっている。ケの汁を中心とした山菜汁、年とり汁には、餅入り雑煮以前、年とり餅以前、稲作以前の「年とり」「冬越し」の匂いが感じられる。

ケの汁、熊汁、鮭汁、鱈汁、ドンガラ汁から「汁講」にいたるまで、「汁」には、冬季、火、暖、共食といった要素が強く結びついている。

2　山芋への執着

山芋はヤマノイモ科の多年生蔓草で、日本各地の山野に自生する。地下根茎とムカゴは食用になる。根茎は、擂りおろすと粘着力に富み、主としてトロロ汁として食されてきた。栽培種のナガイモ、イセイモ、ヤマトイモなどに対して自然薯《じねんじょ》と呼ばれるが、これは、自然生《じねんじょう》の意である。自然薯のことを山芋と呼ぶ場合が多い。自然薯を基本として、のちに栽培種をもふくみ、正月、コト八日、雛の節供、ムケの朔日などのモノ日の食として重視されてきたが、ここでは、大晦日から正月にかけて食されてきた地、その他について、筆者が確かめてきた例を示す。伝承者も明らかではあるが、ここでは省略した。正月の儀礼食の食法としてはトロロ汁が圧倒的に多く、「正月トロロ」「二日トロロ」「三日トロロ」「擂り初め」といった呼称も見られる。

(1)元旦に山芋を食べる地

・秋田県南秋田郡五城目町馬場目杉沢・同平ノ下＝元旦朝食。

・岩手県遠野市大出＝年とりとしてトロロ汁と餅。

・岩手県和賀郡西和賀町沢内字貝沢＝擂りおろした山芋を吸いものに入れて食べる。

・同若畑＝元旦・朝トロロ汁を食べる。

・秋田県横手市山内三又＝擂りおろした山芋と梅干を食べる。

・同大雄潤井谷地《だいゆううるいやち》＝元旦にトロロ汁を食べる。ほかに「寒八（寒に入って八日目）の油揚げ、寒九のトロロ」と称して寒九にもトロロ汁を食べた。

・福井県小浜市上根来＝自然薯の煮つけをヨボシと称してこれを食べた。

・新潟県村上市北大平＝トロロメシを食べる。

・同南大平＝大晦日にナガイモ汁を食べる。

・同中継＝朝、トロロメシを食べる。

・奈良県吉野郡野迫川村檜股《ひのきまた》＝元旦の昼食にイモ汁（トロロ汁）を食べた。

(2)一月二日に山芋を食べる地

・青森市雲谷平＝二日トロロと称してトロロ汁を食べる。

・岩手県奥州市江刺区米里字中沢＝二日トロロ。
・秋田県南秋田郡五城目町大川谷地中＝ナガイモのトロロ汁を食べる。
・同横手市山内土渕＝トロロメシ。
・同大雄田根森＝ナガイモのトロロ汁を食べる。ほかに寒の入りから九日目にもトロロ汁を食べる。
・同仙北市西木町上檜木内中泊＝二日トロロ。
・山形県西置賜郡飯豊町高峰＝一月二日に山芋を食べると長生きをするとしてトロロ汁を食べた。
・同酒田市平田町沖＝正月トロロと称して一月二日に食べた。
・同最上郡鮭川村米《もがみぐんさけがわむら》＝二日トロロ。
・同大蔵村合海《あいかい》＝二日トロロ。このとき擂粉木《すりこぎ》で玄関の戸に円形を描くとはやり風邪に罹らないと伝えている。山形県内には、二月八日（コト八日）にトロロを厄災防除呪物として使う例があり、脈絡が感じられる。
・同鶴岡市関川＝二日トロロ、別に正月には自然薯の煮つけを食べる。
・同米沢市六郷町＝二日の夜トロロ汁を食べる。
・新潟県魚沼市穴沢＝トロロ汁。
・同村上市山熊田＝二日トロロ。同地の自然薯の山の口あけは、十一月一日か二日だった。

・宮城県大崎市古川＝二日トロロ。この日、表・裏の門柱と門柱のあいだにおのおのトロロ汁を流して、悪しきものの防除呪術とする。
・長野県飯田市上久堅小字森・原平・馬場垣外など＝一月二日を「擂り初め」と称して、自然薯またはヤマノイモ系の栽培種のイモでトロロ汁をつくって食べる。
・静岡県伊豆市湯ヶ島字長野＝一月二日夜トロロ汁を食べる。当地の山芋の山の口あけは十月十日とされている。

(3) 一月三日に山芋を食べる地

・山形県西置賜郡小国町小玉川＝三日トロロ。
・同荒沢＝三日トロロ。
・同樋倉＝三日トロロ。
・同南陽市上荻＝三日トロロ（ニギリイモ、ナガイモなどを使う）。
・同米沢市綱木＝三日トロロ。
・福島県喜多方市熱塩《あつしお》加納町《かのうまち》五枚沢＝三日トロロ。
・同大沼郡金山町八町＝三日トロロ。
・同小栗山＝三日トロロ。朝擂って、擂鉢ごと神棚に供えてからいただく。

・同昭和村大芦畑小屋＝三日トロロ。
・新潟県東蒲原郡《ひがしかんばらぐん》阿賀町《あがまち》船越＝三日トロロ。
・宮城県白石市白川津田山神＝一月三日、トロロ汁とツブ（タニシ）を食べた。
・福島県耶麻郡猪苗代町小平潟＝一月三日にトロロ汁を食べると風邪をひかないと伝えてトロロ汁を食べた。

⑷正月三が日・五か日などにヤマノイモ系の芋を食べたり儀礼に使ったりする地

・青森県三沢市淋代＝正月三が日のうちにナガイモのトロロを食べる。
・青森県上北郡おいらせ町三本木＝正月に、山芋を賽の目に切ったものと乾燥保存しておいた菊の花を混ぜて醤油をかけて食べた。
・宮城県加美郡加美町漆沢＝正月三が日のうちにトロロ汁を食べた。
・山形県鶴岡市本郷＝正月三が日のうちにトロロ汁を食べた。
・同西置賜郡白鷹町黒鴨＝正月三が日の三日間、トロロ飯を食べた。
・同鶴岡市小国＝三が日のうちにトロロ飯を食べた。山芋の山の口あけは十月二十日だった。
・同鶴岡市砂谷＝正月中の来客に対応する正月札の盆盛りに山芋を使った。山芋の山の口は十月十八日だった。

・福島県南会津郡南会津町田島小字田無沢＝二日トロロ、三日トロロ、四日雑炊。
・山梨県山梨市徳和＝正月五か日のうちに山芋を食べるもの。トロロ汁か、輪切の煮つけにする。
・同甲府市上帯那町《かみおびなちょう》＝正月三が日のうちに山芋を擂って食べるもの。
・愛知県豊田市足助《あすけ》町小字塩ノ沢＝三が日のうちにトロロ飯を食べる。
・徳島県名西郡《みょうざいぐん》神山町神領＝年越しソバのつなぎに山芋を入れる。年越しにはトロロ飯を食べる。

ヤマイモの民俗に注目したのは、本間トシだった[3]。その後、馬場景子も正月のトロロ飯に注目した論考を示している[4]。

本間が作成した分布図を見ると、儀礼食のヤマノイモ、正月のトロロ飯の食習が、東北地方を中心に東日本に色濃く分布していることがわかる。しかし、正月のトロロ飯の図を見ると、青森県と山形県が空白になっている。一方、筆者の限られた調査によると、先に見たとおり、青森・山形県に正月にトロロを食べる事例は多く認められ、しかも山形県は山芋食習、儀礼食・正月のトロロ飯などは全国的に見てもっとも濃密な地であることがわかった。筆者の調査は片寄ったものではあり、とても分布図や総覧表示ができるものではない。まして、安易な一般化や推論は慎まなければならないが、以下に若干の所見を示しておく。

山芋のみならず、トコロを併せた根茎類の食習や儀礼は、山形県ではとりわけ盛んであり、なかでも新潟県村上市から山形県鶴岡市につながる山中の出羽街道沿いのムラムラにそれが濃密に見られた。山芋についていえば、村落共同体で山芋を共同管理し、山芋の採掘は共同体で定めた「山の口あけ」（解禁日）に従わなければならなかった。

・山形県鶴岡市砂谷＝十月十八日。部落民のみ各戸一人ずつ。次の日からは、何人でもどこの人でもよい

・鶴岡市菅野代＝十月末日。部落民のみ各戸人数制限なし。口あけ日以外の採掘は禁止

・鶴岡市越沢＝十一月一日

・鶴岡市小名部平沢＝十一月一日

・鶴岡市小国＝十月二十日

・鶴岡市槇代＝十月二十日

・新潟県村上市山熊田＝十一月一日または二日

山からいただく自然資源、食材としての山芋は貴重であるだけに、こうして厳正な管理のもとに守られてきたのである。採掘した山芋は土中に埋めてたいせつに管理保存され、それが正月の儀礼食になったのである。本来自然薯だったものが、次第に栽培種に代替されていくというのは自然の流れだった。

佐々木高明は、餅と里芋について注目すべき発言をしている。(5)

「私はもともとイモ文化の中には、儀礼食としてイモをつぶして食べる慣行が古くからあり、それをご馳走とみる傾向があったと思います。それがネバネバもしくはグチャグチャしたものを好むという傾向を生み出す基礎になり、モチという特殊な食品を生み出す背景になったのではないだろうかと考えているのです」

穀物のモチ種の開発の土壌に里芋の粘着性があり、モチの発生土壌に芋餅（里芋を潰してつくった餅）があったという創見である。また佐々木氏は、『豊後国風土記』の次の記述にも注目した。

「明くる日の昧爽《あかとき》に、忽《たちま》ちに白き鳥あり、北より飛び来りて、此の村に翔《かけ》り集ひき。菟名手《うなで》、即《やが》て僕者《やっこ》に勒《おほ》せて、其の鳥を看《み》しむるに、鳥、餅《もちひ》と化為《な》り、片時《しまし》が間《ほど》に、更《また》、芋草《いも》数千許株《いくちもと》と化《な》りき……」

「これなどはイモとモチとの間にある種の観念的連関性のあったことをよく示していると思うのです」と述べている。的にされた餅が白鳥と化して去るという説話は広く知られるところであるが、食の民俗からすれば、白鳥→餅→里芋と遡源していく道筋のほうがおもしろい。たしかに、ここには餅以前の粘着性食物、それも儀礼食物の系譜が示されている。

現在、年とりの食物の中核に位置するのは餅であるが、鹿児島県には里芋の年とり雑煮があり、年とりの雑煮のなかに里芋を入れる地は多い。稲作以前、餅以前の年とりに里芋が重いはたらきをしていたとする説もある(6)。

里芋の原産地は熱帯である。栽培化された里芋は北漸を重ねて東北地方にまで至り、いまや山形県を中心にして芋煮会が盛んである。しかし、北の人びとは里芋栽培には種々苦労と工夫を重ねてきた。なかでも、「厳寒期の種芋保存」には腐心してきた。

さて、ここで山芋にもどろう。まず、「里芋」「山芋」という呼称に注目したい。里芋は、人里で栽培される芋、山芋は、山で自生しているものを採掘してくる芋である。そして、その山芋には栽培種が連なる。里芋の北漸には時間はかかったものの、それは稲（米）とともに農耕社会になってからのものである。対して野生の山芋は、採集時代以来、縄文時代以来のものである。

先に事例群で見てきたとおり、正月に儀礼食として山芋を食べる例は、東北地方に圧倒的に多い。稲作が普及し、餅がつくりやすい時代に入り、餅をぞんぶんに食べながらも、正月にとりたてて山芋を食べなければならないという正月の儀礼食慣行に深い眼ざしを向けてみなければならない。ここには、稲（米）も里芋もなかった時代の正月の儀礼食、冬の生命充実食の座標があり、じつに長い時間の記憶の集積があるのではなかろうか。山芋こそ始原の時代の正月食だったと考えることができよう。

奄美大島にはヤマノイモ科の栽培種コーシャがあり、これを正月にさまざまなかたちで食べる。南、非降雪・積雪地帯でも正月に山芋を食べる例はあり、一部は先の事例のなかでも示したが、今後の詳細な調査によってさらに数を増すことであろう。『豊後国風土記』から、生命力に富んだ粘着性儀礼食物の遡源図を学ぶとすれば、白鳥↓餅↓里芋となるのだが、ここに、新たに北の学びを重ねて、白鳥↑餅↑里芋↑山芋といった新しい遡源図・系譜を考えることができるはずだ。

〈註〉

（1）内田邦彦『津軽口碑集』初出一九二九（池田彌三郎ほか編『日本民俗誌大系第九巻「東北」』角川書店　一九七四）
（2）菅江真澄『牡鹿乃寒かぜ』文化七年（一八一〇）記（『菅江真澄全集第四巻』未來社　一九七三）
（3）本間トシ「儀礼食としての芋」（『史論』18号　東京女子大學學會歴史學部會　一九六七）
（4）馬場景子「正月のトロロ飯　東西日本の分岐としての愛知県から見えてくること」（静岡県民俗学会編『中日本民俗編』岩田書院　二〇〇六）
（5）上山春平・佐々木高明・中尾佐助『続・照葉樹林文化』（中央公論社　一九七六）
（6）坪井洋文『イモと日本人　民俗文化論の課題』（未來社　一九七九）

五　冬に備える食

いかなる環境においても保存食は存在するのだが、長いあいだ雪に閉ざされる積雪の地においては、それは多様に発達し、ひとつひとつに先人たちの知恵や願いが集積されている。交通手段や流通システムが未発達だった時代、その方法も素材もじつに多彩だった。乾蔵、塩蔵といった代表的な保存法のほか、凍化加工、発酵加工、燻乾加工などの加工法もあり、貯蔵法も、土中埋蔵、雪中埋蔵、イロリの上の簀天井乾蔵など、食品によっておのおの配慮されていた。

平成二十七（二〇一五）年八月二十三日、福井県大飯郡おおい町名田庄染ケ谷《なたしょうしがたに》を訪れた。京都の芦生《あしう》（南丹市美山町《なんたんしみやまちょう》）と境を接する若狭名田庄の奥地で、冬には雪に閉ざされる。染ケ谷川左岸の栃の木は、丸い実を鈴なりにつけていた。以下は、同地の小西勇さん（昭和十三年生まれ）による。

・染ケ谷は、戦前十戸、戦後は長いあいだ七戸で暮らしてきたが、いまでは夏季のキャンプ場営業期以外、染ケ谷に人はいない。栃の実はたいせつな食料だった。小さなムラだが、栃の実の山の口あけはあった。栃の実はワセが九月はじめに落ちはじめ、ナカテが九月十日ごろ、オクテが二十日ごろ落ちはじめる。山の口あけはワセに合わせて九月初めの日とし、一斉に栃山に入った。女性を主としたが、男も混じった。ヒンダリという竹の腰籠と布袋をもち、拾い集めた実は一か所に集めて、各戸均等に分配した。各イエイエではみな、イロリの上のアマ天井に広げて乾燥保存した。栃にはナリ年とウラ年があるが、アマ天井で保存すれば三年はもつといわれた。

・正月まえの餅搗きに合わせて、まず栃の実をおろし、水でもどしてイロリの灰でアクヌキをし、モチ米と混ぜて栃餅にする。水田のある家とない家、家々の経済力によって、栃の実と米の配合率が異なった。経済力のない家では栃七・米三、余裕のある家では栃三・米七といった比率になった。栃の実が多いと口中刺激が強くなるのだが、年寄りたちは、栃餅は苦いところがよいのだと語っていた。

アマ天井に乾燥保存される栃の実（岐阜県本巣市根尾越波、松葉長之助（明治39年生まれ）家（昭和54年11月撮影）

・正月すぎにも、冬季には栃餅を食べた。ゼンマイの山の口は六月はじめで、ゼンマイ採りは女性の仕事だった。採取したゼンマイは、ごみを除き、整えてから茹でて、ムシロの上にひろげて日乾させつつよく揉む。干しあげたゼンマイは、これもイロリの上のアマ天井にあげて乾燥保存しておき、必要に応じておろし、もどしてから和えもの、煮ものなどにして冬季を中心に常食した。ワラビの口はなかったが、フキの口あけはあった。

・若狭の保存食のひとつに、ヘシコ鯖《さば》がある。毎年三月末から四月にかけて雪が消えると、肩車と呼ばれる手引車を引いて、小浜までヘシコ鯖用の鯖を買いに出かけた。鯖は毎年四十本ほど買った。その鯖を、一斗桶二桶に米糠と塩とで漬けこんだ。塩を大量に使うので保存はよいが、これ以上塩辛いものはないというほど塩辛かった。さればこそ、冬季を中心に動物性蛋白質と塩分を補給することができたのである。ヘシコ鯖は極薄に切った少量で副食にすることができ、食も進む。ナマでも食べられるし、焼いてもよい。

小西さんは、塩を減らして漬けこんだいまのヘシコ鯖は、昔の塩辛いヘシコに比べて数段うまいと語る。

東北地方を中心に、サケマスが溯上する川がある。最上川、雄物川、北上川の流域を歩いてサケ・マス漁について学んだことがあった(1)。サケ・マスは、内陸部の人びとにとって大きな恵みだった。マスの溯上力はたくましく、奥深い山地にまでおよんだ。サケ・マスとともに、儀礼食品・保存食品として力を発揮した。サケ・マスの生態と諸儀礼を要約すると、ほぼ次ページ下の表1のようになる。

秋田県大仙市大曲《おおまがり》藤木字西八圭の菊地春枝さん（大正十年生まれ）は、小正月から寒中にかけて食べるためのサケのスシを十二月十五日ごろに漬けこんだ。薄塩の鮭を三枚におろし、塩抜きをしてから、厚さ五ミリほどの切り身にして酢につける。スシ桶は楕円形で、尺二寸×八寸、深さは七寸。そこに笹の葉を敷き、その上に米麹と飯を混ぜて広げる。それが冷めてから塩を混ぜる。その上に鮭の切り身を並べ、さらにその上に刻んだ蕪、人参、一センチ×三センチに切った青昆布などをおく。これを一段として笹を敷き、その上に前記の要領で二段、三段と重ねて、中蓋をかぶせて重石を載せる。

表1　サケ・マスの生態と諸儀礼

生態・関連儀礼／魚種	マス	サケ
遡上・産卵季節	春→初秋	秋→初冬
遡上・産卵環境	平地河川→山中渓流	平地河川
関連稲作儀礼	サナブリ魚	収穫儀礼魚
関連年中行事	盆魚	正月魚

こうして漬けこみ、小正月には中蓋の上に滲み出た水分をいったんほかの容器に移してからスシを桶から出し、家族の皿に盛る。容器に移した水を桶にもどし、再度重石をかけ、次回までそのまま漬けておく。

サケの保存は、スシ漬けではなく、塩引きザケにして切り身にし、塩焼きにするほうが一般的である。表1によれば、マスはサナブリや盆に食べるのが一般的であったが、夏季に漁獲したマスを麹を使わないで漬けこみ、ナレズシにして正月と正月以降に食べるという方法があり、スシとしてはこちらのほうが古層の保存食だったといえる。

福島県南会津郡只見町に田子倉ダムがある。工事のための住民離村完了昭和二十八（一九五三）年、始動昭和三十六（一九六一）年。只見町只見の渡部完爾さん（大正十四年生まれ）は、田子倉で成人した。田子倉は只見川水系白戸川河畔の十四戸のムラだった。昭和初年、渡部さんが学齢に達するまえまでは溯上してくるサクラマスの数が夥しく、淵の下方は砂が見えないほどだった。田子倉は「奥会津の浜」と呼ばれるほどだった。

マワリガワという慣行があり、マスの溯上期から産卵まえまでのあいだ、男二、三人の組が毎日交替で、鉤、ヤス、投網・モジリなどでマス漁をした。夕方、地蔵堂の前に全戸の者が集まって公平にマスの分配をした。

マスは、各戸でスシ漬けにした。四貫目入りの桶に、米、マス、塩、山椒の葉とともに漬けこんだ。その桶は一家で四本から十本あり、倉の正面の軒下に並べられていた。正月以後食べはじめるのであるが、麹を使わなくても自然の熟れズシになっていた。冬季の重要な食料としてぞんぶんに食べることができた。

田子倉区には広大な共有山があり、ゼンマイ採取も盛んで、ムラ、イエイエの最大の現金収入源だった。一年のゼンマイの収入で、三年分の稲籾を買い入れることのできる年もあった。「昼休みゼンマイ」ということばがあり、嫁が昼休みに採取したゼンマイを売って小遣いにできた。もとより、自家用のゼンマイも大量に採取し、天日干しとして揉みあげてから保存した。当地には「ゼンマイ糅《かて》」ということばがあり、冬季、糅としてゼンマイを刻んで入れた飯を食べた。贅沢で、美味な、自然の恵みを生かした糅飯だった。

各地を歩いていると、民家の軒下にさまざまな食物が吊られたり干されたりしているのを見かける。下の写真（右）は、青森県弘前市大森の民家の玄関の軒下に吊干しされている鱈で、これは棒鱈として貴重な保存食となる。乾燥凝結し、硬直化して棒のようになった鱈は、左側の写真のように鉈の背や槌で軟らかくしてから煮つけるのである。北の魚、鱈は、棒鱈、開鱈と化して全国山

棒鱈（青森県弘前市大森）

棒鱈を叩く（青森県弘前市大森）

間僻陬《へきすう》地の人びとに海の幸として届けられていた(2)。

左の写真は、新潟県村上市門前の民家の軒下に吊られた塩引ザケと凍み大根である。ともに冬季の重要な食物である。

軒端に吊られる塩引きザケと凍み大根（新潟県村上市門前）

大根は、凍み大根（次ページの写真）のほかに干し大根、秋田県のイブリガッコのような大根漬けもあるのだが、大根、蕪はナマで貯蔵する方法もある。山形県西村山郡大江町柳川の庄司豊雄さん（大正二年生まれ）は、次のようにした。

大根、蕪は、藁室《わらむろ》と土室《つちむろ》で貯蔵した。主として冬季に食べるものは藁室、春食べるものは土室に入れた。ムロ入れは、高山に雪が降りはじめるころである。

藁室の径は約三尺、高さは四～五尺。地上に積み上げ式にする藁室の場合、底部に杉の葉を敷く。鼠除けである。その上に藁を敷き、そこに、首を外に、根先を中心にして、大根を輻射状に並べる。その上に藁を敷き、大根を積む。こうして重ねていくのである。

外周は、外気を遮断するように、厚みを保ちつつ藁でて

凍み大根（上：山形県西村山郡大江町柳川、中・下：岐阜県飛驒市河合町角川）

いねいに堅く囲む。上に藁帽子をかぶせる。土室は、畑などに円形の竪穴を掘り、底に杉の葉を敷き、周囲も杉の葉で囲む。そして、そのなかに、大根と藁を交互に積むのである。大根の用途は多岐におよんだが、大根糅《だいこんかて》と称する糅飯にするときには、大根だけ別途に微量の塩を入れて煮ておいて、あとで米と合わせた。

栗の保存方法としてもっとも一般的なものは干しあげて保存する方法で、これは、臼で搗いて堅皮を剝くところから、搗《か》ち栗《ぐり》と呼ばれる。

このほか、「砂栗」と呼ばれる保存法がある。岩手県九戸《くのへ》郡《ぐん》九戸《くのへ》村《むら》伊《い》保《ぼ》内《ない》の岩渕五助さん（大正二年生まれ）は次のようにした。

畑地に竪穴を掘り、そこへ川から運んできた川砂を入れ、砂に混ぜながら栗の実を埋めていく。栗を埋め終えると、その上に鼠除けの杉の葉を置き、土砂をかぶせる。さらにその上に藁帽子を

糸栗（岩手県九戸郡九戸村伊保内）

凍み馬鈴薯（岩手県久慈市山形町霜畑）

凍み餅（青森県西津軽郡鰺ヶ沢町長平町）

かぶせる。砂栗はナマでも食べられるし、正月用の煮ものにもなる。

当地では、他地でいう搗ち栗のことを「押し栗」と呼ぶ。押し栗は、虫を除くために湯をとおし、よく乾燥させた栗を踏み臼で搗き、箕で簸出して皮やゴミを除く。皮のむけた栗の実は、三升鍋または四升鍋で煮て稗こなしの夜食にした。冬季には、稗二升・栗二升で栗飯にした。

干しあげられた栗は、叺《かます》や南京袋に入れて保存した。なお、糸栗（前ページ写真上）は、子ど

備えの薪（上：秋田県仙北郡美郷町、下：岩手県宮古市小国）

ものオヤツにした。彼岸の中日にはワセ栗が落ちるので、これを仏壇にあげた。伊保内財産区には共有栗山があり、十月に栗の山開き（山の口あけ）をおこなった。

237ページの写真中は、岩手県久慈《くじ》市《し》山形町《やまがたちょう》霜畑《しもはた》の八幡家で見た凍み馬鈴薯である。こうして見ていくと、凍み豆腐、凍み餅（237ページ写真下）、野菜・山菜・魚類などの多彩な漬けものなど、冬に備える食物は枚挙にいとまがない。

なお、冬に備えて細かい心配りで準備していたものは食ばかりではなく、燃料、衣料などもあった。右ページの二枚の写真は、薪の備蓄のようすである。

〈註〉

（1）野本寛一「サケ・マスをめぐる民俗構造」（『民俗文化』第11号　近畿大学民俗学研究所　一九九九）

（2）赤羽正春『鱈』（ものと人間の文化史171　法政大学出版局　二〇一五）

Ⅳ 冬を迎え、冬を送る

——その行事の深層

一　大師講――雪のまれびと

はじめに

・十一月二十三日の大師講の日、デシコ神さまのために大豆を入れた豆飯を炊く。神さまに供え、自分たちも食べる。デシコ神さまは女で、子どもが多い。多くの子どもに豆飯を食べさせるのに長箸がいるとして、葭《よし》で六十センチもある箸をつくって添える（青森県五所川原市長富小字鎧石・太田つよさん・昭和六年生まれ）。

・十一月二十四日の大師講にはボタモチをつくった。大師講の神さまは女性で、子だくさんだといい伝えている。たくさんの子どもたちにボタ餅を食べさせるためだとして、薄《すすき》の長箸を供えた。この日は「大師講吹き」と称して吹雪が吹き荒れるといわれている（秋田県横手市大雄潤井谷地・佐々木倉太さん・昭和二年生まれ）。

東北地方の大師講の特色がうかがえる。

同じ雪国でも、新潟県の大師講はまた別な伝承をもつ。

・「大師ホッコ（脚に障害がある人）の跡かくし」という口誦句がある。十一月二十三日の大師講にかかわるものだ。この夜、貧しいようすの僧が、婆ちゃの家を訪れて宿を乞うた。婆ちゃの家も貧乏で、僧に食べさせるものがなかったので、隣の家の畑の大根を引き抜いてきて、エグサアエ（荏《え》胡麻《ごま》和え）にして食べさせた。婆ちゃはホッコだったので、隣の畑に足跡が残って発覚しては気の毒だと思った僧（大師）は、雪を降らせて足跡を隠したと伝えられている。

この伝説をふまえて、毎年十一月二十三日の夜にはイロリで大根を焼いて食べた。この夜には「大師の跡隠し雪」が降るものだといわれた（新潟県魚沼市大白川・浅井主雄さん・昭和三年生まれ）。

新潟県村上市南大平にも類似の伝承があり、ここでは十一月二十三日、オデシコさまの夜に降る雪のことを「アクト（踵）隠し雪」と呼んでいる。

わたし（筆者）が育った静岡県牧之原市松本の農家では、十一月二十三日に大師講をおこなった。その日の夕食にボタ餅をつくる。米を練るときに、擂粉木《すりこぎ》の先に付着した米で、玄関口の大戸（板戸）の上部に「大」の字を書いた。毎年同じところに「大」を書くので、どこの家の板戸にも「大」の字がはっきりと記されていた。

大の字を書くときには、「大師講虫供養　大師講虫供養」と唱えながら書いた。少年のわたしには唱えことばの真意はわからなかったが、ただボタ餅を食べるのは楽しみだった。自分が経験した大師講と積雪地帯の大師講があまりにも異なっていることに驚かされ、この行事の本質を探ってみなければならないと思った。

大師講については、すでに柳田國男の「太子講の根源」[1]や「二十三夜塔」[2]にその内包する諸問題が指摘されている。また、『歳時習俗語彙』[3]には事例が集積されており、各地の民俗誌や年中行事関係の著作にも散見するところである。

この問題はすでに解決済みのように考えられがちだが、資料の集積もけっしてじゅうぶんとはいえず、内容についても、さらに多角的に分析・検討する必要があると思われる。

大師講の「大」の字（静岡県焼津市利右衛門）

東北地方や日本海側の降雪・積雪地帯を歩いていると、大師講に関する生き生きとした伝承を耳にすることが多い。246ページからの表は、そうした伝承の一部をまとめたものである。大師講の本格的な分析は、さらなる資料収集のあとにおこなうこととし、ここでは、降雪・積雪地帯の資料を中心として、若干の考察を中間的におこなってみることにする。

1　神々の風貌

大師講に登場する神は多様な性格をもっているが、およそ次の諸点を確認することができる。

⑴多産多児の女神

事例①では女神で、二十四人の子もちとある。『歳時習俗語彙』に、青森県九戸郡、秋田県雄物川筋に子の数を二十四人とする例があり、岩手県上閉伊郡《かみへいぐん》の海岸部に子どもを十五、六人もった女神だとする例も記されている。また、『津軽の民俗』(4)の「ダイシコの神」の項には、「各地の伝承によれば、ダイシコの神は女であること、そして子供が大勢（十三人とも二十六人とも）いるので一人一人アヅカル（飯を食わせる）のが大変なので、この長いカヤバシであづかっているのだというのである」とある。事例⑩は十人、⑪は十二人と伝えるが、青森県三戸郡にも十二人の例がある。事例⑫⑬および「はじめに」の例でも、子どもの数は特定していないが、多児を伝え、これらにも女神の面影がある。

青森、岩手、秋田の各地に伝えられるダイシコ神の女神伝承・多産伝承を見つめるとき、女性山神(5)、十二山の神(6)、山の神の産養(7)などとの脈絡が感じられ、大師講のなかに、狩猟・採集の比重が高かった時代からの生産神・母神としての山の神像が潜入していることに気づく。多児の神へ

表1　大師講の伝承──積雪地帯を中心として

事例	伝承地	行事名称	月日	神の特色	供饌・食物	気象伝承	その他の伝承	伝承者
①	青森県むつ市川内町畑	ダシコ神さま	11/24	女神で、二十四人の子どもを産んだ。	窪みをつけたヘッチヨコ餅入りの小豆粥、大根、牛蒡、蒟蒻、ササゲ、人参入りのケンチン汁を供えた。		神さまが、ススキの長箸で子どもにヘッチヨコ餅を食べさせた。	大沢誠一（明治四十五年生まれ）
②	青森県三戸郡三戸町梅内小中島	デーシコさま	11/24		窪みをつけたナベッコ餅、小豆餡をまぶしたもの、大根の漬けもの、桃または栗の南向きの枝三本を供えた。	デーシコブキ大荒れの日	トマドフタギと称して、家の戸すべてに小豆餡をなすりつけ、厄災を防止する。	工藤武治（大正十一年生まれ）
③	岩手県九戸郡軽米《かるまい》町《まち》駒木	ダイシコー	11/24		ソバハットウと大根を神棚に供えた。			荒井福太郎（大正十三年生まれ）
④	岩手県久慈市山形町霜畑	ダイシコー	11/23		小豆粥を煮て食べた。	ダイシコーシバレ		八幡太郎（大正三年生まれ）
	岩手県久				大豆、小豆、野菜を			川代兼松

⑤	慈市川代	ダイシコさま	11／22		入れた粥を煮て食べた。	ダイシコーシバレ		（大正十二年生まれ）
⑥	岩手県下《しも》閉《へ》伊《い》郡《ぐん》岩泉町安家《あっか》年々	デーシコ	11／24		神棚の前に膳を据えて煮シメ、大根、豆腐、餅を供え、小豆粥を食べた。ナンメーの木で二尺の長箸をつくって供えた。	デーシコーシバレと称した。大雪が降ると伝えた。		祝沢口良雄（大正十一年生まれ）
⑦	岩手県下閉伊郡岩泉町乙茂《おとも》	ダイシコー	11／24	神さまは貧乏でゴハンが食べられないので、子どもたちに粥を食べさせた。	ダイシコー粥と称し、米、小豆、タカキミの窪み団子を混ぜた粥を供え、かつ食べた。コメの木で尺五寸の箸をつくった。		コメの木の杖を二本つくった。神さまが杖をついて子どもに粥を食べさせたという。	水野義雄（大正十三年生まれ）
⑧	岩手県宮古市田代君田	ダイシコー	11／24		小豆の入ったタカキミの団子を供え、食べた。ハシの木で長さ尺五寸の箸を三本つくり、一本は杖だと伝えた。	荒れる日といい伝えた。		村上正吉（大正十二年生まれ）

⑨	岩手県和賀郡西和賀町湯田	オデシコ	11/24	オデシコさまは塩買いに行って吹き（吹雪）で死んだ。子どもがたくさんあった。	米の団子に萩の箸を添えて供えた。子どもが多くて茶碗が用意できないので、萩の箸に団子をさして食べさせたことによる。			高橋仁右ヱ門（大正九年生まれ）
⑩	秋田県鹿角市八幡平桃枝	ダイシコー	11/23	ダイシさまは十人の子どもの話を一度に聞いた。	小豆粥を煮て、カヤの箸で食べる。			綱木慶吉（大正八年生まれ）
⑪	秋田県仙北市西木町上檜木内中泊	ダイシコー	11/23	ダイシさまは十二人の子持ちで貧しい暮らしをしてきたので、何かを恵んでやらなければならない。	飯と、ナマの大根、カヤの長箸（約五十センチ）を供える。	デシコブキ		鈴木壽（昭和八年生まれ）
⑫	秋田県仙北市西木町上戸沢	ダイシコー	11/23	ダイシさまは子どもが多い。	神棚に、神酒と小豆餅、長さ二尺のカヤの箸を供える。	吹雪になる。		鈴木久二（大正十四年生まれ）
					小豆飯とカヤの長い箸を供える。			小林徳五郎

⑬	秋田県仙北市西木町小山田	オデシコさま	11／23	オデシコさまは子どもが多い。	箸のまんなかをもって、両端を使って子どもに小豆飯を食べさせたという。	吹雪になる。		（大正五年生まれ）
⑭	秋田県湯沢市秋ノ宮磯	ダイシコー	11／24	ダイシさまは、道に迷ってお腹をすかせている。大師講は、ダイシさまをなぐさめる日。	ダイシさまがお腹をすかせているので、小豆を煮る間がない。それで、ゴマ・クルミのボタモチを供える。	吹雪になる。		菅原孝太（大正六年生まれ）
⑮	秋田県由《ゆ》利《り》本荘《ほんじょう》市《し》鳥海町《ちょうかいまち》牛越	ダイシコー	11／23		餅と、皮をむいた柳の箸（長さ二尺）を神棚に供える。	ダイシコーブキ	柳の箸で子どもたちに餅を食べさせる。	佐藤隆雄（昭和三年生まれ）
⑯	山形県鶴岡市七五三掛	ダイシコー	11／24		餅を搗いて神棚に供える。	吹く。荒れるといわれる。		渡辺亀吉（大正二年生まれ）
⑰	山形県鶴岡市本郷	ダイシコー	11／23		餅を搗く。	吹雪になる。	山で炭焼小屋に泊ってはいけない。やむをえず泊るときは、ナベブタの	庄司二郎（昭和三年生まれ）

							上に餅と飯を供えよ。	
⑱	福島県喜多方市山都町一ノ木高野原	ダイシコー	11/23	神さまは足が悪かった。	餅と、長短の箸を神棚に供えた。			佐藤不二男（大正二年生まれ）
⑲	福島県喜多方市熱塩加納町五枚沢	ダイシコー	11/23		米団子と小豆でシルコをつくって神棚に供え、長短のカヤの箸を添えた。			小椋光則（昭和三年生まれ）
⑳	新潟県魚沼市三ツ又	ダイシコー	11/23 11/24	神が民家に泊まる	11/23小豆粥を供え、家族もカヤの長箸で食べる。大根をイロリの灰のなかで焼き、11/24朝、ケズリ大根にしてゴマ味噌をつけて食べる。神さまが泊ったとき大根を出したことによる。	跡かくし雪、吹雪になる。		中沢知一郎（大正六年生まれ）
㉑	新潟県魚沼市大栃山	ダイシコー	11/23 11/24	弘法さまが民家に宿を求めた	家に何もなかったので、足の悪い婆さんが隣の畑から大根を盗んで出したという伝えにもとづき、11	婆さんの足跡が畑に残るとかわいそうなので、この日は跡		大島寛一（明治三十八年生まれ）

					／23にはイロリのホドの周りにヌカを入れ、そこに大根をのせて焼いた。細かく切ってエゴマアエにして食べた。	かくし雪を降らせてくれた。		
㉒	新潟県魚沼市上折立	ダイシコー	11／22 11／23	弘法さまが盗みをした。	11／22夜、大根をイロリで焼く。11／23朝、大根を輪切りにしてゴマ味噌をつけて食べる。弘法さまが大根を盗んで焼いて食べたら大そうおいしかったことによると伝える。	跡隠し雪と称して、必ず雪が降る。		富永弘（大正二年生まれ）
㉓	新潟県中魚沼郡津南町大赤沢	デーシコー	11／23		朝は指跡を三つつけた小豆餡まぶしの団子を、夜は小豆粥のなかに団子を入れたものを、家のなかの神仏すべてに供えた。夜、タカキビの団子を入れた汁粉を食べる。	デーシアレ、吹雪になる。		石沢政市（明治三十六年生まれ）

㉔	兵庫県美方郡新温泉町久斗山	オダイシサマ	11／23		子どもと大人がダイシサマを演じる。昼は、子どもたちが袋をもって「ダイシのダイシの勧進」と唱えながら小豆、メジロをもらって歩いた。夜は、大人が、一間の棒の先に汁杓子をつけて、各戸の戸口を少しあけ、顔がわからないようにして「ダイシのダイシの勧進」と唱えながら杓子をなかに入れて団子をもらった。家のなかの者は「ダイシさまがきなった」と語った。			橘たみえ（大正七年生まれ）
㉕	鳥取県八頭郡智頭町上板井原	スリコギ隠し	11／23 11／24	大師さまは足が悪かった。ソバのカイモチが好きで、ソバを盗んでカイモチをつくって食べる。	11／3・11／13・11／23に三日粥と称して仏壇の大師様に小豆粥を供え、家族も食べる。11／24ボタモチをつくって神仏に供え、家族も食べる。	雪が降る。	盗みの足跡を隠すために雪を降らせる。ボタモチの米を雪に、スリコギを足に見たてる。	平尾新太郎（明治四十一年生まれ）
㉖	静岡県藤枝市花倉（比較事例）	ダイシコー	11／23		ボタモチをつくり、そのスリコギで大戸の板に「大」という文字を書いた。	寒冷になる。	ボタモチが凍れば凍るほど豊作になり、世のなかがよいと伝えた。	秋山政雄（明治二十九年生まれ）

の供物は、「山の神の産養」につながり、翌年における山からの恵みの大なるを祈ることにつながったはずである。

⑵足の障害伝承

事例⑱㉕では、訪れる神が足に障害をもっていたと伝えている。㉕では、神がその足跡を隠すために雪を降らせることを「スリコギ隠し」と伝えているのであるが、兵庫県にも「スリコギ隠し」という行事名称・雪の伝承・足に障害をもつ神の伝承が分布する。[8] 新潟県上越地方には「デンボ大師」という呼称があり、[9] 長野県北安曇《きたあずみ》地方には「デンボの跡隠し」「デンボ隠し」などと、神の足の障害や降雪を伝える例がある。[10] 神自身の足の障害を語る例を中心に、その変形として、神を迎える者の足の障害を語る事例㉑および「はじめに」のごときものもあり、「跡隠し雪」という表現を定着させている地域もある。

スリコギ足、デンボ、ホッコといった伝承はたしかに「一つ目一本ダタラ」を連想させ、製鉄タタラ系の、もうひとつの神を思わせるのであるが、ここでは、別の視点をさぐっておきたい。

大師講の神は、足の障害をもって語られはするが、けっして目の障害は語られていないところに注目しなければならない。大師講の神がもつ来訪神的色彩を考慮するとき、足の障害の強調は、来訪する神の道程の長さ、厳しさ、巡回の道の多難さを語るものとなる。事例⑦⑧には杖が見えるが、これは、足の障害、旅人と深くかかわるものである。事例②の桃または栗の枝三本というのも、二本は一膳の箸、一本は杖と考えることができる。

新潟県の佐渡にも三本の箸木をつくるところがある。[11]また、長野県下水内の北部では、この日に箸と杖とをつくって床の間に供え、その杖を子どもにもたせ、字の上をなでさせると賢い子になるといっているところもある。[12]新潟県上越市名立区では、足の悪い大師に、この日一尺五寸くらいの栗の木の杖を供えたという。[13]

杖は呪具であり、神の姿の象徴ともなった。事例⑱⑲には、長さを不ぞろいにした箸を供えたとあるが、これも大師講の神さまの足の障害を象徴するものだといい、不ぞろいの箁をつくる地は多い。

(3)神は貧しい

事例⑦⑪には、神の貧しさが直接語られている。事例㉒㉕をはじめとして、諸地に、神が盗みをする伝承がある。こうした伝承は、この神が、門に立ち門付けをした「乞食者《ほかひびと》」と脈絡をもつ存在であることを示している。

⑷神は旅人

足の障害・杖などとのかかわりで、この神が旅を続ける神と認識されていることについてはふれた。事例⑭にはさまよって腹をすかせているダイシさまが語られているのであるが、『歳時習俗語彙』には次の記述がある。[14]

「飛驒の白川村では御大師様の晩に、弘法様が臼の目を取りに来てくれるといひ、挽臼をほどいて綺麗に洗ひ、目の方を上に向けて臼庭に蓆を敷いて並べ、又小豆飯に乾菜の味噌汁をこしらへて祝ふ。或は弘法様は一本足で人間のアバミ即ち火斑を剝ぎにござるのだともいひ、火がたの出来て居る者は大いに怖れ……」

大師さまは、秋田のナマハゲ、岩手のナゴミタクリ、山形のカセドリ、能登のアマミハギなどと共通する来訪神であることが語られている。

『信州の年中行事[15]』には、松本東部でこの日にこしらえた団子汁を、旅の者が通ると無理強いをしてたくさん食べさせたこと、南安曇でも小豆粥を旅人に無理強いして食べさせたことが記されている。ここでは、旅人が大師講の神さまに見たてられているのである。

事例⑳㉑では、ダイシコーの神が民家に泊ったと伝えており、各地の伝承にもダイシの宿をする例は多く見られる。来訪する神に宿を供して、のちに幸いを得るという話は、筑波郡における駿河国福慈の岳と、常陸国筑波の岳の比較（『常陸国風土記』）、逸文における武塔の神の来訪に際しての蘇民将来と巨旦将来の比較（『備後国風土記』）などと無縁ではない。このことは、先にふれた「山の神の産養」における大摩の猟師・小摩の猟師の伝承のなかの、協力者たる小摩の猟師の幸い獲得と一貫性をもつ。ダイシコーの神を山の神の系譜をひくものとする地では、多産の山の神への献饌は来年の山の恵みの幸いを約束されるものであり、神に宿を供する者も将来の幸いを約束されたのである。

(5) 大師講の神の身体性と人格性

神の顕現、様相は多様である。依り代に依りつく不可視の神、人格・身体伝承をもちながらも不可視である神、それに、人が神を演ずるかたちで身体性をもって登場する可視の神などがある。[16]多産で、多児の母たる女神、足に障害をもち、杖をつき、食と宿を求める神――と、ダイシコーの神は総じて人格・身体伝承をもちながらも不可視の神として語り継がれる例が多い。ところが、事例㉔では、ムラ人がオダイシサマを演じてまわるというのである。類似の伝承が、兵庫県美方郡新温泉町浜坂にもある。[17]十一月二十三日、オダイシサンと称し、キビ団子入りの小豆粥をつくって栗の箸で食べる。この日、長い竹の先に杓子をつけ、「ダイシノ　ダイシノ　カーンジン」と叫んで戸のなかに入れると、家人はその杓子のなかに粥を入れてくれた。若い衆は、それを若衆宿にもち帰って食べた。

事例㉔は、夫が太平洋戦争出征中、橘さんが同じ立場の婦人たちとともにムラの伝統にそっておこなったものだというが、本来、子ども組、若者組の行事で、その宿において共食がおこなわれていたものと思われる。

注目すべきは、来訪するオダイシサマを演じる者が、顔を見られないように戸をすこしだけあけ、そこから杓子を入れるという点である。これは、八重山のアカマタ・クロマタ、秋田のナマハゲが面で顔を隠し、山形県のカセドリが蓑帽子などで覆面するのと通じている。

静岡県藤枝市忠兵衛《ちゅうべえ》では、十二月八日すなわちコト八日の日に、ツボハタキと称して落穂の米でハタキ餅をつくった。同地の紅林定次さん（明治三十六年生まれ）によると、暮らしのたいへんな人（貧しい人）は、この日、手拭いで頬かむりをして戸をすこしあけ、「お八日さんをよんでおくんなさい」といって家々をまわったという。家々では、横を向いて来訪者の顔を見ないようにして、ツボ餅をわたしたものだという。これは、単に貧者のもの乞いにツボ餅を恵むといったものではなく、家々の者には来訪神に供物をささげるという心意があったものと考えられる。神格をもって訪う者とそれをなかで迎える者とのあいだには、戸口の儀礼、見たて、約束などが存在したことが考えられる。ダイシコーの神が弘法大師、元三大師、角大師などとかかわって伝えられる地が多いのだが、このことはこの神の人格・身体伝承を形成しやすくしている。いや、むしろ、原初的なダイシコーの神が人格性・身体性をもっていたからこそ、それが「大師」に収斂されたのだと考えるべきであろう。人格性・身体性の伝承をもち、そして、旅人の風貌をもって語り継がれ、一部にムラびとを演者として登場するダイシコーの神さまは、明らかに「まれびと」である。

2 神饌と箸

ダイシコーの日に神に供え、共食する食物と、この日につくられる箸について考えてみる必要があろう。

⑴神饌と食物

1 小豆粥　事例①④⑤⑥⑦⑩⑳㉓㉕
2 小豆飯　事例⑬
3 小豆のボタモチ　事例㉕㉖
4 小豆汁粉　事例⑲㉓
5 小豆団子　事例⑧㉓
6 小豆餅　事例②⑫

7　餅　事例⑮⑯⑰⑱
8　窪み団子・窪み餅　事例①②⑦㉓
9　焼き大根　事例⑳㉑㉒、（はじめに）
10　生大根・煮大根など　事例①②③⑥⑪
11　豆飯　（はじめに）

(2)箸

長箸・ススキ＝カヤ　事例①⑪⑫⑬⑳
その他　事例②（桃または栗）、事例⑥（ナンメーの木）、事例⑦（コメの木）、事例⑧（ハシの木）、事例⑨（萩）

(3)小豆粥と大根

表の資料に限ってみると、ダイシコーの日の神饌および共食々物の中心は、小豆系のものと大根であることがわかる。小豆が晴れの日の食物の素材となることは一般的であるが、その小豆系食物のなかでも、この日は小豆粥が中心をなし、広域におこなわれていることがわかる。

年中行事の食物としてもっとも一般化している小豆粥は、小正月の小豆粥である。小正月に小豆粥をつくる理由のひとつは、年頭にあたっての粥占《かゆうら》のためである。小正月の粥掻き棒は二本セットとしてつくられることが多いが、それは箸の変形だと考えることができる。それは神の箸であった。さればこそ、その箸に付着する粥の量でその年の稲の作柄などを占ったのである。一方、粥の潤度で、その年の田の湿潤、水の予祝をもおこなったのであった。

ダイシコーの日に小豆粥と箸がセットで登場するということは、この行事が小正月との対応性を暗示していると見ることができる。小正月が多収穫の予祝祈願であるのに対して、ダイシコーは多収穫感謝の祭りとしての要素をもつ。その根拠として、まず長箸に注目しなければならない。特定の祭日に特定の食器をつくって後日は使用しないというかたちは、神事の一回性、絶対性を示すものである。(18) ダイシコーの長箸が、神の力と、その神の祭りの特定性を語るものであることはいうまでもないが、このことは、長箸・大箸でなければ食べきれないほどの収穫を祝うというかたちにもなっているのだ。

長箸・大箸を現実の暮らしのなかにもどしてみると、これは「菜箸」である。菜箸の機能本質は、大量の食物を個人に分与するところにある。事例⑬には分与の儀礼的展開が見られるが、大師講の日、神を迎え、まず長箸に多量に付着する小豆粥を贄として神にささげ、収穫を感謝し、家族はその長箸をもって神から小豆粥を分与されるというかたちになるのだった。もとより、粥の米は新穀であり、小豆粥はニイナメの贄である。福島県喜多方市山都町一ノ木川入《かわいり》では、大師講は作物の収穫祭だとして、黍酒（ドブロク）、粟餅、大根と里芋の煮もので祝った（小椋みなさん・昭和三年生まれ）。

小豆粥に限らず、ボタモチ、汁粉など小豆にこだわる理由は、小豆の赤色が、日色、火色、血色を象徴し、かつ小豆が美味であることによるというほかはなかろう。

小豆に次いで注目されるのが、大根である。事例㉑㉒のように盗みとからめて大根を登場させる例がほかにも見られるのだが、「跡隠し雪」とかかわる場合が多い。このことは、大根の収穫祭の色彩を帯びながら、雪が積もるまえに大根を収穫し、ムロに入れなければならないという気象環境条件をふまえた生活上の知恵を伝えているようにも思われる。冬季の栄養源としての大根の力についてはいうまでもない。

ここで考えなければならないことは、十一月二十三日、二十四日の大師講に隣接する年中行事とその内容である。鳥取県八頭郡智頭町上板井原《やずぐんちづちょうかみいたいばら》の平尾新太郎さん（明治四十一年生まれ）は、十二月八日について次のように語る。この日は「八日吹き」と称して吹雪が吹き荒れると伝えられている。この日には竹串の下側に輪切りの大根を刺し、その上に板型の豆腐を刺し、囲炉裏の火で田楽焼きにして食べる。そして、この田楽を食べると吹雪に逢わないという。さらに、ムラびとたちはこの日、足の裏に菜種油を塗るという呪術をおこなったともいう。

まず、田楽素材の大根と豆腐に注目したい。これらはともに「白色食物」であり、「八日吹き」

の日にこれを二つ重ねて焼き、呑みこむことは、白の恐怖である吹雪の恐怖を呑みこむことになる。したがって、この田楽を食べれば吹雪に逢わないという伝承が生まれてくるのである。さらに、足の裏に菜種油を塗るという呪術の目的を「八日吹き」に合わせて考えてみると、降雪、その寒冷気象による凍傷、アカギレ、雪焼けなどを防除せんとしたものであることは容易に想像がつく。ひるがえって、事例⑳㉑㉒など新潟県北魚沼地方の大根焼き、跡隠し雪を考えると、ここに因幡《いなば》の事例と通底する「克雪呪術」が潜んでいるようにも思われる。『歳時習俗語彙』は、「能登鹿島郡の一部では、十一月二十三日を大根祭りといって祭りをする」という事例を紹介している。大師講の大根は、単純ではない。

3 大師講の気象伝承

大師講の気象伝承は、表に見るとおり、デーシコブキ、ダイシコーシバレ、跡隠し雪、スリコギ隠しなどの表現をとり[19]、ほかにデンボ隠しなども伝えられる。いずれも、降雪・積雪・吹雪を語るものである。この気象伝承は、①神顕現の徴候、②人の忌み籠り条件の設定（秋田県仙北市西木町上檜木内の鈴木喜代治さん（昭和九年生まれ）は、「この日はデーシコーブキといってひどい吹雪になるので、外に出るものではない」と教えられたという）、③季節転換（本格的な寒冷期の象徴）

——などを示すものとみられる。①は大師講の神さまの登場にふさわしいものであり、②は新嘗の忌み籠りの条件設定にふさわしい。③について、大師講は本来、旧暦十一月二十三日、二十四日であったことを考えると、この行事の日が冬至に接近していたことが明らかになり、それは本格的な寒冷期のはじまる日と考えてもよさそうである。

ダイシコーの気象伝承は、雪のほかに、事例㉖のようにボタモチが凍るという条件を語るものがある。『北設楽郡史・民俗資料編』に次の例がある。[20]

「十一月二十三日　大師粥。弘法大師の年取りといって、小豆粥を供えて祭る。この粥が凍ると翌年は豊作だといって喜ぶ。（田峯・振草・名倉地方）」

また、大師講の粥や団子を食べなければ蠅は消えないとする伝承が各地にある。[21] これらを総合すると、大師講の日が本格的な冬への転換点と意識されていたことがわかる。

4　ダイシさまの仕事

折口信夫は、「国文学の発生（第三稿）——まれびとの意義」のなかで東歌をひきながら次のように述べている。[22]

にほどりの葛飾早稲《カツシカワセ》をにへすとも、彼《ソ》の可愛《カナ》しきを外《ト》に立てめやも
誰《タレ》ぞ。此家の戸押《トオソ》ふる。にふなみに、我が夫《セヤ》を行りて、斎《イハ》ふ此戸を

此二首の東歌（万葉集巻十四）は、東国の「刈り上げ祭り」の夜の様を伝へてゐるのである。にへは神及び神なる人の天子の食物の総称なる「贄《ニヘ》」と一つ語であって、刈り上げの穀物を供《クウ》ずる所作をこめて表す方に分化してゐる。此行事に関した物忌みが、にへのいみ、即にふなみ・にひなめと称せられて、新嘗と言ふ民間語原説を古くから持って居る。……にへする夜の物忌みに、家人は出払うて、特定の女だけが残って居る。処女であることも、主婦であることもあったであらう。家人の外に避けて居るのは、神の来訪あるが為である。……かうした夜の真のおとづれ人は誰か。其は刈り上げの供を享ける神である。其神に扮した神人である。

折口の説く訪れる神と、これまで見てきたダイシコーの神は、明らかに共通点をもっている。しかし、二者のあいだには相違点もある。折口の説く訪れる神――すなわちまれびと――は、常に人の扮した神人として語られるのであるが、ダイシコーの神は、人格伝承・身体伝承をもってはいるものの、身体をもって顕現するとは限らない。身体性をもって演じられるのは、事例㉔だけである。こうした相違はあるが、来訪神としての性格は共通である。また、神が、刈り上げの供、すなわち贄を受けるために来訪するという点も、一致していると見てよかろう。柳田國男も、

先の東歌をふまえ、それと、二十三夜という大師講の日に女たちが集って夜を明かす習俗の脈絡に注目している。(23)

『万葉集』や『常陸国風土記』の時代の民俗と現代の民俗がそのまま一致することはまず考えられない。本質をふまえつつ、多様なゆらぎを示しながら伝承されるのが、民俗の常である。神の姿も、神を迎える方法も、時代と地域によって変化が見られるのは当然であろう。してみると『常陸国風土記』の祖神巡行においても、案外、来訪する祖神に贄を供するというかたちのほうが古層を示しているのかもしれない。ここでは、大師講が家々を訪れる神にその年の収穫を告げ、贄を供するという祭りの本質を現代まで守り継いできた点を見つめなければならない。しかもそれは、じつに広い地域において、各家ごとに確実におこなわれてきたのであった。

ダイシコシバレ、デシコブキ、跡隠し雪は、贄のための忌み籠りの場の設定にもつながった。訪れ神は家々をまわり、その年の収穫をたしかめ、贄を受け、来年の豊穣を約して立ち去ったのである。事例㉖のごとき方法は、静岡県の焼津市、藤枝市、牧之原市にかけて広くおこなわれていた。スリコギに付着した新米のボタモチで玄関の板戸に書いた「大」の字は、その年の収穫の表示である、贄の象徴であった。この家では新米のボタモチを神に捧げる用意をし、家族もいただくことができることを示しているのである。神はこれを見て、その家の収穫を確認したのである。先にふれたとおり、大師講は小正月の予祝部分と対応しているのであるが、かつて、大師講は現代人の想像以上に重い年中行事だったのである。

この日以降、蠅が姿を消す。この日以降、人も農や採集に関する本格的な活動を休止する。万事、休息の季節となる。神が定めてくれた籠りの季節である。「跡隠し雪」には、来春まで人為を隠し、万物を埋めて、休息させるイメージがある。ダイシコーの神は、家々の収穫をたしかめたのち、雪国には雪をもたらし、雪のない国にも季節・季候の節目をもたらした。

天つ神の御子「大子」「オホイコ」から「ダイシ」へという柳田説[24]を全面的に否定するものではないが、この神についてはさらなる探査が必要であろう。杖をもち、各地を巡回して人びとに幸いをもたらす弘法大師のイメージがあまりにも強力で、それゆえに、聖徳太子やほかの諸々の大師をふくめ、来訪神までも「大師《たいし》」に収斂されていったものの、大師講の神の伝承内容は、多産多児の女神、跛行神など地方色は多々あり、けっして一様ではない。縄文的始原生業要素とより深くかかわった東北地方に縄文神的女性山神に通じる大師講の神が濃厚に伝承される意味は重い。

ところで、「はじめに」のなかで述べている、私が少年時代に体験した大師講のなかで誦唱された「大師講虫供養　大師講虫供養」という唱えことばは何を意味しているのであろうか。牧之原市蛭ヶ谷《ひるがや》の鈴木正次さん（昭和二年生まれ）は、十一月二十三日の大師講の日は、冬に向かって死んだり姿を消したりするさまざまな虫類の供養をする日だと語っていた。このことは、先に述べた「大師講の粥や団子を食べなければ蝿は消えない」という伝承に通じている。これらは、大師講の日が季節の転換点として意識されていたことを物語っている。

二十三夜とダイシコーの関係、ダイシコーと若狭のニソの森・祖霊信仰との関係、四国・九州などをふくむ非降雪地帯における大師講の特徴確認など、今後の研究課題は多い。小論は、大師講に注目することによって、「季節の民俗」、とくに雪、さらに「まれびと論の実証」に歩みを進めてみようとした、その中間報告である。

〈註〉

（1）柳田國男「太子講の根源」初出一九三二（『女性と民間伝承』『柳田國男全集6』筑摩書房　一九九八）

（2）柳田國男「二十三夜塔」初出一九五〇（『年中行事覚書』講談社学術文庫　一九七七）

（3）柳田國男編『歳時習俗語彙』復刻版（国書刊行会　一九七五）

（4）森山泰太郎『津軽の民俗』（陸奥新報社　一九六五）

（5）野本寛一「女性山神の系譜」（『焼畑民俗文化論』雄山閣　一九八四）

（6）十二山の神の伝承は、東北地方や長野県などに見られる。

（7）柳田國男「山の人生」初出一九二六（『定本柳田國男集第四巻』筑摩書房　一九六二）

（8）西谷勝也『季節の神々』（慶友社　一九七〇）

（9）西頸城郡郷土研究会『西頸城年中行事』初出一九四一（池田彌三郎ほか編『日本民俗誌大系第七巻「北陸」』角川書店　一九七四）

（10）斉藤武雄『信州の年中行事』（信濃毎日新聞社　一九八一）

（11）中山徳太郎・青木重孝『佐渡年中行事』初出一九三八（池田彌三郎ほか編『日本民俗誌大系第七巻「北陸」』角川書店　一九七四）

(12) 前掲(10)に同じ
(13) 前掲(9)に同じ
(14) 前掲(3)に同じ
(15) 前掲(10)に同じ
(16) 長谷川政春「折口信夫の〝神〟その身体性の意味」(『東横国文学』15 東横学園女子短期大学言語コミュニケーション学科 一九八三)は、折口信夫の「まれびと」その他の来訪神を考えるうえで示唆に富む。
(17) 兵庫県教育委員会編「但馬海岸地区民俗資料緊急調査報告書」初出一九七四(大島暁雄ほか編『近畿の民俗 兵庫県編』日本民俗調査報告書集成28 三一書房 一九九五)
(18) 野本寛一「食と食器の民俗」(櫻井満監修『万葉集の民俗学』桜楓社 一九九三)
(19) この他、若狭地方では「ダイジョコ荒れ」と称したという(金田久璋・森田悌『田の神まつりの歴史と民俗』吉川弘文館 一九九六)
(20) 『北設楽郡史 民俗編』(北設楽郡史編纂委員会 一九六七)
(21) 前掲(9)(11)に見える。また、静岡県の大井川流域にも同様の伝承がある。
(22) 折口信夫「国文学の発生(第三稿)まれびとの意義」初出一九二七(『折口信夫全集第一巻』中央公論社 一九七五)
(23) 前掲(2)に同じ
(24) 前掲(1)に同じ

二　膝塗り――凍結と滑倒の季節にむけて

はじめに

平成六（一九九四）年八月二日、新潟県中魚沼郡津南町大赤沢に住む石沢政市さん（明治三十六年生まれ）をたずねて、サクラマスと栃の実について話を聞いた。そのとき政市さんから聞いた「川ふさぎ一日」のことが、心にかかって離れなかった。

・旧暦十二月一日を「川ふさぎ一日」と称し、この日は川がふさがるほど雪が降る日だといい伝えた。家の流し場の水神さまに団子をあげ、それを家族ですこしずつわけて、食べないうちは川端へいくなといい伝えられていた。

この話を聞いたとき、霏々《ひひ》として降り続ける雪に埋もれる川、雪の秋山郷のイメージが心に広がり、一方、「川ふさぎ一日」と「川浸り一日」とのあいだにはある種の矛盾めいたものがあるのではないかという思いが、心のなかにめばえた。『日本民俗事典』(1)には「川浸り」の項があり、次のように記されている。

「十二月一日のこと。川びたりの朔日とか乙子《おとご》の朔日とも。この日、小豆を食わぬうちに川を渡るなといったり川の神を祭るために餅を川に投げこんだりする。中国地方の一部では水難を防ぐ意で牡丹餅などを膝・肱・額にぬったり食べたりする。関係ある食物には上記の他に、団子・粥・豆腐・茄子の漬物などがある。水難をまぬがれるために食べたり水神に供えたりすることから水神祭に由来する行事だと考えられるが、この日に水神祭をする理由は明らかでない。一方、六月一日に水神祭的要素があるほか、六月十二月には対応する行事がみられることや両月の晦日の大祓いの行事に注目すると、禊祓の場としての聖なる水辺へみだりに入ることを避けようとする観念がまずあり、次に水難を除けるための水神祭という面が出てきたと考えられる」

また、『日本民俗大辞典』(2)にも「川浸り」という項があり、十二月一日の行事についての解説がある。

「川ふさぎ一日」「川浸り一日」について考えなければならないと思っていた矢先、中国山地を歩くなかで、十二月一日に「膝塗り」という行事が盛んにおこなわれていたことを耳にした。日本人が十二月一日におこなってきた行事の淵源はどこにあるのかという深い問いに対する答えは容易には探れないとしても、ここでは、環境と年中行事、なかでも気象環境と年中行事という視点から、従来報告されてきた川浸り一日系の行事と、新たに聞きとりで得た中国山地の膝塗り系の行事を比較して、十二月一日におこなわれてきた行事が内包する一側面を明らかにしてみたいと思う。

1　「川浸り」その他

十二月一日の行事について、まず中国山地以外の事例の一部を以下に引く。

ミズコボシノツイタチ　県下全般に十二月一日をミズコボシノツイタチといい、豆腐を豆ガラにさしていろりの四隅に立て、水をかけつつ焼く。「火伏せ」といい、こうすると炉に水をこぼしても罰があたらぬなどという。火傷をしないようにと、その豆腐を子どもに食べさせるところもある（宮城県名取市愛島《めでしま》）が、豆腐は苞《つと》に入れて川に流すところが多い。また、宮城県伊具郡丸森町《いぐぐんまるもりまち》高松のように、この日、ケッパリモチ（川入り餅）をつき、この餅を食べてからでないと外出しないというところもある（事例Ⓐ＝『日本の民俗・宮城』[3]）。

カワイリモチ・カビタレモチ　十二月一日、浜通りではあずき餅が多い。水難よけの呪いで、あやまって川に落ちたときは「あずき餅食った」といえば助かる。この餅を食わぬうちは川を渡るなともいう。会津の辺でいうカビタレモチは川浸り餅で、子どもの水難予防のための餅をついて水神さまにあげるのだという（事例Ⓑ＝『日本の民俗・福島』[4]）。

川ビタリ餅　十二月一日の朝早く、川ビタリ餅がホリッコ（用水堀）に流れてくるから、早起きして止めるとよいといい伝えられている（事例Ⓒ＝『檜枝岐民俗誌』[5]）。

カビタリモチ　旧十二月一日に屑米でつくる餅。河へ投げて子どもの水難をさける。ツボモチともいう（事例Ⓓ＝『栃木県安蘇郡野上村語彙』[6]）。

カピタリ　十二月一日、水神さまに関係がある日と信じられており、カピタリモチ（川浸り餅）をつくって川に供える。この日、川にいくまえに餅につけるアンをなめる習俗がある。県南の一部では、餅でなくだんごを供えた（事例Ⓔ＝『日本の民俗・栃木[7]』）。

カワパイリ　十二月一日をカワパイリという。カワパイリ餅というオカチンを搗いて、河へ流す（事例Ⓕ＝『常陸高岡村民俗誌[8]』）。

カッペリモチ　十二月一日に餅をついて小さくまるめ、川に投げ入れてくる。カッペリモチ（川入り餅）、カッピタシモチ（川浸し餅）などといい、水神さまにあげるのだともいわれる。「カッペリモチを食べると中風にならない」というところもある。那珂郡大宮町三美などでは、このとき、川の水に尻を浸すものだというい伝えもあった。これは、春に正月をむかえるのにさき立ち、斎戒した名残りの習俗ともみられる（事例Ⓖ＝『日本の民俗・茨城[9]』）。

川びたり　十二月一日。川びたり餅をつくのが各地に共通している。赤城村では、この日は川神を祀る日といって餅を川へ流す。また、馬や牛が川に落ちないように、かならずこの餅を食べさせる。この餅を「寿命の餅」というところ（北橘村）があり、これについて、次のような伝承がある。

昔、十五歳までの寿命をもらった子が、その最後の餅を背負って川遊びにいった。途中、その餅を坊さんに施して、寿命を伸ばしてもらった。

利根村では、右の伝承をうけてか、十五歳の子どもの厄落とし、厄流しだともいう（事例Ⓗ＝『日本の民俗・群馬』⑩）。

カワビタリ　十二月一日、餅をつき、汁粉をつくり、川の神（河童）に供えてから食べると水難にあわないということは、全県的に分布する。鼻にあんこをつけ、川の水に尻をひたすというのも各所にあり、カビタレともいう。市原市加茂では、チジュウモチをつく。この日の餅を沿岸漁村地帯ではハナミダシ、ハナダチといい、安房郡千倉町ではデロロ、デロメといい、漁師は航海安全を祈って必ず食べた（事例Ⓘ＝『日本の民俗・千葉』⑪）。

川流れ正月　県下では、十二月一日を、川流れ（下水内、下高井）といったり、川流れ正月・川越し餅（松本、塩尻、東筑摩）とか、川流れ餅（長野）、川びたり餅（佐久、松本、塩尻、東筑摩）、川ふさぎ（下水内）などといっている。このような呼び方から、県内でもこの日の行事は、川流れを防ぐ水難よけのための行事や、川へ入ることを意味する「禊」「祓い」に意義をもたせていたものだということがわかる。これらは、その行事内容からもうかがえる（事例Ⓙ＝『信州の年中行事[12]』）。

乙子の朔日　旧十二月一日、川渡り餅（稲鯨、河内、松崎）、川流れ餅（久知、松崎）、川フタギ餅（猿八）などといい、餅か牡丹餅か小豆飯に、茄子漬けを食うところが多い（事例Ⓚ＝『佐渡年中行事[13]』）。

カワフタリ　師走一日をカワフタリというところは根知・西海で、小滝ではカブタリといった。西海では、川向こうに作地をもっていて、いつも川の厄介になる人たちだけが、餅を搗いて川へもっていき、「この餅を川の神様へあげます」といって流す。昔、上早川では、この日を案山子祭りとして、フクデ餅を川へ流したという。根知では、禅宗の者ばかりが、コシキにかけた物を必ず食わんならんといった。それは、釈迦が一週間の行に川へはいらっしゃる日だからで、餅を搗いてノノサンに据えるのである。このときの餅だけは長方形で、井形に五重にするという。ノノサンというのは、仏のことである（事例Ⓛ＝『西頸城年中行事[14]』）。

カワビタリ　東山梨郡勝沼町では、十二月一日をオカワビタリ（お川浸り）とかオカワベッタリといって、三角に折った紙を竹ヒゴにさして川端や井戸端に立て、おはぎやぼた餅を供える。東八代郡芦川村では、ぼた餅をしゃもじにのせて井戸に入れ、あとを見ないで帰る。都留市東桂でも川で同様な作法をおこない、帰ってからカビタリモチ（川浸り餅）を食べる。子どもたちには、川にいって川の水に尻をつけてこないとカビタリモチは食べさせないといった。

富士吉田市の馬のある家では、鍋のふたにぼた餅をのせて「上手に川を渡れ」といって馬に食べさせた。こうすると河童が馬にいたずらをしないという。

この日はツキヤノイワイ（搗き屋の祝い）ともいって、共同水車の連中がお日待ちをして、水車にもぼた餅を供えた。都留市大幡では、この日の餅をシアンモチ（思案餅）ともいい、機織りをする女工たちがこの餅を食べながら奉公年季の更新を思案したといわれる。どこの家でも、この日は汁粉をつくって彼女らにふるまい、次年度の奉公を約束させたという（事例Ⓜ＝『日本の民俗・山梨』[15]）。

カワビタリの朔日　十二月の一日をカワビタリもしくはカワビタリノツイタチと称するところが東日本に広くあり、東北地方南部から関東を経て山梨、そして静岡県の東部、伊豆におよんでいる。カワビタリは「川浸り」の意で、この日は必ず川にいって供物をし、尻を浸してくるという。これも、伊豆の北半分、内陸部や海岸部でも広く聞かれる伝承であった。

内浦湾の沼津市長浜では、この日の朝はやくぼたもちをつくって新しいカヤの箸で食べ、川の水ための渕にもこれを供えてくる。同じく立野では、ぼたもちをサンダワラにのせて流しており、子どもが水におぼれないようにといっていた。三津でも、ぼたもちを川に流し、子どものできない人はそのあと尻を洗ってカワビタリの神さまに子どものできるようたのんだ。

一方、東海岸の熱海市でも、川に尻をつけるのは子どもが河童に尻を抜かれぬようにするためといい、伊東市富戸では、カワビタリのボタモチを食べないと橋を渡れないとまでいう。内陸部のサト・ヤマでもこの伝承は根強く、とくに大仁町、修善寺町、中伊豆町、天城湯ヶ島町あたりの伊豆中央部によく聞かれる。狩野川の近く、大仁町白山堂では、かつてはこの日、どの家も近くの洗い場に出てぼたもちを供え、子どもたちに、そそうのないように尻を洗ってこいと命じていた（事例Ⓝ＝『静岡県史』資料編23・民俗一[16]）。

オトゴツイタチ　中河内豊津村、北河内氷室村、摂津池田村では、オトゴツイタチといって氏神に参拝する。摂津川辺郡東谷村では、鳥が鳴かないうちに夏漬けのナスビの漬けものを食べると水に溺れないという。摂津西能勢村・田尻村では、早朝にぼた餅を神さまに供えて茄子の漬けものを食すと川にはまらないという。泉南熊取村・北河内友呂村では、この日小豆飯を食すという（事例Ⓞ＝『大阪府下年中行事』[17]）。

カピタリモチ・ミミフタギモチ　十二月一日、餅を搗く。撒き餅ほどにしたものを左右の手にもち、両耳をおさえて「悪いこと聞くな」と唱え、次に餅を耳から離して「よいこと聞け」と唱える。このような呪いを終えてから、餅を那珂川に流した（事例Ⓟ＝栃木県大田原市片田・斎藤エキさん・大正八年生まれ）。

カピタリモチ　十二月一日、カピタリモチのアンコを舐めるまえに橋をわたってはいけないと伝えた（事例Ⓠ＝同南方・菊池松男さん・大正十一年生まれ）。

カワピタリモチ　十二月一日、カワピタリモチを搗き、灌漑用水に流した（事例Ⓡ＝同滝沢・赤羽康男さん・昭和四年生まれ）。

2　「膝塗り」の実際

十二月一日に「膝塗り」と称する行事をおこなう地は、広島県、島根県、鳥取県、岡山県の広域におよんでいる。すでに報告されているものは、次のように紹介されている。

広島県

・ヒザヌリ・旧十二月一日。備北の神石郡《じんせきぐん》豊松村（現・神石高原町）や比婆郡東城町《ひばぐんとうじょうちょう》（現・庄原市東城町）塩原では、足がじょうぶになるようにと、もち米をたいてひざに塗る[18]（広島①）。

島根県

・島根県大原郡加茂地方では、十二月一日、膝塗りといい、朝、小豆団子を炊いて膝の上に「転んでもすぐおきるように」といい、塗るまねをしてからいただく[19]（島根①）。

・島根県能義地方、膝塗り、十二月一日、餅或はぼた餅をこしらへ小さくちぎって膝・肘・鼻・額などに塗り、「師走川へまくれませんように」と云って拝んで食ふ。さうすると転んだ時傷をするやうなことがない[20]（島根②）。

・因幡・伯耆《ほうき》もふくむ。十二月一日を因幡では乙朔日といい、小豆飯に茄子の味噌漬けを添えて神棚に供え、皆もいただく。伯耆と出雲の安来・能義地方では膝塗りといい、餅をついたり、ぼたもちをつくったりして、それをちぎって肱や臑にあて、「師走川まくれませんようにに」といって食う。西出雲では顔直しといい、この日には泣き顔を見せてはいけないという。隠岐島でもこの日には子どもがすべっても、餅がすべったといって泣かせないようにした。西石見では川渡りといい、やはり餅をついたり、ぼたもちをつくったりし、また茄子の味噌漬けを食べるという伝承もある。こういうふうに、ばらばらではあるが、また共通した部分もある。そういうところを総合してみると、この日はもともと正月を前にして水の神の祭日であったらしいのである[21]（島根③）。

鳥取県

・オトヅイタチ・十二月一日をオトガツイタチともいう。あずき飯とミソゴウコ（大根なすびの味噌漬け）をそえて神仏に供える。「ヒザヌリ・ヒザノリ」ともいう。朝ぼたもちをつくり「シワスガワにころばぬように」ととなえながらひじやひざにぬるまねをしていただく。「ことしもあと一月、ころばぬように、あやまちがないように」とのことであろうといわれている。この日、ミソゴウコを食べると水難をのがれるともいわれている。水の神を祀ったなごりでもあろうか。六月一日の水の神祭りと似たところがある[22]（鳥取①）。

岡山県

・オトヅイタチのヒザヌリ・十二月一日のことでミテのツイタチともヒザヌリともいう。餅をついたり、おはぎやあずき飯（赤飯）などもち米のはいったものをつくり、お酒といっしょに神さまに供える。昔は、鳥の鳴かぬうちに、なすを食べ、足の裏に油をぬったり、未明から寺社へ詣でたという。朝、ぼた餅を食べるとき、少しぼた餅を箸で両膝に塗るかっこうをして「師走川にこけませんように」と唱えてから食べる。両膝・両ひじ・額の五か所にちょっとつけ初めして、いただく[23]（岡山①）。

・オト朔日＝十二月一日。餅搗きをする。茅見では、膝ぬりボタモチといって、箸でボタモチをはさんでその手を膝の上に載せ、膝に塗る恰好をしながら、「師走の川にこけませんように」と唱えて食べる（岡山県真庭《まにわ》郡《ぐん》新庄村《しんじょうそん》茅見[24]＝岡山②）。

・ハゼ（煎り米）と茄子の味噌漬を食べる日だともいう（同苫田《とまた》郡《ぐん》富村[25]＝岡山③）。

・十二月一日をオトヅイタチというが、この日、牛馬の鳴き声を聞く。正月十六日まで声を立てられないから、今のうちに鳴き声を立てるのだという。これをオトマゴイという。また、この日から正月四日のモチゾメまで肥料を手にしてはならなかった（同旧久米郡福渡町[26]＝岡山④）。

以下に、筆者が平成十一（一九九九）年から十三（二〇〇一）年にかけて収集した聞きとり資料を示す。

広島県庄原市比和町《ひわちょう》古頃《こごろ》　旧暦十二月一日朝、山仕事に出かけるまえにオハギをつくる。オハギを皿に盛り、女は正座し、男は胡坐をかいて、箸で肘と膝にオハギを塗りつける所作をして、「師走の川に落ちませんように」と唱えた。これを「ヒザヌリ」と称した（事例①＝熊原富枝さん・大正十四年生まれ）。

広島県庄原市比和町三河内《みつがいち》　十二月一日、ボタモチをつくる。ボタモチを箸にはさんで膝の上でまわし、「どうぞ川に落ちませんように、橋をお守り下さい」と唱えた。これを「ヒザノリさん」と称した（事例②＝高野町上里原在住・長桜ふくみさん・昭和十一年生まれ）。

広島県庄原市西城町油木《ゆき》　旧暦十二月一日、餅に小豆餡をまぶし、「師走川へこけますまい」と誦しながら膝に塗るまねをした。呪いのあと、餡餅を食べた。この行事を「ヒザヌリ」と称した（事例③＝藤綱讜さん・大正二年生まれ）。

広島県庄原市東城町井河内《いごうち》　十二月一日、トリツケ（餅に小豆餡をまぶしたもの）またはボタモチをつくり、「ヒザヌリです」と申して牛地蔵の顔にそれらを塗りつけ、「風邪をひかぬよう」「牛がよう育つよう」「膝や臑が痛うならんように」と唱えて祈った（事例④＝柳生薫さん・大正十五年生まれ）。

広島県庄原市東城町森　十二月一日、ボタモチをつくり、「ヒザヌリ」と称してボタモチを箸ではさんで両膝に塗る真似をする行事があったと、母から聞いた（事例⑤＝森川太朗さん・昭和六年生まれ）。

広島県神石郡神石高原町小野　旧暦十二月一日、「ヒザヌリ」と称して、飯を箸ではさんで両膝につけ、怪我をしないようにと拝んだ（事例⑥＝赤木マサエさん・大正六年生まれ）。

島根県仁多郡奥出雲町横田　十二月一日、小豆雑煮をつくり、それを膝、肘、額に塗る真似をしながら「まくれても怪我をせんように」と唱えた。これを「ヒザヌリ」と称した（事例⑦＝藤原フデヨさん・大正十三年生まれ）。

島根県雲南市三刀屋町《うんなんしみとやちょう》粟谷　旧暦十二月一日、餅を煮て椀に入れ、箸ではさんで膝に塗りつける真似をしながら「足が痛まぬよう、丈夫になるように」と唱えた。家族全員でこれをおこなってから餅を食べた。「ヒザヌリ」と称した（事例⑧＝板垣正一さん・大正六年生まれ）。

鳥取県西伯郡伯耆町《さいはくぐんほうきちょう》古市　十二月一日、ボタモチをつくり、箸ではさんで膝にのせ、「転ばないように」「滑らないように」と唱え、拝んでから食べた（事例⑨＝富士金良さん・大正十一年生まれ）。

鳥取県西伯郡伯耆町栃原　十二月一日、オハギをつくって神棚に供える。各自がオハギを箸ではさみ、肘と膝につけて「滑らぬように」と唱えてから食べた。これを「スネヌリ」と称した。十二月一日は雪が一メートほど積もることが多かった（事例⑩＝林原忠義さん・大正七生まれ）。

鳥取県日野郡日野町横路　十二月一日、ボタモチをつくり、家族で膝に塗る真似をして、「転ばぬように、転んでも怪我せぬように」と唱えてから食べた。これを「ヒザヌリ」と称した（事例⑪＝柴田久子さん・大正二年生まれ）。

鳥取県日野郡日南町《にちなんちょう》神戸上　十二月一日、ボタモチをつくり、家族全員の膳に配した。各人はボタモチを手にもって、「むくれんように、こけんように」と唱えてから食べた。これを「スネヌリさん」と称した（事例⑫＝中田英男さん・大正八年生まれ）。

岡山県新見市《にいみし》千屋　旧暦十二月一日、トリツケかボタモチをつくり、箸ではさんで膝に塗る真似をして「雪道にこけませんように」と唱えた。これを「ヒザヌリ」と称した（事例⑬＝上田健吉さん・大正十一年生まれ）。

岡山県新見市神郷《しんごう》油野《ゆの》　十二月一日、ボタモチをつくって神棚に供え、家族全員でボタモチを箸ではさんで膝に塗る所作をし、「怪我をしないように」と唱えてから食べた（事例⑭＝普門秀雄さん・昭和四年生まれ）。

岡山県新見市哲西町《てっせいちょう》大野部《おおのべ》　十二月一日、ボタモチをつくって膝に塗る所作をし、これを「ヒザヌリ」とする行事があり、父の代まではおこなったという（事例⑮＝沖津隆治さん・昭和七年生まれ）。

岡山県新見市哲多町《てったちょう》矢戸《やと》　十二月一日、小豆飯を炊き、茶碗に入れたまま膝の上に乗せ、「転んでも怪我せんように」と祈ってから食べた（事例⑯＝宗本竹雄さん・大正十五年生まれ）。

岡山県高梁市《たかはしし》備中町《びっちゅうちょう》志藤　旧暦十二月一日、オトツイタチと称して赤飯を炊き、赤飯を膝の上に乗せ、膝が丈夫になるように祈った。これを「ヒザノリ」と呼んだ（事例⑰＝芳賀恒治さん・大正十五年生まれ）。

岡山県新見市大佐《おおさ》大井野《おおいの》中　旧暦十二月一日、餡餅を皿に盛り、「師走の川におちんように」と家族全員で唱えながら膝の上でまわして祈った。これを「ヒザヌリ」と称した（事例⑱＝山下定夫さん・大正八年生まれ）。

岡山県新見市大佐大井野下　旧暦十二月一日、オトツイタチと称し、この日トリツケまたはオハギをつくって皿に盛り、箸でオハギやトリツケを膝、肘に塗る所作をして「師走川にこけませんように」「清水川に落ちませんように」と祈ってから食べた（事例⑲＝佐藤喜久さん・昭和四年生まれ）。

岡山県新見市大佐君山　十二月一日、オトツイタチと称してボタモチをつくって食べたが、ヒザヌリはしなかった（事例⑳＝国司田武さん・大正九年生まれ）。

岡山県新見市大佐定藤　十二月一日、「ヒザヌリ」と称してボタモチをつくって食べた（事例㉑＝山川照夫さん・昭和二年生まれ）。

岡山県真庭郡新庄村野土路　十二月一日、ボタモチをつくって食べた。ただし、小学生のころ幸町の親戚に通学のため下宿していたころ、その家の老夫婦が十二月一日、「ヒザヌリ」と称して次のことをおこない、自分も実際におこなったことがある。膳にボタモチを配し、各人はボタモチを箸にはさんで膝の上でまわした（事例㉒＝稲田栄作さん・昭和八年生まれ）。

3　「膝塗り」に託された願い

「川浸り」で紹介した事例は十二月一日の行事についてのもので、東北地方南部から関東、中部日本を中心としたものに、一部近畿地方の例を加えたものである。このほかにも多くの資料があるが、紙幅の関係で右にとどめた。ここに引いた資料のみでも、従来「カワビタリ」「カワビタリツイタチ」として概括されてきた行事の概要が理解できる。以下、いくつかの特徴を確認する。

まず注目すべきは、すべての事例が「川」とのかかわりを前提としておこなわれているという点である。一部に井戸が登場するが、「川」が重要な場となっていることは明らかである。次に、この日、餅またはぼた餅をつくって川に流す例が多いことである。事例Ⓐは豆腐であるが、事例ⒹⒻⒼⒽⓁⓅⓇは餅、事例ⓂⓃはぼた餅である。事例Ⓒは餅が上流から流れてくるというのであるが、これも、餅を川に流すことを前提とした伝承である。餅を川に流すという儀礼は、餅を水中に投供するということであり、その対象は水神と考えるのが妥当であろう。それは、事例ⒷⒺⒼⒽⓁⓃなどに水神およびそれに準ずる対象が明示されていることともかかわる。事例Ⓘや事例Ⓝには河童が登場する。事例ⒷⒹⒾⒿⓂⓃでは目的・効用として「水難除け」が語られている。河童は水神の負の側面たる水難の要因として意識されており、河童も水難の枠で考えることができる。また、餅を食わぬうちは川を渡るな（事例Ⓑ）、餅を食わなければ橋を渡れない（事例Ⓝ）、餅を食べてから外出、川にいくまえにアンを舐める（事例Ⓔ）、橋を渡るまえにアンを舐める（事例Ⓠ）などといった伝承もあり、これらも水難除けを語るものといえよう。さらに注目すべきは、事例ⒼⒾⓂⓃなどに、この日、川の水に尻をつけひたすという儀礼行為をおこなったという点である。事例の数は圧倒的とはいいがたいが、この行為が、行事名称ともっとも深くかかわると考えられるからである。

カワビタリ（事例ⒸⒹⒽⒾⒿⓃ）、オカワピタリ（事例Ⓜ）、カワピタリ（事例Ⓠ）、カビタリ（事例Ⓜ）、カピタリ（事例ⓅⓆ）、カビタレ（事例Ⓑ）、カワフタリ（事例Ⓛ）、カブタリ（事例Ⓛ）などは、人が川に浸ることを意味する「川浸り」を基本とするものである。次に、カワイリ（事例Ⓑ）、カワパイリ（事例Ⓕ）、カッペリ（事例Ⓖ）、ケッパリ（事例Ⓐ）などがあり、これも「川入り」で、基本的には川浸りと同義である。ほかに、カワフサギ（事例Ⓙ）、カワフタギ（事例Ⓚ）、カワゴシ（事例Ⓙ）などがあるが、「川浸り」「川入り」が主流である。別にオトゴツイタチ・オトゴノツイタチがあるが、これは月日の別称であり、儀礼内容を象徴するものではない。

次に、中国山地においておこなわれてきた十二月一日の「膝塗り」「臑塗り」の特徴を眺めてみよう。

まず特徴的な儀礼としては、膝、肘、額などにぼた餅、小豆餡の餅などを箸にはさんで塗る所作を演じる点があげられる。こうした所作にもとづいて、この儀礼の呼称が「膝塗り」に集約されてきたようすがわかる。そして、この所作にともなって祈願の詞が誦されるのであるが、そのひとつに、「師走川へまくれませんように」（島根②）、「師走川へこけますまい」（事例③）などがあり、同様に、「師走川」を唱え、転落防止を願うものが、島根③、岡山①、岡山②、事例①⑱⑲などに見られる。「師走川」を唱えないで、川へ転落することの防止を祈るものに、事例②がある。「川浸り」の項で見たとおり、十二月一日の儀礼が川と深くかかわるものであり、なかに水難防止を祈るものが見られることは、すでにたしかめたとおりである。

中国山地の事例にも右のとおり「川」を意識したものが見られ、しかも水難が語られている。しかし、中国山地の事例においては、「師走川」と「転落」がキーワードとなり、転落は「こける」「まくれる」という方言によって示される。川浸り地帯よりもより具体的に「難」が語られていることに気づく。

さらに注意してみると、中国山地の事例には、川から離れた「難」、必ずしも「川」とは限らないこの季節の災難を語るものがすくなくないのである。「転んでもすぐおきるように」（島根①）、「転んだ時傷をするやうなことがない」（島根②）、「子どもが滑っても……」（島根③）、「ころばぬように、あやまちがないように」（鳥取①）、「怪我をしないように」（事例⑥）、「まくれても怪我をせんように」（事例⑦）、「転ばないように」「滑らないように」（事例⑨）、「滑らぬように」（事例⑩）、「転ばぬように、転んでも怪我せんように」（事例⑪）、「むくれんように、こけんように」（事例⑫）、「雪道にこけませんように」（事例⑬）、「怪我をしないように」（事例⑭）、「転んでも怪我せんように」（事例⑯）など――。このように、川から離れての転倒・滑倒の防除を祈願するものが多く、むしろ川に限らないほうが一般的だといえる。これに、先に見た「師走川」とのかかわりでの「まくれる」「こける」を加えると、「転倒」が圧倒的となる。さらにまた、「足が丈夫になるように」(広島①)、「膝や臑が痛うならんように」(事例④)、「膝が丈夫になるように」(事例⑰)なども、これらの近縁にあるといえよう。

こうして見てくると、中国山地の「膝塗り」は明らかに「川浸り」地帯の十二月一日の行事とは異なり、明確な目的のもとにおこなわれていることがわかる。旧暦十二月一日という時期は、降雪・凍結がはなはだしくなる寒冷期であり、山道や狭く小さな橋が凍結して滑りやすくなる季節である。そうした道での滑倒・転倒は大怪我のもとであり、滑落などにつながれば命とりになる。滑倒・転倒した際にもっとも痛めやすい部位は「膝」であった。「肘」がそれに次ぎ、「額」も傷つけやすい。その膝を対象として、そこにぼた餅や餅を塗りつける所作は、たしかに、滑倒・転倒から膝を守り、体を守る呪的儀礼となったのである。

地形環境と気象環境とが合して、危険な道路凍結や渡渉点凍結・橋の凍結などが生じる。中国山地でくり広げられた十二月一日の「膝塗り」は、地形環境・気象環境を基盤とし、さらに、それらへの対応として発生したものと考えることができる。年中行事は四季の変化、一年の時間の流れのなかで展開されるものであるから、気象条件と深くかかわる部分があるのは当然のことである。こうした視点に立ってみると、岡山①にある「昔は、鳥の鳴かぬうちに、なすを食べ足の裏に油をぬったり……」[27]が重い意味をもって浮上してくる。平成七(一九九五)年十二月九日、鳥取県八頭郡智頭町上板井原の平尾新太郎さん(明治四十一年生まれ)から次のことを聞いた。

・十二月八日は「八日吹き」と称し、吹雪が吹き荒れる日だと伝えられた。この日には竹串の下側に輪切りの大根を刺し、その上に板型の豆腐を刺し、囲炉裏の火で田楽焼きにして食べる。この田楽を食べると吹雪に逢わないと伝えている。これとは別に、この日、家族全員で足の裏に菜種油を塗った。

十二月一日と十二月八日と日は異なるが、足の裏に油を塗るという呪的行為が岡山①と右の例とで共通している。この行為が、凍傷除け、雪焼け除け、寒さ除けの呪的儀礼であることは容易に推察される。このように、冬季の年中行事のなかには、凍結に起因する怪我の防除や凍傷除け、吹雪除けなど、気象環境にかかわる要素を多く見出すことができるのである。

さて、ここで、十二月一日についての柳田國男の見解を見ておきたい。柳田は「年中行事[28]」のなかで次のように述べている。

「旧十二月の朔日は六月の朔日と相対して、今でも水と関係ある一日であった。土地によって差はあるが、色々意味の深さうな作法と言ひ伝へが残って居る。水の恵みは稲作国にとって、忘れ難いものであり、以前は専らこれを田の神の神徳として礼讃したのであらうが、今ではこの両日とも水の災ひ、ことに河童の害をよけるといふやうな方へ、傾いて居るのは変遷である。六月は水のついたち鬼の朔日、又は衣（キヌ）脱ぎ朔日とか剝（ムケ）節供とかいふ類の由来を考へて見ると面白い名称も多いのだが、結局は昔から定まった食物を調へて、静かに話でもして休む日であった。十二月も是と同様に、必ず餅を搗いて神に供へ、又自分たちも食べることにして居る。九州の一部ではネバリモノ朔日、其他流れ餅だの川飛び餅だのといふさまぐの異名はあるが、何れも之を食べぬうちに川を渡ると、水の霊に取られるといふ俗信を伴なひ、或は腹一ぱい食ってから後に、わざぐ流れに尻を浸しに行くといふ処もある。中国地方などは数県に亘って、膝ぬり餅といふ名が今もあって、この餅を膝にぬってさへ置けば、川を越してもあやまちは無いと言って居る。いくら悠長な時代でも、是ただ一つの為に一つの年中行事を設定した気づかひは先づ無いのだから、何かもっと強い理由が別に有ったと思ふ。私たちの心づくのは、この二度の朔日には、共に前からの準備があった。殊に十二月の方は数日にわたって、普通でない日が前にあり、土地によってはそれを忌とも謂って居た。さうして他の一方には両月とも、更に大切な節日が其後に又来るので、六月は七日と十五日、十二月は八日と十三日とが、今なほよく知られた行事の日であった。月の盈ち欠けを目標とした太陰暦の時代には、朔日くらゐ目立たぬものは無かったらう。よほどそのつもりで気をつけて居らぬと、今日から月がかはるといふことを知らずに居る。そんな月を目あてにして、節折目を設けるといふことはしない筈である。乃ち前月の末の近く、未明に起き出して眉のやうな細い月が、まだ東の山に残って居る頃から、気をつけてかぞへて居なければならぬ日であった。暦が小さな本又は一枚刷になって、端々の村にまで配給せられ、そこに幾人かのそれを読んでわかる者が出来てから、年中行事の統一は急に進んだのだが、さうなったのもあまり古いことではない」

右に引いた柳田の見解は示唆深いものではあるが、柳田自身、十二月一日の行事について特定の結論を示してはいない。十二月一日を六月一日との対応で考えようとしていること、水にかかわるこの行事の淵源を稲作と結びつけて考えていること、年中行事の内容や意識には変遷があるとしていること、六月・十二月ともに行事の連続的展開があり、その帰着点に「祓い」や盆・正月の存在を想定していること、一日という日は太陰暦では目立たぬ日で節日になりにくいこと、などを述べている。

冒頭に引いた『日本民俗事典』における田中宣一の解説[29]は右の柳田説をふまえたものであり、穏当なものといえよう。柳田は、稲作にかかわる水神祭を水源に見て、「河童の害をよけるやうな方へ傾いている」としているが、先に示した事例群からすれば、けっして河童がこの行事の主流にかかわるものではない。川の難は、夏は増水、冬は凍結や寒冷による渡渉難である。冬季の川の難を河童に集約することには無理があろう。

先に見たとおり、「川浸り」系には餅やぼた餅を川に投供する例が多い点に注目すると、この行事が川の神・水神を祭るものであることはまちがいないのであるが、祭りに際しての祈願内容は明確ではない。「川浸り」という呼称が圧倒的な地域が存在する点からすれば、事例Ⓖの解説で藤田稔が述べている、「これは〈正月〉を迎えるにさき立ち、斎戒した名残の習俗ともみられる」という見解[30]も魅力あるものとなる。ただし、「尻を浸す」という行為がいかにも異様である。「尻」からして河童の尻ぬきを連想することもできるが、冬季の川に河童はしっくりこない。一方に、「膝塗り」「肘塗り」などの人体の特定部位を選んでの呪術儀礼があることからすると、「尻」もまた「尻餅」につながり、凍結による転倒防止を願う心意と脈絡をもつとも考えられる。さらにまた、寒冷期に裸の尻を水に浸すという行為と寒中の水垢離、寒中水泳、裸参り、裸足参りなどとの脈絡も考えられる。ここで想起されるのが、『改訂綜合日本民俗語彙』[31]にある「カンダンゴ」の解説である。

「愛知県北設楽郡で寒の入りに食う団子。ころんでも「寒団子を食ったよ」といえば怪我をしないといわれ、カワビタリモチと共通なものである」

ここでいう怪我は当然、寒冷期ゆえの凍結、それに起因する滑倒・転倒の怪我と考えられる。先に引用した事例Ⓑには、「あやまって川に落ちた時は「あずき餅食った」といえば助かる」とある。

先に中国山地における「膝塗り」に関して凍結に起因する怪我について述べた。ここで注意しておきたいことは、「川浸り圏」にも「膝塗り圏」にも、ともに渡河、河川渡渉、橋などが登場することである。「川向うに作地をもっていて、いつも川の厄介になる人たちだけが、餅を搗いて川へもって行き……」(事例Ⓛ)。「鍋のふたにぼた餅をのせて〝上手に川を渡れ〟と言って馬に食べさせた」(事例Ⓜ)、「カワビタリのぼた餅を食べないと橋を渡れない」(事例Ⓝ)、「川渡り」(島根③)、「橋をお守り下さい」(事例②)などがそれである。[32] 川を渡るという行為を、現在見るような安全性の強いコンクリート製の構造橋を前提として考えてはならない。

十二月一日の行事が盛んにおこなわれていた時代、その行事が生成された時代には、「流れ橋」「丸木橋」のごとき粗製の橋だったのである。加えて、その時代は地球温暖化による今日的な暖冬ではなかったのである。冬季に、凍結したこのような橋を渡ることは、危険きわまりないことだった。右のような伝承、「膝塗り圏」の祈願詞「師走川にこけますまい」などは、そうした事情を前提として考えるべきであろう。

事例Ⓜは、馬の渡河に関する伝承である。事例Ⓗにも、「牛馬が河に落ちないようにかならずこの餅を食べさせる」とある。牛馬は尊い財産であり、家族の一員であった時代、牛馬の滑落死は絶対に防がなければならなかったのである。鳥取県西伯郡伯耆町栃原の林原忠義さん(大正七年生まれ)は、鍛冶屋兼蹄鉄屋として働いた。林原さんによると、馬力馬には、冬季、氷上鉄といってイボの四個ある蹄鉄を打ち、かつ藁沓《わらぐつ》をはかせたものだという。凍結した路上で重い車をひく馬の滑倒を防ぐために苦心していたようすがわかる。

こうしてみてくると、十二月一日の行事は、中国山地のみで凍結による転倒・滑倒防止が祈願されたものではなく、川浸り圏にも同じ要素が底流していることがうかがえる。

さて、やや間をおいたが、ここで、先に指摘した「寒の入り」と「十二月一日」の伝承の類似性にもどりたい。寒の入りに、極寒期における転倒、怪我、その他の厄災を防除せんとする儀礼がおこなわれたのと同様に、十二月一日という本格的な寒冷期の入り口においても寒冷期中の転倒、滑倒、滑落などを防がんとする儀礼がおこなわれていたと考えられるのである。中国山地においては「膝塗り」という行事においてこれを明らかにすることができたのであるが、「川浸り圏」ではそこまで明言はできない。しかし、師走川に餅やぼた餅を投供し、水神・川の神を祭り、厄難防除を願うというそれは、究極において、氷・雪・凍結などをもたらすものも水神だと意識したからではあるまいか。渡河・渡橋にかかわる危険、川への転落は、冬季においては川や橋・道の凍結に起因するものがほとんどであろう。「川浸り」という呼称の背後には、本格的な寒冷期の入口で、川に浸ることによって、冬季の凍結・寒気などの諸害を除けようとしたものと考えることができよう。

柳田が説くごとく、たしかに月の一日は、月の盈虚という観点からすれば節日になりにくい日ではあるが、冊子化された暦や「寒」の概念がなかった時代でも、本格的な寒冷期に入るまえの闇の一日を、寒冷期の危難を避けるための日として意識したことは考えられる。夜道はすくなかったにせよ、闇は極めて危難の多い時間である。その闇夜めぐりの日に、寒冷・凍結の危険などに対する心構えをあらたにしたと考えるのである。

冒頭に引いたとおり、新潟県中魚沼郡津南町大赤沢では十二月一日のことを「川ふたぎ一日」と呼び、この日は「川がふさがるほど雪が降る」と伝えているのである。このほかにも、事例Ⓙに「川ふたぎ」（下水内）、事例Ⓚに「川フタギ餅」（猿八）があることからすれば、長野県の一部から新潟県にかけて、十二月一日を「川ふたぎ」とする地域があったことがわかる。雪によって川が塞がるというのは、たしかにその危険性を示すことにもなるが、この日を川にかかわる物忌みの日と見ていた匂いがある。(33)例えば、この日以降、川のサケ漁を休止するといった内容も推察されるのであるが、これも詳細な調査を待たなければならない。エビス講の夜のサケのオオスケ伝承が暗示するサケ漁の禁忌、(34)十二月十四日、水神祭りの十五日のまえの晩、サケ網の目を儀礼的に一～二目切っておくという行為(35)などとの関連も考えたい。柳田の指摘する、連続する行事に底流する禁忌の全貌はつかみがたいが、十一月下旬からはじまる大師講（十一月二十三日）、十二月一日、十二月八日、十二月十三日、十二月十四日・十五日などの諸行事の連続性や、逆に、伝承や儀礼要素の各行事への分散は、地域性に目を配りながら細かく見つめてみる必要があろう。「大師講吹き」「大師講荒れ」「跡隠し雪」(36)「八日吹き」「八日荒れ」、それに、これまで見てきた十二月一日の「膝塗り」「川ふたぎ」などについてさらに考えてみたい。

十二月一日の行事儀礼の本義を究明するためには、行事儀礼、伝承内容、行事呼称などの地域性、その地域性のなかにおける行事内容の変遷、さらには時間的に連なるその前後の行事などについても詳細な調査を重ねる必要があろう。ここではそのためのひとつの小さな緒を報告したにすぎない。

〈註〉

(1) 田中宣一「川浸り」(大塚民俗学会編『日本民俗事典』弘文堂 一九七二)
(2) 菊池健策「川浸り」(福田アジオほか編『日本民俗大辞典』上 吉川弘文館 一九九九)
(3) 竹内利美『日本の民俗4 宮城』(第一法規 一九七四)
(4) 岩崎敏夫『日本の民俗7 福島』(第一法規 一九七三)
(5) 今野圓輔『檜枝岐民俗誌』(刀江書院 一九五一)
(6) 倉田一郎『栃木県安蘇郡野上村語彙』(寧楽書院 一九三六)
(7) 尾島利雄『日本の民俗9 栃木』(第一法規 一九七二)
(8) 大間知篤三『常陸高岡村民俗誌』(刀江書院 一九五一)
(9) 藤田稔『日本の民俗8 茨城』(第一法規 一九七三)
(10) 都丸十九一『日本の民俗10 群馬』(第一法規 一九七二)
(11) 高橋在久・平野馨『日本の民俗12 千葉』(第一法規 一九七四)
(12) 斉藤武雄『信州の年中行事』(信濃毎日新聞社 一九八一)
(13) 中山徳太郎・青木重孝『佐渡年中行事』(民間伝承の会 一九三八)
(14) 西頸城郡郷土研究会『西頸城年中行事』初出一九四一(池田彌三郎ほか編『日本民俗誌大系第七巻「北陸」』角川書店 一九七四)
(15) 土橋里木・大森義恵『日本の民俗19 山梨』(第一法規 一九七四)

(16)該当項目執筆者は富山昭（静岡県教育委員会『静岡県史　資料編23　民俗一』静岡県　一九八九）
(17)南要編『大阪府下年中行事』（和泉郷土研究会　一九三九）
(18)藤井昭『日本の民俗34　広島』（第一法規　一九七三）
(19)末次福三郎「出雲大原郡加茂地方の年中行事」（『山陰民俗』9号　山陰民俗学会　一九五六）
(20)飯塚チカヨ「お忌さんその他　能義地方」（『島根民俗通信』8号　島根民俗通信部一九四八）
(21)石塚尊俊『山陰民俗一口事典』（松江今井書店　二〇〇〇）
(22)四宮守正『日本の民俗31　鳥取』（第一法規　一九七二）
(23)土井卓治・佐藤米司『日本の民俗33　岡山』（第一法規　一九七二）
(24)桜井徳太郎『季節の民俗』（秀英出版　一九六九）
(25)前掲（24）に同じ
(26)前掲（24）に同じ
(27)前掲（23）に同じ
(28)柳田國男「年中行事」初出一九四九（『柳田国男全集18』筑摩書房　一九九九）
(29)前掲（1）に同じ
(30)前掲（9）に同じ
(31)柳田國男監修・民俗学研究所編『改訂綜合日本民俗語彙』（平凡社　一九七〇）
(32)このほか、たとえば静岡県の藤枝市蔵田には「師走川渡らぬ先にツボ餅を」（藤田賢一さん・明治三十五年生まれ）といった口誦もある。
(33)野本寛一「始原生業複合論ノート　秋山郷・伊那谷から」（『信濃』第48巻第1号　信濃史学会　一九九六）
(34)野本寛一「生態伝説と民俗モラル」（『生態民俗学序説』白水社　一九八七）
(35)赤羽正春『越後荒川をめぐる民俗誌　鮭・水神・丸木舟』（アペックス　一九九一）
(36)前掲（23）に同じ

三　コト八日と太陽

はじめに

「コト八日」と呼ばれる不思議な日がある。二月八日と十二月八日を、とりたててこう称するのである。コト八日にかかわる伝承や行事の内容は多彩で、一様ではない。対して、近畿地方や中国地方には「春ゴト」が伝えられるが、月日は一定していない。また、遠く離れた沖縄でも十二月八日に特定の行事をおこなう。柳田國男もこの問題に心を寄せ、「年中行事」[1]『月曜通信』[2]「神送りと人形」[3]などでさまざまな角度から光をあてたが、コト八日の問題がすっきりと解決されたとはいいがたい。ほかにも、山口貞夫、西谷勝也、富山昭、北島寿子、小野重朗などがさまざまな角度から研究を進めた。大島建彦は、右の諸氏の研究成果のほかに九編の関係論文を加えた『コト八日――二月八日と十二月八日』[4]という書物を編み、自身も詳細な論説を加えて、この問題の解明を前進させた。しかるに、いまだにこの問題の本質、全体像が明らかになったとはいいがたい。それほどに、この問題は難題なのである。

「コト八日は謎である」――この難題を解くためには、全国各地での多岐にわたる事例の収集、隣接・関連諸行事の調査研究と、それらとの比較研究、全国的鳥瞰、さらにはアジア的視野による分析も必要となろう。

この難題に菲才の身が立ち向かったとて、とうてい解決できるものでないことはわかっているが、たとえば未収資料、一次資料の集積といった点で、〝時〟が待ってくれないことは自明である。コト八日の行事の体験者、その概要の伝承者は、年を追い、日を追うごとに減少しているのである。さればこそ、旅の途次で耳にしたコト八日関係の伝承を、それがたとえ少量であろうとも、記録しておく必要を感じるのである。また、柳田國男記念伊那民俗学研究所刊行の『上久堅の民俗』(5)に収載された桜井弘人の「コトの行事」の詳細な報告を読み、飯田・下伊那のいわゆる竜東地区に、コトの神送り、コト念仏という、子ども組を中心とした行事が濃密に分布し、現在もたしかに実修されていることを知って感銘を深くしたことも、小論執筆の一因である。

一度、竜東の「コトの神送り」の場に臨んでみたいと思っていたところ、平成二十一（二〇〇九）年二月、南信州伝承文化普及実行委員会主催の見学会に参じ、コトの神送りの子どもたちの行列を目のあたりにすることができた。そして、同会主催の講演会において、「コト八日の民俗」と題してコト八日行事の全国的鳥瞰の概略を発表したのが、本稿をなす契機である。もとより、途半ばの報告であり、不完全なものである。今後も資料集積を重ね、さらに考察を深めなければならない。

「コト」の意味自体、深い歴史を背負ったものである。折口信夫は、「コト」について次のように述べている[6]。

「家庭のまつりを意味する語だったらしいのに、ことといふ行事があります。また広い意味の祭りの意味を持って居て、段々、家庭において行はれる方面ばかりが伸びて来たので、家庭まつりとして感じられてゐるせちといふ語があります。……中略……神様にたべ物をさしあげる日を、節供《セック》だの、節《セチ》だのといひ、果ては、神様にさしあげたと言ふ条件をおいて、家庭の人々が、きまり〳〵の日に頂くたべ物をおせちと言ふやうになった訳です。……中略……せちがかうしてたべ物にばかり傾いて行くと一方、どうせ深い関係を持ってたはずのたべ物の印象をそつちに譲ってしまった、たべ物の印象から離れて行ったのが、ことなのです。字に「事」を宛てるのは其以外に宛て字のない、ほんたうの字面《ジヅラ》なのでせうが、事の字の持つ範囲が広いので、結局この字面だけでは、何のことやら訳らぬのが当然です。せちはいづれ節なのだらうから、此訳語を知らなかった前の名前が考へられます。其時代からずっと続いてゐるのが、「こと」でないかとも思はれるのですが、せちといふ新しい訳語が出来ても、新旧二つの語が平行して行はれて、而も段々両方の意義がにじり出して来て、別々の儀式や時日を示す語と岐れて行ったものと思はれます」

「コト」についての注目すべき見解であるが、このことについてはまた結論部分でふれる。

コト八日およびコトに関する事例をすべて列挙することはここでは避け、筆者の収集事例を中心として紹介することにつとめる。既報の事例引用は、論証上必要最小限の範囲にとどめることにする。

コト八日に注視することによって浮上してくる問題はじつに多く、それは輻射状に広がり、民俗連鎖の鎖の輪を増やしていく。ここでは、コト八日を特定の枠のなかに囲いこむことは避け、むしろ、その連鎖世界を解放してみたいとも思う。〝「コト八日」の民俗世界〟ともいうべきであろう。

コト八日の行事に関心をもち続け、収集した資料を中心として「コト八日――ヤライ詞と行事の原質」といった小稿を書いたことがあった(7)。そのとき、コト八日の行事の類型・要素のなかに「追送型」「物忌み型」「防除・物忌み・祈願型」があるのではないかと指摘しておいた。収集資料も不十分で、分析視点に厳正さを欠くところもあった。その収集資料は、静岡県を中心として、一部に長野・神奈川両県の数例を加えたものにすぎなかった。ところが、平成十二（二〇〇〇）年以降、山形県、福島県に入ることが多くなり、東北地方でもコト八日行事が盛んにおこなわれていたことを直接耳にするようになった。とりわけ平成十七（二〇〇五）年以降、奥会津で、コト八日に目籠を吊るしたり竿先につけて立てたりすることを聞くにおよんで、目籠という呪物がじつに広域におよんでいることに驚き、折あるごとにコト八日伝承の聞きとりを重ねてみた。

以下にその聞きとり資料を紹介し、次いで中部地方のその他の事例も紹介することにしよう。

1 諸国コト八日

(1) 防除型対応

・二月八日と十二月八日を「弥三郎ハッパ」と呼んでおそれる。兄弟でケンカをして手を切った弥三郎が、手の傷を癒すために、風呂に手を入れにやってくる。この日は風呂を沸かしてはいけないといい伝える。弥三郎を除けるために、この日、棒の先に目籠をかけて入り口に立てる。二月八日には朝、十二月八日には夜やってくるのだという。また、この両日は吹雪が荒れる日だとも伝えている。この日は小豆団子を食べる日だと伝える。その一種は十二個のソバ団子に小豆餡をまぶしたもの、いまひとつは里芋、馬鈴薯、甘藷を混ぜて煮、それに、別に茹でておいた小豆を入れ、さらに練ったソバをちぎって入れたものである。二月八日の団子はコトのはじめの団子だから軟らかく、十二月八日はコトの終わりだから固くつくるという（事例①＝福島県河沼郡《かわぬまぐん》柳津町《やないづまち》高森・菊池高さん・昭和二年生まれ）。

・十二月八日を「弥三郎アッパ（婆）」という。この日、弥三郎アッパが風と雪をもってくる。除けるために、メカイ（竹の目籠）を紐で玄関に吊るす。目籠は目が多くて口がひとつなので、威《おど》すのによい。小豆、南瓜、ソバ団子を煮たものを小豆粥と呼び、この日の夕方食べる（事例②＝福島県河沼郡柳津町砂子原・松野鶴弥さん・大正十四年生まれ）。

・十二月八日は弥三郎の日だという。弥三郎の日は風が強く、外に出ると弥三郎にさらわれるから外に出てはいけないといわれている。この日は、玄関に目籠を吊るす。目が多いので弥三郎が逃げるとされる。この日は、ソバ団子、小麦団子をつくる。

昔、高森のほう（北の方角にあたる）から大蛇が女に化けてやってきて、ある家の嫁になった。働き者として評判がよかったが、夫に寝床を見てはいけないと語っていた。あるとき、夫が寝床のなかにコケラ（ウロコ）のようなものを見つけた。ムラのもの知りにたずねると、蛇のものにちがいないと語った。旅の僧が、寝床に針をさしておけと教えた。針と、僧の経の呪力によって、女は大蛇の正体を現し、博士山のほう（南の方角にあたる）へ逃げ去った。弥三郎の大風は大蛇が起こすものだともいわれている（事例③＝福島県河沼郡柳津町中野・田崎清助さん・大正七年生まれ）。

・師走八日に弥三郎風が吹く。悪風だとも悪風邪だとも伝え、この日、玄関にメケー（マタタビの蔓で編んだ目籠）をかけ、小豆団子、小豆煮・イトコ煮などと呼ばれるものをつくって食べる。小豆と南瓜を塩味で煮て、そのなかにソバ団子を入れる（事例④＝福島県大沼郡三島町間方・菅家藤壽さん・大正十四年生まれ）。

・師走八日と二月八日は「弥三郎ハハ」の日だという。弥三郎が悪さをして腕をもがれたので、この日、弥三郎の母が弥三郎の腕をとり返しにくる。この日は大吹雪になる。ある家で、土蔵のなかの石の唐櫃《かろうと》（脚のついた櫃《ひつ》）のなかに弥三郎の腕を隠しておいた。弥三郎の母は、弥三郎の腕を少しだけでも見せてくれと懇願した。主がふたをあけて少し見せると、「これこそ、おらが弥三郎の腕だ」といってもち去った。この日は、目の多いメケー（目籠）または水嚢《すいのう》を玄関に吊るす。また、里芋、甘藷、南瓜、小豆を混ぜて煮、ソバ団子を入れて食べた（事例⑤＝福島県大沼郡金山町小栗山坂井・五ノ井謙一さん・大正四年生まれ）。

・十二月八日、玄関にメケー（笊）を吊った。「弥三郎来《く》っから、はやく寝ろよ」と親たちにいわれた。また、弥三郎は人さらいで不幸をもってくる、この日は大吹雪になるともいわれた。朝、団子をつくってあげた（事例⑥＝福島県大沼郡昭和村野尻・渡部一二さん・大正十二年生まれ）。

・二月八日は弥三郎の日だと伝え、玄関に、唐辛子をつけた目籠を吊った（事例⑦＝福島県大沼郡昭和村両原日落沢・小椋アイ子さん・昭和六年生まれ）。

・二月八日と十二月八日は、悪い神を防ぐためだとして玄関に籾簁《もみとおし》を吊った。また、この日は臼音を立てるものだとして、餅を搗いた（事例⑧＝福島県喜多方市熱塩加納町五枚沢・小椋光則さん・昭和三年生まれ）。

・二月八日、メケイ（目籠）にナンバやニンニクをとりつけて人の顔をつくり、家の入り口の目の高さぐらいのところにかけておく。家々では、玄関の入り口のところにコモを二枚ぐらいかけておき、そこにメケイをかけたり吊るしたりする。厄神がこれを見て「目の多い奇妙なものがあるぞ」とおそれて、当家に入るのを避けて別の家に入ると信じていた。当日は厄神が通るので、朝食後でないと戸を開けることができなかった。朝食は、マナコダンゴといって、アズキ団子をつくって食べる。それからトンボグチに塩をまいて清めてから、入り口の戸を開ける（事例⑨＝『只見町史　第三巻　民俗編』[8]）。

・二月八日朝、暗いうちに疫病神が村じゅうをお通りになるというので、前日のうちに家の入り口にサイノメを吊るす。サイノメは目数の多いほどいいというので、スイノウやトオシなど竹やマタタビで編んだ籠を用いて、その目のところにナンバンやニンニク、カラシなどを串刺しにしたものを添えて吊るし、魔除けとした。昔は、傍（ソバ）を通っても疫病神に逢わ（粟）ないようにと、ウル米とソバ粉や粟粉を混ぜてねった練り餅を食べてから外に出たという。他町村では、小豆飯を食べてから外に出たところが多い（事例⑩＝『舘岩村史　第四巻　民俗編』[9]）。

・二月八日、長さ三尺前後のナラの枝を伐ってきて、それに団子、南蛮、ツケ木に山芋を擂って塗りつけたものを吊りさげ、玄関先に立てた。これは魔除けだと伝えている（事例⑪＝山形県西村山郡朝日町玉の井・川村実さん・昭和六年生まれ）。

・二月八日、トロロ汁を食べ、ジョーグチにトロロ汁を流して戸を締めた。戸の外側には、ナラの木の枝に団子、南蛮、ツケ木を吊るしたものを立てた（事例⑫＝山形県寒河江市《さがえし》平塩・奥山峰一さん・昭和四年生まれ）。

・一月八日にはトロロ汁を食べた。二月八日にもトロロ汁を食べ、次のようにした。玄関の戸口に長さ二十センチ、径十センチほどの苞状《つとじょう》の藁束の先に擂りおろした山芋を塗りつけたものを縄で吊った。こうすると風邪をひかないと伝えた（事例⑬＝山形県西村山郡大江町矢引沢・松田長四郎さん・昭和三年生まれ）。

・二月八日にはトロロ飯を食べた。またこの日、赤飯を炊いて握り飯を二個つくり、その握り飯の頭に山芋を擂りおろしたものをかけ、門口に供えた。さらに、半紙に「諸病送り・二月八日」と書き、左下に穴あき硬貨をつけ、それを薄《すすき》の茎につけてムラの入り口の三叉路まで持参し、雪上に立てた。そこにも赤飯の握り飯に山芋を塗ったものを供えた（事例⑭＝山形県西村山郡西川町岩根沢・岩本昇さん・大正十三年生まれ）。

・二月八日と十二月八日には「八日餅」と称して餅を搗き、山の神にあげた。この日は天気が荒れると伝えた。山の神に祈って願いが叶った場合には、オミトジョー（御戸帳＝小祠の前に垂らす布とばり）をあげた（事例⑮＝山形県米沢市綱木・田中まさえさん・昭和六年生まれ）。

・二月八日は山の神が山から降りてくる日で、十二月八日は神さまが天に昇り、その後は歳徳神だけが残るという。両日とも山へ入ることが戒められている（事例⑯＝『山中七ヶ宿の民俗[10]』）。

・二月八日、八日ダンゴ、ダンゴのつきはじめともいう。ハシや竹にダンゴをさして戸口におくが、萱刈窪では一尺ぐらいの長さの萱にさす。また、仏壇に供えて家でも食べる。小豆ダンゴ、お汁ダンゴなどを食べる。下嵐江では、この日が寅の日にあたると最悪の日として、山仕事を休む（事例⑰＝『岩手県若柳の民俗[11]』）。

・十二月八日は「病い焼き」と称して、餡入りの餅を真っ黒に焼いて川へ流した。この日は家族も餅を食べた（事例⑱＝秋田県横手市大雄田根森・森岡巳之吉さん・昭和三年生まれ）。

・二月八日、「八皿の日」。八皿酒をのまないと「ジャナス」といわれている。蛇を産むというので、各家庭では八皿をおこなう（事例⑲＝『むつ小川原地区民俗資料緊急調査報告書[12]』）。

・二月八日と十二月八日には目一つ小僧がくる。昔、ある人が二月八日（十二月八日とも）に風呂に入っていたら、目一つ小僧がきて風呂ごと担いでいこうとした。その人は、裸のままそばに生えていた柊の木の枝につかまって助かった。こういうことがあったので、二月八日と十二月八日には風呂へ入ってはいけないと伝えている。また、柊の木で助かったので、この日には柊の枝を門口にさして、目一つ除けとする。柊は、ただ さすだけでなく目籠にさし、その目籠を玄関先に吊るす。その下には米のとぎ汁を入れた桶をおく。目籠の目の多いことと、それがまた桶のとぎ汁に映って倍になっているのに驚いて目一つが逃げだすためだと伝えている。それとともに、丸大根に墨で目玉を書き入れたものも玄関口に飾った。この日は赤飯を炊いて握り飯にし、囲炉裏の鉄器で焼いて、唸《うな》りながらこれを食べるものだとした。目一つに病人がいると思わせるためである。また、最後には囲炉裏の炉縁に目一つ小僧のぶんの握り飯をおいた。目一つ小僧がやってくると、握り飯に小豆の目があまりにたくさんあるので、おどろいて逃げ帰るのだという。目一つ小僧は、十二月八日にその家のようすを帳面につけ、その帳面を塞の神にあずけておき、二月八日に受けとりにくる。それで、目一つがその帳面を塞の神から受けとると困るので、一月十五日のドンド焼きの火で塞の神を焼くのである〈事例⑳＝静岡県伊豆市湯ヶ島長野・浅田あいさん・明治三十六年生まれ〉。

・二月八日と十二月八日には風呂をわかしてはいけない。昔、この日に風呂に入っていた人が風呂ごと目一つ小僧にさらわれたが、目一つが柊の木で休んでいるとき、柊の枝につかまって風呂からぬけ出して助かった。目一つは、「休んだら軽くなった」といって、風呂桶だけをかついで去った。この日、目籠に柊の枝をさし、その下に白水〈米のとぎ汁〉をおくのは、そのためである。この日、小豆飯を丸い握り飯にして焼き、家族でわけて食べた。これを食べると風邪をひかないと伝えている。また、この日風呂に入ると風邪をひくともいう（事例㉑＝静岡県伊豆市原保・石井しずさん・明治三十九年生まれ）。

・二月八日に、目一つ小僧が白い馬に乗ってくる。米のとぎ汁を桶に入れて玄関におくと、馬がそれを飲んでそのままいってしまう（事例㉒＝静岡県伊豆の国市長瀬・木下しげさん・明治四十年生まれ）。

・十二月八日を「ヨーカゾー」といい、竿の先に目籠をかけて庭先に立てる。この日、下駄を外へおくと目一つ小僧が下駄に判を捺す。下駄に判を捺されると病気になるから、この日に履きものを外に出しておいてはいけない（事例㉓＝静岡県御殿場市印野《いんの》・勝間田多住さん・明治四十一年生まれ）。

・二月八日と十二月八日、一つ目小僧がくる。目籠を竿の先にかけて門口に立て、この日は仕事を休んだ。モチアワに小豆を入れたオコワを神仏にあげ、グミの生木を燃やすと臭いので一つ目小僧がこないといって、囲炉裏でグミの生木を燃やした（事例㉔＝神奈川県足柄上郡山北町玄倉《あしがらかみぐんやまきたまちくろくら》・山口さくさん・明治二十五年生まれ）。

やや広く川崎市畑山付近に分布しているのは、次のようなものである。

・二月八日と十二月八日にはミカリバアサマ（またはミカエリバアサマ）がくるというので、屋根に目籠をあげたり、竹にさして屋根にたてかけたりする。ミカリバアサマは、とにかくおそるべきもの、化けものだと思われており、このときにヨウカゾウがくるというところ（川崎市細山小字バンドウ、同万福寺）ではヨウカゾウ、すなわちミカリバアサマ＝化けものと考えている（事例㉕＝石井進「ミカリバアサンの日」[13]）。

鳥取市伏野の民家の門口にフグ目のハリセンボンが吊られているのを見かけた。この魚が十二月八日に海岸に吹き寄せられるという伝承が、日本海側に広く伝えられている。

・富山県新湊には、昔、姑にいじめられ、針山の針を盗んだという無実の罪を着せられた嫁が師走八日に海に身を投げたので、いまでも前の日から海が荒れるといい、娘のある家ではその日、針仕事を半分休んで針供養をし、この日を「針千本の日」と呼ぶという（事例㉖＝『郷土研究』[14]）。

・当地では、一月十四日・十五日に「コトの神祭り」をおこなう。青垣町今出は十戸のムラで、川ぞいに稲荷神社の祠がある。境内、川端に黒松が立つ。その松に、左の写真のような不思議な呪物が吊りさげられていた。それはコトの神の呪物で、構成物は次のとおりである。

㋐藁草履＝上部につけられている片方は、アシナカ状で長さ三十センチほど、なかほどに吊られているいま一方は、大人が履くほどの大きさで、ふつうの藁草履の形式である。

㋑槌と薦編み＝ミニチュアのテンコロ槌とミニチュアの薦編み。

㋒コトの箸＝長さ二十五センチほどの箸状の割木を五本ずつ藁でくくり、五本を一束として七束を簾状に連ねたもの。

㊓長さ十五センチほどの藁束二つ（竈掃きの箒のミニチュア）。

以上が、コトの神の飾りものである。

一月十四日にモチ米一升と小豆一合をもち寄って、当屋でお日待をする。もち寄ったモチ米で餅を搗き、径八寸の丸餅をつくって小豆餡をまぶす。コトの餅と呼ぶ。味は塩味である。コトの神飾りの草履、槌、薦編み、コトの箸なども、この日につくる。

コトの餅は、お日待の帰りに各戸あて一個ずつ分与される。各戸にもち帰って家族全員に切り分け、そろってユルイ（囲炉裏）で焼いて食べる。

コトの神飾りの草履の大きさがアンバランスなのは、コトの神が足に障害をもつ神だからだと伝えている。また、テンコロと薦編みは神さまの道具だと伝える。

コトの箸は、持参したモチ米五合につき一本を分与する。コトの神飾りは一年間そのままかけておく。一月十四日のお日待のまえに、下のムラ境の三叉路で、熊

コトの箸とコトの神飾り（兵庫県丹波市青垣町今出＝事例㉗）

野神社のお札を笹につけて立て、トンドで火の神さまを祀る（事例㉗＝兵庫県丹波市青垣町今出・藤賀定男さん・昭和六年生まれ）。

・一月十五日、コト始めは遠阪五十戸が公民館でおこなう。一戸あたり、モチ米五合、小豆二合をもち寄る。もとは隣保六戸でおこなっていた。そのころは次のようにしていた。一月十四日にモチ米と小豆を当屋にもち寄り、塩味の餡をまぶした餅をつくった。同時に、ヌルデの木で長さ八寸ほどのコトの箸を隣保の家々の家族の数だけつくる。盆の上にコトの餅とコトの箸をのせ、家にもち帰って神仏に供えてから、コトの餅を家族の数に切りわけ、コトの箸で食べた。翌一月十五日、当屋に各戸のコトの箸をもち寄り、それを簾状に編みつけて、当屋の南天の木に吊り下げた。コトの箸は粗末に扱ってはいけないといい伝えた。一月十四日にはトンド焼きをおこない、その灰を母屋のまわりに撒くと、クチナワ除け、虫除け、鼠除けになると伝えた（事例㉘＝兵庫県丹波市青垣町遠阪・足立関太郎さん・大正五年生まれ）。

・三月一日を「コト」の日と称し、コトの神を祭った。コトの神を祭るためにネコヤナギの枝の皮を剥いで白地を出し、コトの神用の箸を二膳つくった。また、このとき三月三日に祭る雛用の箸二膳と、家族の箸もつくった。

三月一日には、「コトガレイ」と称して、鰈を煮てコトの神に供え、家族も鰈を食べる習慣があった。前日、智頭へ鰈を買いに出かけたのである。別に、この日には必ずナマスを食べるものだとし、半紙を三角に折って、その上にナマスを供えた。

三月三日の雛祭りがすんだところで、三月四日、ネコヤナギでつくった「コト箸」「雛の箸」家族の箸を図のように縄で編みつけ、下部にコトガレイの骨を包んだ藁苞をたらし、屋敷のそばの、川の上に張り出した木の枝に吊り下げておいた。自然に落ちて流れるようにということである。この飾りもの全体のことを「コトバシ」と呼び、「コトバシ跨いだらいけん。足で蹴つまづくとマムシに噛まれる」と、家人から教えられた（事例㉙＝鳥取県八頭郡智頭町上板井原・平尾新太郎さん・明治四十二年生まれ）。

・十二月八日には、ウニムチー（鬼餅）と称してトーンチミ（モロコシ＝ソルガム）の餅をつくり、サニン（月桃）の葉に包んで蒸した。この日は、宮古のほうから鬼がやってきて家にとりつくと困るとして、鬼餅を蒸したときの

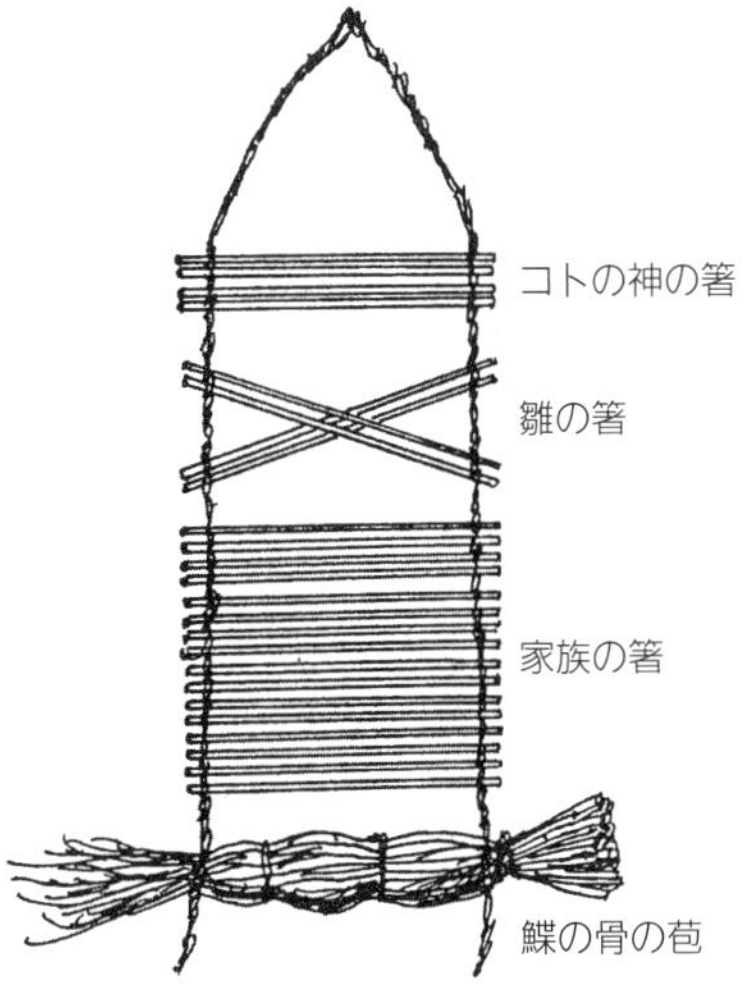

コトの箸（鳥取県智頭町上板井原、平尾新太郎家＝事例㉙）

水をヒンプンの外に撒いた。こうすると鬼が家の前をうろついたときに滑るのでよいと伝えた（事例㉚＝沖縄県南城市久高島・西銘シズさん・明治三十八年生まれ）。

⑵追送型対応

・二月八日と十二月八日、檜と竹でミコシをつくり、法印が家々や道路を赤と白の幣で浄め、その幣をミコシにさした。一戸につき大人が一人出てミコシを担ぎ、村はずれの地蔵ボツへ送った。そのとき、

〽風邪の神よ　送るよ

と大声で唱えた（事例㉛＝静岡市葵区大間・砂有次郎さん・明治三十七年生まれ）。

・二月八日、ユルイ（囲炉裏）で楠の木を燻《いぶ》し、

〽風邪の神を　送り出せ

と叫んで小布杉境まで送った（事例㉜＝静岡市葵区三ッ野・寺坂すぎさん・明治二十三年生まれ）。

・二月八日、子どもたちが大声で

〽風邪の神よ　送るよ

と叫んで、大山さんのお札をもってムラ境まで赴き、お札を竹に挟んでムラ境に立てた。ま

た、「ニンガツヨウカハ　ヤマヨウカ」といい、「キソウモクノ　ウマレルヒ」（木草木の生まれる日）だと伝え、山休みにして木を伐ってはいけないといい伝えた（事例㉝＝静岡県藤枝市大久保・平口きぬさん・明治二十三年生まれ）。

・十二月八日、六つの隣組で、おのおの色紙の旗（幣）をつくって辻に立て、隣組の人びとがその旗のまわりに立って神主に祓ってもらい、おのおのについている病魔悪霊を旗に追いこんだ。このとき、藁の馬に藁の人形を乗せたものを、杉の葉でつくった輿のなかに入れ、若者が担いだ。別の六人の若者が六組の旗をもち、ムラ境の河原にいたって輿と旗とを流す（事例㉞＝静岡市葵区水見色・佐藤隆一さん・明治三十六年生まれ）。

・十二月八日、漆の木と楢葉で輿をつくり、家々を巡回する。家々を祓った御幣をその輿にさし、そのままの状態で大井川に流した。このとき、子どもたちが、

〽オックリガミオックレヨ　オックリガミオックレヨ

と囃したてながらムラをまわった（事例㉟＝静岡県榛原郡川根本町梅地・後藤定一さん・明治三十二年生まれ）。

なお、静岡市葵区田代でも類似の行事をおこない、

〽オクリンガミヲボイコクレ　オクリンガミヲボイコクレ

と囃して輿を川に流した。

・二月八日と十二月八日の二回、送り神（八日送り）をおこなう。檜葉の輿（台）に幣束六本を立て、丸山教行者の森竹東一さんがその幣に人や家の病魔・悪霊を移し、参加した人びとは般若心経を唱する。終えて粢を食し、当屋が輿を大井川の川べりまで運び、そこに幣を移し立てる（事例㊱＝静岡市葵区井川字閑蔵《かんぞう》・実見）。

・二月八日、「八日送り」「オンベ送り」をおこなう。子どもたちが書き初めの紙で御幣をつくり、家族と家の各部屋を祓ってから、十二個の米粉団子、麦少々、蒜二本を紙に包んで御幣にしばりつける。白羽神社の境内まで列をつくって歩き、そこに御幣をさし立て、あとをふり向かないで帰ってくる（事例㊲＝静岡県榛原郡川根本町尾呂久保・実見）。

・十二月八日に、「送り神」という厄病神をムラ境まで追い出す行事がおこなわれた。明治三十五（一九〇二）年ごろは、尋常科四年、高等科四年という学制だった。この行事には、尋常科と高等科の子どもたちが参加した。全部で二十人ほどいたが、それが、本城《ほんじろ》＝高等科、中城《ちゅうじろ》＝尋常三・四年、下臈《げろう》＝尋常一・二年の三段階にわかれていた。

〽送り神カンカンジ　貧乏神ゃ出よよ　福の神ゃ入れよ……

と囃しながら各戸を巡ると、イエイエでは二厘から五厘ほどの現金をくれた。「源蔵さま」と呼ばれる裕福なイエでは、半鐘一杯の米をくれた。カンカンジとは、勧進勧進の意である。現金や米を受けとるのは本城。中城は、長さ四尺ほどの青竹の先を二つ割りにしてふり立て、威勢のいい音を出してリズムをとる役。下臈は、大声で送り神の囃子詞を叫ぶ役割である。米を売り、もらった現金を合わせて、全員でわけた。本城が四銭五厘、中城が二銭か三銭、下臈は一銭くらいだった。「おれたちも、はやく本城になって、お金をたくさんもらいたいものだ」と思った（事例㊳＝静岡県御前崎市白羽小字中原・高塚佐右衛門さん・明治二十七年生まれ）。

・二月八日を「コト始め」、十二月八日を「コト納め」と称し、小学校五・六年生と中学生の男子がこれに参加する。各部落の集会場に集まり、午前零時、親方の叩く鉦を先頭にシデをつけた笹竹をもつ者が続き、

〽送り神カンジョ（勧進）　何神よ送る　十二月八日（二月八日）送る……

と声を合わせて唱しながら、各戸の玄関を祓う。各戸では祝儀をわたす。こうして祓いを続けながら、浜辺にいたる。笹竹を浜に立て、その根方に神酒《みき》を注ぎ、厄病神にとりつかれないように、あとをふり向かないで帰る。祝儀は均等に配分する（事例㊴＝静岡県牧之原市片浜・同市教育委員会報告）。

・二月八日と十二月八日に「送り神」をおこなう。参加者は、小学生。鉦叩きを先頭に、シデをつけた女竹をもった子どもたちが各戸を祓ってまわり、恵比須神社に集まる。恵比須神社には、大人たちによってつくられたバンドウブネが用意されている。バンドウブネとは、長

さ一・五メートルほどの椿の枝に綱をつけたもので、そのバンドウブネに、厄神を象徴する二体の藁人形がくくりつけられている。人形は「デックラボー」と呼ばれる。イエイエの厄災を受けた笹オンベでデックラボーを叩き、厄災を人形に移してから、バンドウブネを引き出す。年長の子どもが綱を引き、露払い、鉦叩き、オンベ持ちが続く。途中、子どもたちは、

〽大倉戸のチャンチャヤコチャン　大倉戸
　のチャンチャヤコチャン……

と大声で囃しながら進む。ムラ境にいたり、バンドウブネ、デックラボーを笹オンベで叩き、そのまま放置して、あとをふり向かないで帰る。古くは海に流していたという（事例㊵＝静岡県湖西市《こさいし》新居《あらい》町《ちょう》大倉戸・実見）。

送り神の子どもたち（静岡県湖西市新居町大倉戸＝事例㊵）

送り神のバンドウブネとデックラボー（静岡県湖西市新居町大倉戸＝事例㊵）

・二月八日をコトハジメ、十二月八日をコトオサメと称し、団子を串に刺して門口に挿した。ムラびとたちは神主の家に集まり、二組にわかれて次のようにした。一方の組が、御幣をもち、鉦、太鼓をたたきながら、

〽何の神を送るぞ

と唱えると、もう一方の組の者たちが、

〽オコトの神を送るぞ

と唱えた。こうして囃しながら、ムラ境まで送った（事例㊶＝静岡県浜松市天竜区龍山町白倉・大石保太郎さん・明治二十四年生まれ⑮）。

・二月八日・十二月八日を送り神と称し、子どもたちが鉦・太鼓で

〽送り神を送るぞ

と囃し、ムラ境まで送った。なお、各戸では、「コトコトさま」と呼ばれるソバ団子一個を棒にさして門口に挿し立てた。子どもたちがこれをとって歩いた（事例㊷＝静岡県浜松市天竜区佐久間町大井・藤沢弥平さん・大正二年生まれ⑯）。

・二月八日と十二月八日、鰯の頭を竹串に刺して戸口に挿した。子どもたちはオタカラ（御幣）をもって、

〽オークリガミヨオークルヨ

と囃してムラのなかをまわった（事例㊸＝静岡県浜松市天竜区佐久間町今田・高橋高蔵さん・明治四十一年生まれ）。

・十二月八日を「コトコトさま」と称し、禰宜がタカラ（御幣）をもってムラじゅうをまわり、子どもたちが鉦・太鼓を打ちながら、

〽コトコト婆さん　激しいなあ

と大声で叫んでついてまわった。各戸では、豆と干し柿を紙に包んで禰宜にわたし、禰宜が子どもたちにわけあたえた（事例㊹＝静岡県浜松市天竜区水窪町草木・守屋喜与司さん・明治三十五年生まれ）。

・二月七日と十二月七日、タカラと呼ばれる御幣をつくり、鉦・太鼓で囃しながらムラをめぐった。子どもたちは、

〽コトコト婆さんを送れ

と大声で囃した。二月は南のムラ境の「浅間」へ、十二月は北のムラ境の「バトカン」（馬頭観音）まで送った。この日は、当屋で里芋の煮ころがしを出すことになっていた（事例㊺＝静岡県浜松市天竜区水窪町針間野・林実雄さん・大正十年生まれ）。

・二月八日と十二月八日をコトの神送りと称し、組境に注連縄を張り、大ワラジの片方を吊るし、子どもたちが鉦・太鼓でムラ境までコトの神を送った。そのとき、

〽コトコト婆さんを送るよ

と大声でくり返し叫んだ（事例㊻＝静岡県浜松市天竜区水窪町西浦・小塩光義さん・明治三十六年生まれ）。

・二月八日と十二月八日、「風邪の神祭り」と称して各戸でタカラ（御幣）を切って家のなかを祓い、子どもたちがそれを集め、二月は下のムラ境まで、十二月は上のムラ境まで送った。そのとき、

〽イチのホッポをシャンヤリヨ　トートの神よ送るよ
　イチのホッポをシャンヤリヨ　風邪の神を送るよ

と唱して歩いた（事例㊼＝長野県飯田市南信濃八重河内此田・山崎百子さん・大正四年生まれ）。

・二月八日は、悪い神をオタカラ（御幣）へ入れて送った。この日は米の粥を食べて「お籠り」をした。十二月八日は、御幣につけた悪い神を、ムラじゅうの大人・子どもが出てムラ境まで送った。そのとき、

〽トートの神を送れ、トートの神を送れ

と大声で囃した（事例㊽＝長野県飯田市南信濃和田池口・松下唯繁さん・明治二十九年生まれ）。

・二月八日と十二月八日にコトの神送りをした。各戸ではオタカラ（御幣）をつくって家のなかを祓い、それを門口に立てた。子どもたちは、神主や大人たちとともにオタカラをもって、

春は下のムラ境に、秋は上のムラ境へ送った。そのとき、

〽トートの神よ送るよ　チーチノオッポニサンヨリヨ

と囃した。大松の根に送り、津島神社の旗も立てた。別に、上島境・下栗境に悪神除けとして注連縄を張り、それに、かたちの悪い、長さ一尺ほどの草履を吊るした。平素、かたちの悪い草履のことを「悪神除けの草履のようだ」と表現した。コトの神送りの日には、子どもたちにはオヒヤシ（粢）が分与された（事例㊾＝長野県飯田市南信濃木沢小字上中根・鳴沢米義さん・昭和六年生まれ）。

・二月八日と十二月八日をコト八日と称し、コトの神送りをした。送るときに、

〽トートの神を送るよ　チーチノオッポノサンヨリヨ

と声をそろえて叫んだ。この日、天白神社の前と明神ボツに注連縄を張り、大草鞋を吊った（事例㊿＝長野県飯田市南信濃木沢小字須沢・熊谷茂正さん・昭和十五年生まれ）。

・二月八日・十二月八日は「コトの神」「送り神」と称し、子どもたちが鉦を叩いて上・下の境まで風邪の神を送った。そのとき、

〽デンデン　チャンチャン　風邪の神を送るよ

とくり返し大声で囃した。この日、子どもたちには豆腐の汁があたえられた。この日に豆腐の汁を飲むと風邪をひかないと伝えた（事例51＝長野県飯田市上村程野・前島正一さん・大正八

年生まれ）。

・二月八日に、風邪の神送りと称して、子どもたちがムラの金比羅碑の周囲を鉦に合わせて次のことばを大声で唱えながら歩きまわった。

〽トートの神を送るよ　チーチーオッポにサンヨリヨ

さらに、子どもたちはこれを大声で囃しながら各戸をまわった。そのとき、家々ではおのおの、囲炉裏のカギにかけてある鍋やテツビンなどをおろしておいた。最後は山の神まで送った（事例52＝長野県飯田市上村下栗・野牧政夫さん・明治三十四年生まれ）。

長野県下伊那地方の、天竜川左岸で、「竜東」と通称される飯田市千代・龍江・上久堅、下伊那郡喬木村などに、コトの行事が濃密に分布する。その行事は、コトの神送り、コト念仏、大将荒神（百万遍型数珠繰り）などで、コト念仏系とコトの神送りが重層する例が半数以上である。

事例の詳細は、桜井弘人の「コトの行事[17]」および、平成十三（二〇〇一）年度から平成二十（二〇〇八）年度にかけて調査撮影された記録映画「飯田市千代・上久堅のコト八日行事[18]」によって明らかにされている。これらによって、当地域のコト八日行事のいくつかの特色を知ることができる。そのひとつは、先にもふれた、コト念仏系の行事とコトの神送りの重層にある。いまひとつは、村落単独行事に対して、複数の村落がコトの神送りにかかわり、送りをリレー式に展開して完結させるという形である。

さらに注目すべき点は、コト念仏、大将荒神、コトの神送りなどの行事が、現在も確実に伝承・実修されているという点であり、なかで子ども組が大きな役割を果たしているという点である。詳細および全体像は桜井氏の報告に譲るとして、ここでは、リレー式に展開される送り神の一部について紹介する。

・竜東地区のリレー式コトの神送りには、上久堅の神之峰（七七一・五メートル）の東まわりルートと西まわりルートがある。東まわりルートにかかわる村落およびコースは、以下のとおりである。

千代、芋平（二月八日午前十一時出発）↓上久堅へ入る。蛇沼↓平栗↓落倉↓小野子↓堂平（泊・二月九日午後二時半発）↓風張・上平↓富田境（追放・午後五時半）

出発集落の芋平では、昭和二十年代前半までは二月七日に大将荒神をおこなっていた。風張・上平では、本来は二月六日にコト念仏をおこなっていたが、現在は二月第一土曜日に変更して実施している。

出発村落の芋平では、以下のものを準備する。

㋐二本の青竹を担ぎ棹とし、藁束でつくった径六十センチほどの藁輪をつけ、それを台として檜の枝葉を使って高さ六十センチほどの輿をつくる。

㋑輿のなかに男神・女神と称される藁人形を隠すようにして入れる。

㋒男神には藁製の男根、女神には藁製の女陰がつけられている。

芋平では、両神は秘匿的に扱われるが、他村落では、この輿の下をくぐると病除けになると伝え、輿の下をくぐる。

㋓ほかに、和紙に「千早振る二月八日は吉日ぞ事の神をは送りこそする（すれ）」と書いた幟旗を二本用意する。

㋔各戸では、笹竹に「馬」「申」の文字を書いた紙、あるいは猿猴駒引の版木で刷った図、馬が幣束を鞍に負った図、猿が馬に乗った図などの紙を、紙捻で結びつける。

㋕別に、家族のボンノクボの毛を少しずつ切ったものと爪と洗米を和紙に包んで笹につける。これで、家のなかを祓う。家じゅうの病魔悪霊、家人に憑いている病魔悪霊に、馬へ乗り移ってもらうことになる。

㋖各戸では、この笹竹を門口や路傍に立てておく。

送りの行列は、輿を担いで幟旗をもち、門口や路傍の笹竹を集め、蛇沼境まで送る。ここでひとりが空砲を撃つ（事例㊼＝飯田市竜東地区のリレー式コトの神送り）。

平成二十一（二〇〇九）年二月九日、神之峰東まわりルート――堂平→風張・上平（市役所支所前）→富田境（北の原）――のリレー式送り神行事を実見した。堂平出発は二時半。まだ子どもたちが下校していないため、大人たちのみの、唄もなく、静かな行列だった。途中、路傍に立てられた笹竹を集めて進んだ。行列の人びとに対し、前のムラムラから送られた笹竹が多すぎるので、それらは軽トラックに積んで列の後についた。午後三時半、支所前に到着すると、路傍に輿をおき、幟旗や笹竹はすべて田の隅に挿し立てられた。

コトの神送りの神輿の下をくぐりぬけると病をしなくなり、健康になると伝えている。病の要因が輿に転依されるのである。こうして堂平の人びとはムラへ帰っていった。

午後五時十分まえごろから下校していた子どもたちが集まりはじめ、午後五時、行列は富田境に向かって出発した。幟旗を先頭に、笹もち→輿かき→鉦・太鼓→笹もちと続く。道中、子どもたちは、声をそろえ、鉦・太鼓に合わせて送り神の唄を歌う。

〽風邪の神を送れよ　何神よ送れよ　どこまで送れよ
北の原まで送れよ　そうりや

コトの神送りの輿をくぐって病除けをする（長野県飯田市上久堅支所前にて）

これがくり返される。鉦・太鼓、そして子らの遣《や》らい詞は、暮色を帯びる山野にしみとおる。途中で、中宮・下平・原平などの子どもたちの行列も、鉦・太鼓で送り神の唄を唱しながら、合流するように富田境を目ざす。富田境に着くころには、すっかり暗くなっていた。

輿を谷に放擲し、笹竹も捨てる。リレー式に継いできた輿と笹竹の最終担当の風張・上平の子どもたちの投擲が終わると、中宮・下平・原平の子どもたちも、おのおの笹竹を谷に向かって棄捨する。

堂平から富田境へ向かうコトの神送りの行列（長野県飯田市上久堅風張）

コトの神送りの輿投棄をする堂平の少年たち（長野県飯田市上久堅風張・富田境にて）

イエイエの病魔・悪霊を受けた笹を投棄する（長野県飯田市上久堅風張・富田境にて）

谷は、笹竹につけられた短冊で白々とする。棄捨を終えると、各組は順に、谷に向かってコト念仏を二回唱える。

「今晩事を申します　光明遍照　十方世界　念仏衆生　摂取不捨　南無阿弥陀仏（九回）　弥陀願以功徳　無量施一切　発菩提心　衆生安楽」

唱え終わると、後方をふり返らずに帰路につく。なお、コト念仏、コトの神送りには、コトウボタモチ（コトボタモチ）と称して、小豆とキナ粉のボタモチがつくられる。

2　行事と伝承から見えるもの

これまで、筆者が収集したコト八日行事の事例、コト八日と呼ばれなくても二月八日、十二月八日におこなわれる行事・慣行、さらには二月八日、十二月八日以外でもコト、コトの神祭りなどと呼ばれる事例を中心に紹介してきた。ここに収載したもの以外でも、北関東において類似の行事があり、熊本県天草地方にもコトと呼ばれる行事がある。ここでは、収載資料を中心に、必要な事例を補足しながら分析を進めることにする。

(1)コト八日行事の類型

収載事例を概観し、ほかの事例をふくめて考えてみると、二月八日、十二月八日を中心としたコトの行事の類型には、伝承される表層のかたちから「防除型」と「追放型」に大別できるように思われる。防除型とは、この日、家に籠って、門口に防除呪物などを顕示したり、特定の食物を食べたり、恐ろしいものの来訪を伝承し、厄災・病魔などを除けようとするものである。いまひとつは、イエや家人に付着する病魔・悪霊をイエごとに追放したり、イエや家人につく悪しきものをなんらかの託着物に転着、憑依させ、ムラ境でまとめて追放するという「追送型」である。この二類型を意識しながら事例の一部を分類整理してみたのが、次ページからの表である。

コト八日行事の多様な要素を整理してみようと試みているなかで、この行事の深いところに底流している重要な要素のひとつとして「物忌み」が浮上してきた。整理に必要な分析項目の網にかかってすくいあげられた個々の特徴を見つめていくと、この行事の背後にはじつに多彩な民俗世界が広がっていることに気づくのである。

ここではまず、便宜的に、防除型、追送型のおのおのについて、事例および表1を用いながら見ていくことにする。

防除呪物	禁忌伝承	気象伝承	食物	伝承者（生年）
目籠・スイノー		大吹雪	小豆煮	五ノ井謙一（大正4）
棒に目籠	風呂を沸かすな	大吹雪	小豆団子	菊池　高（昭和2）
楢枝に唐辛子・ツケ木・団子・トロロ汁			トロロ汁	奥山峰一（昭和4）
		天気が荒れる	餅	田中まさえ（昭和6）
籾箍（モミドオシ）		八日吹き		打江寿子「コト八日」[19]
線香		八日吹き		
目籠				大谷忠雄「ミカリ婆さんの伝承」[20]
目籠竿・グミの生木燃し	仕事をするな		モチ粟・小豆のオコワ	山口さく（明治25）
目籠と米の研ぎ汁桶・柊	風呂に入るな		赤飯の握飯	浅田あい（明治36）
目籠・柊・白水入り桶	風呂を沸かすな		小豆飯握り	石井しず（明治39）
			餅	小松祐唯（明治36）
小麦団子のツト、東立木 小麦団子のツト、西立木			小麦団子	栗林知伸（明治34）
コトの箸・大草履ほか			小豆餡餅	藤賀定男（昭和6）
コトの箸			鰈	平尾新太郎（明治41）
鬼餅をつくったときの水をヒンプンの外に撒く			唐黍餅の月桃の葉包	西銘シズ（明治38）
門に注連縄を張り、鬼餅を3個吊るす			サニンの葉包み餅	平良豊勝『喜如嘉の民俗』[21]
	針仕事を休む	海が荒れる		『郷土研究』

表1　コト八日行事の構造と類型

類型		伝承地	行事呼称	期日	防除対象	行事主体
	①	福島県大沼郡金山町小栗山坂井	弥三郎ハハ	2/8・12/8	弥三郎ハハ	イエ
	②	福島県河沼郡柳津町高森	弥三郎ハッパ	2/8・12/8	弥三郎ハッパ	イエ
	③	山形県寒河江市平塩		2/8		イエ
	④	山形県米沢市綱木	八日餅	2/8・12/8		イエ
	⑤	新潟県東蒲原郡鹿瀬町《かせのまち》（現・阿賀町）夏渡戸	コト八日	2/8・12/8	鬼	イエ
	⑥	新潟県東蒲原郡上川村（現・阿賀町）広瀬	お八日さま針供養	2/8・12/8	一つ目・厄病神	イエ
	⑦	横浜市緑区新治町	ヨウカゾウ	12/8	一つ目＝ミカリ婆さん	イエ
	⑧	神奈川県足柄上郡山北町玄倉	コト八日	2/8・12/8	一つ目小僧	イエ
防徐型	⑨	静岡県伊豆市湯ヶ島長野	コト八日	2/8・12/8	目一つ小僧	イエ
	⑩	静岡県伊豆市原保	コト八日	2/8・12/8	目一つ小僧	イエ
	⑪	長野県伊那市長谷	オコト	2/8		イエ
	⑫	愛知県北設楽郡東栄町月	コトハジメ コトオサメ	2/8・12/8		イエ
	⑬	兵庫県丹波市青垣町今出	コト・コトの神	1/14・1/15	足に障害のある神	ムラ
	⑭	鳥取県八頭郡智頭町上板井原	コト	3/1		イエ
	⑮	沖縄県南城市久高島	ウニムチー（鬼餅）	12/8	鬼	イエ
	⑯	沖縄県大宜味《おおぎみ》村《そん》喜如嘉《きじょか》	ウルムッチー（鬼餅）	12/8	鬼	イエ
	⑰	富山県高岡市伏木	針千本の日	12/8		イエ

追送形式						防除呪物	禁忌伝承	食物	伝承者（生年）
担当者	託着物	行動	囃物	遣詞	追送先				
大人（男）	幣・輿	巡回			大井川河岸			粢	実見（廃）
子ども組	幣・輿	巡回		○	大井川水流				後藤定一（明治32）
子ども組		巡回		○		道切札	山休み伐木禁		平口きぬ（明治23）
子ども組		巡回		○	ムラ境	楠燻し			寺坂すぎ（明治23）
子ども組	笹幣	巡回	鉦	○	浜				市教委記録（現行）
子ども組	藁人形2疑似舟	巡回	鉦	○	浜	ムラ境もとは海			実見（現行）
子ども組	幣	巡回	鉦・太鼓	○	ムラ境				林　実雄（大正10）
子ども組	幣	巡回	鉦・太鼓	○	ムラ境	道切縄大ワラジ			小塩光義（明治36）
子ども組	幣	巡回	鉦・太鼓	○	山の神		煮炊禁		野牧政夫（明治34）
大人子ども	幣	巡回	鉦・太鼓	○	2月北12月南	道切縄アシナカ			『南信州・上村遠山谷の民俗』
10～15歳の者が各戸および所定の神仏を巡回。鉦・太鼓で念仏を唱える。オダチンをいただく。									『上久堅の民俗』
10～15歳	大旗小旗	巡回	鉦・太鼓	○	ホウゲン坂				
小2～中2の者が各戸・祠堂を巡回。鉦・太鼓で念仏を唱える。お布施をいただく。									『上久堅の民俗』
小2～中2	輿・笹	リレー式	鉦・太鼓	○	富田境				
家人	小旗				ムラ入り口			トロロ飯	岩本　昇（大正13）
家人	黒焼き餅				川			餅	森岡巳之吉（昭和4）

類型		伝承地	行事呼称	期日	防除対象	行事主体
追送型	⑱	静岡市葵区井川字閑蔵	八日送り	2/8・12/8	病魔悪霊	ムラ
	⑲	静岡県榛原郡川根本町梅地	送り神	12/8	病魔悪霊	ムラ
	⑳	静岡県藤枝市大久保	ヤマ八日	2/8	風邪の神	ムラ
	㉑	静岡市葵区三ツ野	八日送り	2/8	風邪の神	ムラ
	㉒	静岡県牧之原市片浜	コトハジメ コトオサメ （送り神）	2/8・12/8	厄病神	ムラ
	㉓	静岡県湖西市新居町大倉戸	送り神	2/8・12/8	厄神	ムラ
	㉔	静岡県浜松市天竜区水窪町針間野	送り神	2/7・12/17	コトコト婆さん	ムラ
	㉕	静岡県浜松市天竜区水窪町西浦	コトの神送り	2/8・12/8	コトコト婆さん	ムラ
	㉖	長野県飯田市上村下栗	風邪の神送り	2/8	風邪の神	ムラ
	㉗	長野県飯田市上村上町	風邪の神送り 八日さま	2/8・12/8	風邪の神	ムラ
	㉘	長野県飯田市上久堅越久保	コト念仏	2/7	健康祈願ほか	ムラ
			送り神	2/8	風邪の神	ムラ
	㉙	長野県飯田市上久堅風張	コト念仏	2/7	健康祈願ほか	ムラ
			コトの神送り	2/9	風邪の神	ムラ
	㉚	山形県西村山郡西川町岩根沢	諸病送り	2/8	諸病	イエ
	㉛	秋田県横手市大雄田根森	病焼き	12/8	諸病	イエ

ければならない。

(2) 防除対象と追送対象

行事呼称、期日なども重要であるが、まず、防除型であるから、その防除対象から見ていかなければならない。

防除対象

〈弥三郎婆と弥三郎〉 事例①〜⑦は、いずれも福島県河沼郡・大沼郡のもので、この地域は奥会津と通称される。いずれも「弥三郎」という名が登場し、①②⑤は弥三郎の母、婆が語られ、①⑤で、弥三郎が手に怪我をしたり手を斬られたりしたことが伝えられるが、いずれも弥三郎・弥三郎母、弥三郎婆、および腕・手の怪我に関する伝承が曖昧で、叙事性が乏しく、伝承内容に一貫性がない。しかし、これらの者はいずれも妖怪的で、おそろしい存在であることが、根強く伝承されている。妖怪的な弥三郎婆の原郷は、新潟県の弥彦にあったと考えられる。柳田國男はつとに「狼と鍛冶屋の姥」でこれを扱い[22]、谷川健一も『鍛冶屋の母』で弥三郎婆について言及している[23]。小山直嗣は、「弥三郎婆」について次のように述べている[24]。

「昔、新潟県西浦原郡上村中島に、弥三郎という猟師がいた。親孝行の男だったが母親は残虐非道の女で、村人は〝鬼婆〟と呼んで恐れていた。婆は近くに葬式があると夜中に出かけ、墓場から死体を掘り出して持ち帰り、翌日家人が出かけると取り出して食った。ある年、弥三郎が夜更けに帰る途中、突然怪物に襲われ腰の鎌を抜いて怪物の片腕を切り落とした。その腕を持って帰ると、寝ていた母が「これはおれの腕だ」といって腕をつかみ飛び出していった。婆はその後弥彦山に住み、新墓をあばいて死体を持ち帰ったり、子どもをさらって食ったりして……」

小山は、このほか佐渡、出羽などの伝説を紹介したのち、次のように述べている。

「こうした多くの弥三郎婆伝説は、元は越後弥彦山の話だった。これが旅人によって各地に運ばれ、その土地の事物に結びついてその土地の伝説として根づいたのだろう」

谷川健一は前掲書のなかで、「弥三郎婆の話には黒雲に乗って飛行するとか、黒雲のなかから大きな手が出るとかいうものが多いが、それは、伊勢の多度神社の神である一目連が黒雲を巻き起こしながら、外出するという伝承を思い起こさせる。多度神社の多度はタタラのつづまった語であり、一目連は目一つの神を意味すると考えられる」と述べている。ここでは、弥三郎婆が「一つ目」「目の妖怪」と脈絡をもつ可能性に注目しておきたい。

奥会津にもこうした弥三郎婆伝説が伝播し、不完全なかたちではあるが、それがコト八日と結びつき、恐怖の対象、防除の対象として語り伝えられてきたことがわかる。母子伝説、腕切伝承などは不完全で、屈折してはいるが、弥三郎婆伝説とも脈絡を感じさせる。奥会津では、弥三郎婆のみならず、弥三郎自身も恐怖防除の対象として語られているのである。さらに注目すべきは、事例①＝吹雪が荒れる、②＝弥三郎アッパが風と雪をもってくる、③＝風が強く、外に出ると弥三郎にさらわれる、④＝弥三郎風（悪風・悪風邪）、⑤＝大吹雪、⑥＝大吹雪（不幸）――などと、弥三郎・弥三郎婆の日には大風・大吹雪が起こるという気象伝承をともなっていることである。降雪、積雪地帯においては、吹雪が暮らしの大敵であることは論を待たない。

さらに注目すべきは、事例④において、コト八日の大風や大吹雪のことを「弥三郎風」と称し、この風に「悪風邪」までも象徴させている点である。事例⑥では、この風は不幸を運ぶとする。妖怪化され、恐怖の対象とされた弥三郎婆・弥三郎は、単なる妖怪ではなく、大風、大吹雪といった気象恐怖と、風邪や不幸などの病魔・悪霊、厄災を象徴していたのである。もとより、大風、大吹雪などの異常気象は神顕現の舞台設定の条件である。このことについては、のちにふれる。

〈目一つ・一つ目・一つ目小僧〉　事例⑳（表⑨）、事例㉑（表⑩）、事例㉒㉓㉔、表⑦など、静岡県の伊豆地方から御殿場・神奈川県にかけて、コト八日に目一つ、一つ目、目一つ小僧などの登場が語られる。

尾島利雄『日本の民俗9　栃木』[25]には、「ダイマナク」として次のようにある。

「二月八日にんにく豆腐を柊の枝にさし、家の出入口にさしたり、メカイカゴを門口に出し、厄神除けとする」

竹竿の先に目籠を掛け軒端に立てた小山市田間の写真が収載されている。ここに登場するダイマナクは大眼《ダイマナコ》の意で、目一つ、一つ目と同系の、目の妖怪である。いったいなぜ、コト八日に目一つ・一つ目・大眼など目の妖怪の登場が語られるのであろうか。

目一つ・一つ目については、柳田國男の「目一つ五郎考」[26]「片目の魚」[27]、高崎正秀[28]、若雄五雄[29]などのさまざまな考察が続いてきた。谷川健一は、それらの学説を吟味したうえで、さらに石塚尊俊の『鑪と鍛冶』[30]の報告をふまえて、「たたら炉の仕事に従事する人たちに、一眼を失する者がきわめて多く、それゆえに、彼らは金属精錬の技術が至難の業とされていた古代には、目一つの神とあおがれたと私は考える」と述べ、さらに、「一本足」もたたら踏みで足や膝を酷使した金属精錬業者の宿命だとした。よって、一つ目一本足の妖怪、一本ダタラのごときものは「目一つの神の衰落した姿である」という卓見を示すにいたった[31]。

右は、目一つ一本足の妖怪の出自を説いてみごとであるが、コト八日に出現が伝えられる目一つ、一つ目は、また別な角度から見つめ直す必要があろう。まず、コト八日系では、目一つと一本足がセットとして登場することはない。伊豆・駿東・神奈川から北関東にかけては、「目一つ」だけ、「目」のみが強調されているのである。なぜ、双眼ではなく一つの目を欠落させたものがこの日に登場しなければならないのだろうか。

〈ミカリ婆さん〉　事例㉕および表⑦に、ミカリ婆さんが登場する。柳田國男は、「自分は、ミカワリは物忌のことで、常日頃の肉体を、神を祭るに適するように身を改めること、すなわち身変りではなかったかと思っている」と述べ、さらに、「八日の畏さを守護しようとした霊物の名が、ミカワリからミカエリに移り動いたということは、むしろほほえましい自然の変化とも私には受け取られる」と述べている。(32) 忌み籠りによる「身変り」から、おそろしい顔で見返るというイメージをともなう「ミカエリ」に変化したのだと説くのである。柳田は別に、ミカリに「箕借り」の文字をあてている。(33) また、宮本常一は、『民間暦』のなかで次の一文を書いている。(34)

「東の方では一つ目小僧、目かり婆さんなどという妖怪を考え、日も節分ではなく、二月八日のオコトの日に目かごにヒイラギの枝をさして棹につけ、家のまえにたてておくところが多い」

ミカリ・ミカワリ・ミカエリなどと流動するこの妖怪の呼称を、宮本は、「メカリ」「目借り婆さん」と記しているのである。

ここで、目一つ、一つ目、大眼などコト八日に出没する目の妖怪と、「目借り婆さん」とが結びつくことになる。目借り婆さんは目が悪く、目を借りたい人、光の喪失を嘆く妖怪なのではあるまいか。さすれば、目一つ、一つ目も、もう一つの目を求める者であり、両者は「目を求める者」としてつながってくる。目一つも、目借り婆さんも光を求めているのである。防除されるものは、目一つ、目借り婆さんだということになるのだが、そこに仮託されているものは、けっして単純ではない。このことについては、のちにふれる。

事例㉓㉕に「ヨーカゾー」という語が出てくる。㉕やほかの伝承ではヨーカゾーも妖怪の一種だとしているが、柳田は、「八日ぞ」、「今日は八日ぞ」の意で、「ぞは助詞」だとしている。(35) しかし、コト八日に竿（棹）先に目籠をつけた呪物を立てることに注目すると、ヨーカゾーは、「八日竿」（ヨウカザオ）の転だと考えることもできる。

〈鬼〉　表⑤では二月八日と十二月八日に、表⑮⑯では十二月八日に、鬼を防除する行事をおこなっている。新潟県と沖縄県という相遠隔した地でともに鬼除けの行事をおこなっていたことには、驚かされる。鬼には、ことほぎ的な鬼もあるのだが、ここでは、病魔・悪霊の象徴としての鬼だと見てよかろう。

〈足に障害のある神〉　事例㉗（表⑬）では、アシナカ状の藁草履の大（長さ三十センチ）、小（長さ一五センチ）をつくって吊るす。このことは、コトの神祭りの日に訪れる神が足に障害をもつ神だとする伝承によっている。

さて、これまで、コト八日を中心としたコトの行事のなかの防除型を中心として、防除される対象を概観してきた。それは、弥三郎婆、弥三郎、目一つ（一つ目・目一つ小僧）、ミカリ婆さん（目借り婆さん）、鬼、足に障害をもつ神、コトコト婆さん（追送型）、大蛇（事例③）など、いずれも奇怪な風貌・異様な名称をもった妖怪的な存在であることがわかった。これらはいずれも、おそろしいものとして語り継がれ、多様な呪物をもって防除されるのであるが、これらの背後に、病魔・悪霊・厄災などを見ようとしていることはまちがいない。防除型行事の多くが、「物忌み」要素を示しているところからすると、右に確かめた妖怪系の霊物のなかに、来訪神としての性格を読みとらなければならなくなってくる。

追送対象

コト八日の日にイエおよび村落共同体によって追送されるもの、追送対象は、伝承および追送行事のなかの「遣《や》らひ詞」、すなわち追い遣るための囃しことばによって判明するが、特定しにくいものもある。追送対象は、以下のとおりである。

〈風邪の神〉　具体的な病名が明示されているものとしては風邪の神がもっとも多く、それは以下のとおりである。

事例㉛、㉜（表㉑）、㉝（表⑳）、㊼㊾（表㉖）、㊿、表㉗、表㉘

十二月八日と二月八日に挟まれた冬季は、もっとも風邪が流行し、風邪に罹患しやすい季節であることと深くかかわっているのである。そして、風邪がまた万病を象徴することにもなっていたのだった。また、「風邪は万病の元」ともいわれ、怖れられていたのである。事例④に「風邪」が示され、防除型のなかにも風邪が登場したことは見てきたとおりである。事例⑬㉑では風邪の防除が説かれている。

〈送り神〉　遣らい詞のなかに、

〽送り神を送るよ

といったものがある。㉟(表⑲)、㊴㊸などがそれであるが、「送り神」は本来、行事の呼称であり、その送られる神の実質は示されていない。送られるものは、病魔・悪霊、諸々の厄災などと見るべきであろう。

〈トートの神〉　事例㊼㊽㊾㊿52など長野県の遠山谷に見られるが、この「トート」は、一月七日の七草の鳥追い唄

〽トードの鳥が日本の国へ渡らぬ先に七草ナズナでストトントントントン

とのかかわりが考えられる。

ほかに、〈貧乏神〉＝事例㊳、〈厄病神〉＝事例㊴、〈オコトの神〉＝事例㊶、〈諸病〉＝表㉚㉛、〈病魔・悪霊〉＝事例㉞、㊱（表⑱）、㊲㊵などがあるが、追送されるべきものは究極のところ、病魔、悪霊、厄災といったところである。追送されるものの実質は右のとおりであるが、コトコト婆さんという注目すべき伝承がある。

〈コトコト婆さん〉　追送型の事例㊹、㊺（表㉔）、㊻（表㉕）などに「コトコト婆さん」が登場する。コトコト婆さんという名称がコト八日、コトの神などのコトからきていることはまちがいないのだが、「ホトホト」が来訪の戸叩きによるとする見方があることからすると、「コトコト」も、来訪の戸叩きの響きを暗示すると考えることもできる。

浜松市天竜区佐久間町には、「二月八日と十二月八日に針を使うとコトコト婆さんがユルイ（囲炉裏）から出てくる」という伝承がある。二月八日、十二月八日に針供養をおこなう民俗と深くかかわる伝承である。浜松市天竜区春野町川上の高田角太郎さん（明治三十四年生まれ）は子どものころ、祖母から、「ユルイの灰をつつくとユルイ婆さんが出るぞ」と教えられたという。コトコト婆さんとユルイ婆さんはつながっているのである。

⑶コト八日の物忌みと忌み籠り

物忌みとは、一般に神事や法会などにかかわる者が一定期間、酒肉、五辛などを断ち、肉体関係などを慎んで潔斎し、穢れを除くことを意味する。神社の神事にかかわるものや、人の死にかかわる忌み・忌み明けなどについては広く知られるところであるが、個人のイエにおいて秘かにおこなわれてきた民俗的な物忌みや忌み籠り、その具体的な条件となる禁忌、それらの総体は、意外に知られていない。

生活様式の変化が著しく、民俗世界の物忌み的要素の消滅は顕著である。したがって、物忌みや忌み籠りの実態を復元的に理解するためには、ごく些末な断片的伝承にも注目していかなければならないのである。まず、事例および表1に見られる物忌み的要素を掬いあげてみよう。その際、防除型のみならず、追送型の事例をもふくむことにする。

〈風呂〉　事例①⑳㉑に、コト八日には、風呂を沸かしたり、風呂に入ってはいけないという伝承が見られる。

〈山に入らない・木を伐らない〉　事例⑯⑰㉝などに見られるが、山の神祭りを二月七日におこなう地では、右以外にも二月八日に山入りを禁じている例が見られる。たとえば、静岡県周智郡森町三倉では二月七日が「山の講」で、この日は山の神が木を数える日だから山へ入ってはいけないとし、二月八日には、七日に山の神が山でなくした頭巾を探す日だから山へ入ってはいけないと伝えている（原木主一さん・明治三十三年生まれ）。

〈外に出ない・仕事を休む〉　事例③㉔などに見られる。

〈履きものを外に出さずに屋内にしまう〉　事例㉓単独の事例であり、一見、見逃しそうであるが次の例とあわせるとき、その重みが理解できる。

宮崎県西都市上揚の浜砂正義さん（大正八年生まれ）は、節分の日、節が変わる日だとしてキンザオ（衣竿）すなわち物干し竿と、すべての履きものを母屋のなかにしまったという。これは忌み籠りのシグナルであり、事例㉓と一致する。

〈入り口にコモをたらす〉　事例⑨に見られる。これも、単独では理解しがたい。京都府木津川市山城町平尾に、「湧出宮」と通称される和伎座天乃夫岐賣《わきにますあめのふきめ》神社が鎮座する。同社の神事のなかに、二月十四日の深夜におこなわれるモリマワシがある。山から里へ神を迎える神事であるが、モリマワシ役の与力が鈴をつけて山を下る。人びとはみな、家に籠って物忌みをし、音を立てることを慎む。家々では戸口にムシロをたらし、忌み籠り中であることの証とした。死者が出ると簾を垂らし、「忌中」と記す慣行にも通じている。

〈戸を閉める〉　事例⑨に、「朝食後でないと戸を開けることができない」とあるが、このことは、戸を閉ざして忌み籠りをする習慣を語っている。また、事例⑫でもこの日戸を閉ざしていたことがわかる。

三重県尾鷲市《おわせし》、同度会郡大紀町《わたらいぐんたいきちょう》などの海岸部の村落では、節分の日に雨戸や玄関の戸を閉ざして籠り、豆撒きを終えてから開くという慣行が続いた。戸を閉ざす、雨戸を閉ざすことは、忌み籠りの象徴だった。

〈針仕事を休む〉　事例㉖に見られる。コト八日が針供養と重なる点からも当然考えられることであるが、仕事を休むという点で、物忌みにもなる。

〈煮炊きを慎しむ〉　事例52に、子どもたちのコトの神送りの行列が来訪すると囲炉裏の鉤にかけてある鍋や鉄瓶をおろしたとある。鍋・鉄瓶を鉤からおろすということは、煮炊きを慎しむことの儀礼的行為である。

物忌みの形式には、忌み籠りのほかに「浜おり」というかたちがある。奄美大島大和村今里ではマーネアソビと称し、四月初午の日にハブ（毒蛇）除けの物忌み＝浜おりをした。これはナガモノ（ハブ）除けのアソビで、この日には竿、杖、縄などの長いものをもってはいけない。屋敷においてもいけない。家で煙を出してはいけない。ムラびとはすべて浜おりをして一日をすごす。煙を出してはいけないというのが煮炊きの禁忌であり、事例㉜に通じるところである。

右に、直接的に物忌みにかかわるものをとりあげたが、これらを見ただけでも、コト八日が物忌み、忌み籠りをなすべき重要な日であったことがわかる。コト八日、コトの日の根底に物忌み・忌み籠りがあったことを忘れてはならない。また、ほかに防除呪物などとのかかわりからも物忌みについて考えてみなければならない。

(4) コト八日・コトの日の顕示物

コト八日の防除型行事について考える場合、防除呪物に注目しなければならない。

〈目籠〉　事例で通覧してきたとおり、コト八日に、門口に目籠竿を立てたり、玄関に目籠を吊ったりする例が多い。目籠も、深い籠から浅い籠、さらにその延長線上に、笊《ざる》、水嚢《すいのう》、篵《とおし》など、籠・網系のものが続く。事例①②③④⑤⑥⑦⑧⑨⑩⑳㉑㉓㉔㉕、表⑤などにそれが見られる。その地域は、伊豆・駿東・神奈川から栃木、福島・新潟と広域におよんでいる。

目籠系を用いる理由として、「目籠は目が多くて口が一つなので、弥三郎アッパを威すのによい」（事例②）、「目籠は目が多いので弥三郎が逃げる」（事例③）、「厄神が、目の多い奇妙なものがあるぞとおそれて逃げる」（事例⑨）などと語られる。事例⑳では、玄関に目籠を吊り、その下に米の研ぎ汁を桶に入れておく。コト八日にやってくる目一つは、目籠の目の多さ、それが研ぎ汁に映ってさらに目が多くなるので、驚いて退散するのだと伝えている。ここではさらに丸大根に目玉を描いたもの、混入する多くの小豆を目に見たてた赤飯の握り飯をつくって目一つを威すのだとも伝えている。事例㉑も同様である。

奥会津地方で目籠系を用いる理由に対して、目一つ、一つ目伝承圏における目籠系利用の理由のほうが説得力がある。そこには一つ目（目一つ）に対する多目という対応があるからだ。筆者が確認している範囲では、静岡県の安倍川・大井川・天竜川流域、志太平野、奥三河などでは節分に目籠を吊ったり、目籠竿を立てたりするが、その理由として、この地域では、目一つではなく鬼が、籠の目の多さに驚いて逃げるのだ、鬼が籠の目を数えているうちにわけがわからなくなるのだなどと伝えている。節分の目籠には、柊、樒、古草履などの呪物をつける。節分とコト八日の呪物の流動関係については、あとで述べる。

目一つと目籠の対応について考える場合、おき去りにできないのが、ミカリ婆さん＝目借り婆さんである。先にもふれたとおり、ともに目と光に欠落感をもつ存在だからである。

表層・現行の伝承では、目一つ（一つ目）、目借り婆さんはいずれも、人びとに恐怖感をあたえる妖怪的な存在である。しかし、この不可思議なる妖怪的存在の内包する本質を探索しなくてよいのだろうか。

目一つ、目借りの特質は、目を求める者であり、光を求める者として創出されたところにある。しからばなぜ、二月八日、十二月八日に、目を求め、光を求める者を登場させなければならないのだろうか。その来訪を語らなければならないのだろうか。

この二回の八日に挟まれた期間は、太陽の力がもっとも弱まる期間である。冬至の存在についてはいうまでもないが、古代中国の暦法渡来以前であっても、この期間の太陽、陽光の衰微は体感できたはずである。二つの八日のあいだには古層の年のはじめたる「小正月」が位置づけられている。目一つ・目借りは、衰微する太陽の象徴とも解することができるはずである。これらは、光を求める来訪者としての性格を託されたものと考えることができないだろうか。

こう考えると、目籠を掲げて忌み籠りをしている家、その人びとは、目、すなわち光の多い太陽の形象物たる目籠を吊るし、あるいは竿先に掲げることによって、太陽・陽光の復活をこいねがっていることになるのである。光を求める目一つや目借り婆さんは、この日、イエイエを訪い、イエの前に目籠が顕示されていれば、得心し、そのイエおよび家人の幸いと太陽の恵みを予祝して立ち去ることになる。逆に、太陽、陽光の表象を示してないイエに対しては、おそろしい相貌を示し、光を求めて威すことになる。

神は常に両面性をもち、うべなう者にはやさしく祝福をあたえ、あらがう者にはおそろしい相貌を示すのである。

目籠を太陽の表象、光の表象だとする見方は、けっして突飛なものでもないし、孤立したものでもない。折口信夫は「髯籠の話」のなかで次のように述べている。[36]

「我々の眼には単なる目籠でも同じことの様に見えるが、以前は髯籠の髯籠たる編み余しの髭が重要であったので、籠は日神を象り、髯は即、後光を意味するものであると思ふ。十余年前粉河で見た髯籠の形を思ひ浮かべて見ても、其高く竿頭に靡くところ昔の人に日神の御姿を擬し得たと考へしむるに、十分であったことが感ぜられる。……」

ここに述べられている髯籠竿は祭礼時のものであり、コト八日のものではない。しかし、竿の先に籠をつけて立てる点は両者に共通する。折口の指摘によって見れば、コト八日の目籠竿はまぎれもなく太陽の形象だということができる。それは、冬季に衰微する太陽の力の復活を願うものであり、きたるべき年の、万物生動の原動力、採集物の豊穣や栽培作物の豊穣をもたらす太陽の恵みをこいねがうところから発したものであった。豊かなる陽光は結果として人びとの生命力の充実にもつながるのである。目籠系の籠・網類を掲げ、また竿先につけて立てる地域のコト八日にこうした目的が存在したことは、確かであろう。

コト八日の目籠系は個人のイエに掲げられる太陽の形象であるが、村落共同体で立て、祭る、太陽の形象もある。小正月に山梨県内を歩くと、随所で道祖神祭りの飾り竿を見かける。それは巨大な髯籠であり、陽光の形象である。このことについてはすでに述べたことがある。[37] ほかに、熊本県阿蘇地方で、個人の家で立てる、鯉幟竿を兼ねた髯籠を見たこともあった。これについても述べたことがある。[38]

目籠、籠系のものは単なる防除呪物ではなく、太陽・光の象徴と見たてることの可能性について述べてきたのであるが、さらに細かく見ていかなければならない。

〈唐辛子〉 コト八日の顕示呪物のなかに、唐辛子、南蛮が登場する。事例⑦⑨⑩⑪⑫などがそれで、これを戸口に顕示する理由は、その強烈な辛味、刺激によってイエに侵入せんとする邪悪なものを防ごうとしたところにある。その力は羽黒修験の「南蛮燻し」によってもよく理解できる。[39]

〈ニンニク〉 事例⑨⑩には大蒜《にんにく》が登場するが、これも大蒜の強臭と刺激による防除力にたよるものである。蒜《ひる》、大蒜などによる悪霊防除の慣行は古く、記紀にすでに見られる。『日本書紀』におけるヤマトタケル東征伝の「信濃坂越え」（神坂越え）の場面に、「是の山を踰ゆる者は、蒜を嚼《か》みて人及び牛馬に塗る。自づから神の気《いき》に中《あた》らず」とあるのだ。追送型、事例㊲では、蒜が用いられている。

〈柊《ひいらぎ》〉　事例⑳㉑に柊が見られる。柊の防除呪力は、いうまでもなく柊の葉の突刺性による。『古事記』に登場する「柊の八尋矛」や、考古資料の「有棘剣」など、柊の呪力に対する信仰の淵源は古かった。

ここでふりかえっておきたいのは、これらの呪物と目籠がセットになっている例が見られることである。目籠と唐辛子（事例⑦）、目籠と南蛮・大蒜（事例⑨）、目籠と南蛮・大蒜・辛子（事例⑩。辛子もまた、辛味とその刺激によって防除呪力があるとされた）、目籠と柊（事例⑳㉑）などである。これらは、いわば呪力複合であり、呪

節分の顕示物石箕と樒。石箕ではなく、目籠を使う家も多い（静岡県浜松市北区引佐町、山下治男家）

力の相乗効果を期待したものだということがわかるのだが、とくに考慮すべきは、目籠を太陽の形象・象徴とする見方をとる場合、尊崇象徴、祈願対象々徴物と防除呪物が共存・複合しているということである。

この復合をもって、目籠を防除呪物の範疇に閉じこめるわけにはいかない。太陽・光の象徴としての目籠と、味覚・嗅覚・触覚に訴える防除呪物との自家撞着的共存は、不明確ながらも時の流れのなかで複合してきた現象と見るべきではなかろうか。

〈山芋・トロロ汁〉 事例⑪⑫⑬⑭すなわち山形の西村山地方に、山芋・トロロ汁を防除呪物として使っている例が見られる。山芋は、精力・活力のつく食物として知られる。

むしろ、コト八日の食物として重要なのであるが、ここでは防除呪物としての側面に注目する。それは、事例⑪⑫で、南蛮およびツケ木とセットになっていることでもわかる。ツケ木は杉または檜の薄い木片の一端に硫黄を塗ったもので、火を移すときに使った。防除呪物としてのツケ木は火の力を象徴するものである。山芋の呪力は粘着力であり、それによって邪悪なるものの動きを封じると信じたところに、呪物的な使用の基点がある。事例⑫では、トロロ汁をジョーグチ（錠口）に流している。これは、トロロ汁が邪悪なるものの滑倒を誘うと考えてのことではなかろうか。山芋にかかわる事例については、さらに別な角度からも光をあてなくてはならない。

〈煙〉　事例㉔では、茱萸《ぐみ》の木を燻したとある。とくに茱萸が選ばれているのは、茱萸の木には棘がある。突刺性があることに、その呪力を認めたからである。いまひとつ、追送型ではあるが、事例㉜に楠の木を燻したとある。楠が選ばれたのは、この木が樟脳《しょうのう》の原料になることからもよくわかる。樟脳は防虫剤である。ものを燻し、その煙や香気・臭気によって、病魔・悪霊を防除・追送しようとしたのである。

〈針千本〉　針千本の防除呪力は、いうまでもなくその針の突刺性にある。

こうして見てくると、コト八日という特別な日に、門口に顕示・表示される呪物は、目籠＝視覚、唐辛子＝味覚、大蒜＝嗅覚、柊＝触覚、煙＝視覚・嗅覚など、人びとの生活経験のなかから五感を生かして、多面的に、しかもじつに適切に選択されていたことがわかる。

五感のなかでは聴覚要素が欠落しているかに見えるが、門口という枠をはずせば、事例⑧の「臼音」が浮上してくる。臼音は、本来は神おろしの音である。また、追送型に目を転じれば、鉦・太鼓の囃し、遣らい詞などをあげることができる。この両者については、あとでふれる。

防除型の事例のなかで、コト八日に玄関・門口に顕示・標示するものとして注目すべきものに、食物および食にかかわるものがある。山芋については若干ふれたが、ほかに団子、赤飯の握り飯、米の研ぎ汁、箸などがある。以下、それらについて述べ、さらにコト八日と食の関係全体にも目を配ってみよう。

(5)コト八日と食の民俗

〈コト八日・コトの日に食べるもの〉

小豆系の食物　事例①＝小豆団子、事例②＝小豆粥、事例④＝イトコ煮、事例⑨＝小豆団子、事例⑩＝小豆飯、事例⑭⑳＝赤飯握り飯、事例⑱＝餡入り餅、事例㉑＝小豆飯の握り飯、事例㉗㉘＝小豆餡をまぶしたコトの餅、事例53＝ボタモチなどがあげられる。

このように、たしかに小豆系の食物が多いが、これがコト八日の本質と絶対的な関係をもつものだとは断じがたい。たとえば小正月の小豆粥、彼岸の中日のボタモチ、亥の子のボタモチ、大師講のボタモチなどがあることを考えると、晴れの日、モノの日、特定行事の日の小豆のひとつだと考えたほうがよさそうである。

餅　事例⑧⑮＝餅、事例⑱＝餡入り餅、事例⑩＝粳餅、ソバ粉、粟粉の練り餅、事例㉚＝トーンチミ（モロコシ）の粉餅などがある。

団子　事例①〜⑤の奥会津ではソバ団子が盛んだった。事例⑥＝朝、団子をあげる、事例⑪⑫＝ナラの枝に団子をつける、事例⑰＝八日団子、事例㊲＝米粉団子、事例③・表⑫＝小麦団子など。

山芋系　事例⑪＝山芋、事例⑫⑬＝トロロ汁、事例⑭＝トロロ飯（赤飯の握り飯の頂にトロロ汁をかけたもの）を門口に供えるなど。

粢　事例㊱㊾。

大豆系　事例㊹＝大豆（炒り豆）、事例51＝豆腐の汁、事例53＝キナ粉のボタモチ。

魚類　事例㉙＝コト鰈と称して、コトの日に鰈を食べる。

以上が食物である。

〈コト八日・コトにかかわる食関係の呪物〉

食物調整にかかわる液体　事例⑳㉑㉒＝米の研ぎ汁、事例㉚＝餅を蒸したときの汁。

食具　事例㉗㉘㉙＝コトの箸と称する箸。

右に見るとおり、コト八日・コトと食の関係はじつに多彩である。まず食物を総覧してみると、米粉団子、ソバ団子、搗き餅、練り餅、モロコシの粉餅、粢、小豆粥、イトコ煮（小豆、カボチャの入った煮もの）などの小豆系食物、大豆系の食物、山芋系の食物など、むしろ分散的だといえる。総じてコト八日の食物は、活力増強・風邪をはじめとした諸病除けなどを目的とした食物であり、楽しみの食物でもあったといえよう。

十二月八日の食物は、寒季にたちむかうための体力を養い、二月八日のものは、活動の季節へのスタートを切るための食の象徴ともなっていた。直接口にするものではない食物調整過程の液体や箸をふくめて、コト八日、コトの日の食についてさらに多角的に見つめなければならない。

〈防除呪物か、状況標示か、供物か〉

家族がこの日に食べる食物は別にして、戸口・門口に顕示される食物、食にかかわるものは多義的であり、けっして同一範疇にくくれるものではない。たとえば、事例⑪⑫でナラの木の枝につけられた団子は、南蛮や付け木と並存的に吊られている。これは、単純に防除呪物と考えることはできない。事例⑥⑰㊷などの団子をふくめて見ると、この団子は来訪する神、霊的なものに対する献供物だと見ることができる。事例⑭の、玄関に飾られた赤飯の握り飯にトロロ汁をかけたものなどは、さらに複雑である。山芋のもつ防除呪力を注視すれば、邪悪なるものの侵入防除と見ることもできるし、献供物の一種だと見ることもできる。さらにいまひとつの角度から見れば、この家の家族は、コト八日に、コトの神を祭り、神に供えた活力涵養食物たるトロロ汁や赤飯を食べたということの標示だと見ることもできる。表⑯のウルムッチーは、門口に張った注連縄に三個吊られる。鬼餅を吊った注連縄は遮断を意味するが、鬼餅そのものは、このイエの者が鬼餅をつくって食べたことの証でもあり、鬼への献供物と解することもできる。このように錯綜しているのである。

このように見てくると、戸口・門口、その他への顕示物中には、コトの神を祭り、その祭りにかかわる食を食べ、祭りを終えたということを、来訪する神に標示するかたちが伝承されていたことが浮上してくる。事例㉗㉘㉙のコトの箸の標示はその典型だといえよう。事例㉗㉘を見ると、ムラ組で、各戸から米と小豆をもち寄り、一つの釜を使って米を蒸し、一つの臼で餅を搗き、餡をまぶした餅をつくってそれをさらに各戸に分配し、分配された各戸ではその餅を家族で切り分けて食べる。その後、その餅を食べた箸を顕示するのである。

簾状に吊られた箸は、小さな共同体の構成者すべてがコトの神を祭り、共同体成員のすべてが同じものを食べて紐帯を強めたことの証であり、その標示であり、シグナルである。

事例㉙も、コトの神祭りを終え、コト鰈を食べたことの証、シグナルとしてコトの箸を顕示するのである。シグナルを確認するのはコトの神であり、巡回来訪してくる神だと考えてよかろう。否、時に、隙を見てイエに侵入し、人に付着せんとする悪霊のごときものもあろう。邪悪なるものは、祭りを終え、家人おのおのが生命力を充足させたことを知って、退散するのである。

コト八日、コトの日に展開されてきた各地のじつにさまざまな民俗慣行をたどってくると、イエイエの年中行事やムラ組の小さな祭りにおける、忌み籠り実修中や、祭り終了、行事終了を神に告げるさまざまなシグナル、標示物が伝えられてきたことに深い感慨を覚える。ここに気づくと、コト八日や節分の目籠も、太陽や光の形象であると同時に、忌み籠りのシグナルとしての要素をもっていることについても考えなければならなくなる。「シグナルの民俗」は、重いテーマである。

ところで、事例⑳㉑㉒に見られる米の研ぎ汁（白水）や、事例㉚の鬼餅の蒸し汁はどのように考えたらよいのであろうか。⑳㉑には、目一つに対して多目の籠の目を映してさらに増やすためだという、防除呪物的伝承がある。米の研ぎ汁にはアクぬきの力があり、別の呪力も考えられるのだが、ほかに、コト八日の食物を調整した証としてのシグナルだとも解せよう。鬼餅の蒸し汁についても、㉚では鬼を滑らせるためだとしているが、別な角度から見れば、十二月八日の厄除け行事の執行、その食物の調整完了のシグナルだともとれる。

(6) コト八日の気象伝承

一月二十三日の大師講の日には大吹雪になると伝える地が多い[40]。それと同様に、紹介してきた事例のなかに、コト八日に特殊な気象伝承を伝える例が見られる。それは以下のとおりである。

大吹雪＝事例①⑤⑥、風と雪＝事例②、強風＝事例③、弥三郎風（悪風）＝事例④、天気が荒れる＝事例⑮、海が荒れる＝事例㉖、八日吹き＝表⑤⑥など多く見られ、その主流は降雪・積雪地帯である。

事例㊿のコトの神送りで人形をつくる長野県飯田市千代芋平の松下澄男さん（昭和十八年生まれ）も、この地にはコト八日は天気が荒れるという伝承があるという。新潟県佐渡市下川茂では、旧暦二月八日には「八日吹雪」と称して、吹雪が吹くと伝え、この日、吹雪団子と呼ぶ団子をつくってハザに立て、豊作を祈ったという。吹雪団子は窪みをつけた丸草餅で、塩小豆で煮て食べ、これを食べれば風邪をひかないと伝えたという。[41] 吹雪団子とは、なんと美しく、風土性を滲ませた名称ではないか。

吹雪や荒天は、回避したい、暮らしの阻害条件であるが、ここでは、コト八日の荒天・吹雪などは、忌み籠りの舞台設定にもなるのだが、冬季・寒季のひとつの入り口と、冬季・寒季への訣別を告げる季節の折目を意識させる伝承にもなっている。また、異常気象は、神顕現の徴候と受けとめることができる。事例⑪⑫⑬⑭などは積雪地帯ではあるが、調査の際、気象伝承の確認をしてこなかった。気象条件を意識化して調査を進めれば、コト八日と気象伝承のさらに濃密な関係が浮上してくるはずである。

(7)追送型行事の諸問題

追送型のコト八日行事の場合、追送の形式が問題となる。なかで、イエやそこに住まう人びとに着いている病、たとえば風邪、または悪霊などを、何かに転憑・託着させて追放しなければならない。その託着物や、追送の道順、最後にいたる棄捨地点、そして道中の遣らい詞や囃しの方法などに注目すべきである。

〈病魔・悪霊・厄災などの託着物〉

御幣またはシデつきの笹竹に、イエや住人に付着した病魔・悪霊などを転依・託着させるかたちがほとんどである。悪しきものを転依せしめられた幣や笹竹をそのまま追送・投棄するかたちと、幣や悪しきものを輿や舟に集めて送るかたちとがある。

輿　事例㉛＝檜葉と竹、事例㉞＝杉葉、事例㉟＝檜葉と漆の木、事例㊱㊸＝檜葉といった例が見られる。

舟　事例㊵＝椿の枝を舟に見たてバンドウブネと呼ぶ。この舟にデックラボーと呼ばれる人形を乗せるのである。

藁馬　事例㉞に藁馬が登場する。この藁馬が病魔悪霊、悪神を転乗させて追送するかたちになる。これは、事例㊸のリレー式送り神の笹竹につけられた短冊の「馬」「午」という文字や、猿猴駒引の版図と共通するもので、馬に病神を乗せて送るというかたちになっているのである。

人形　事例㉞㊵㊸に人形が登場する。ともに、病魔・悪霊を人形に託着させていると考えることができるのであるが、事例㊿の、男神・女神は別の要素をもふくんでいる。㊿の藁人形は、事例報告でふれたとおり、男根と女陰をつけたものである。これは、抱擁する双体道祖神に通じるものであり、秋田県に見られる鹿島さま、たとえば秋田県横手市山内の峠に立つ巨大道祖神のカシガさまに通じるところがある。[42] 男女の密着力やカシガさまの巨大男根の呪力で邪悪なるものの侵入を防除するのであるが、[43] 檜葉の輿に隠された双体の藁人形にも、風邪などの病魔を封じ追送する力があると考えられていたのである。

〈病魔・悪霊の追送先〉

追送先は総じてムラ境が多く、二月八日と十二月八日で、川の上流と下流の境、上と下の境、東西の境などと交互に送る例も見られる。事例㉞は安倍川水系の川へ、事例㉟は大井川の流れに流している。㊵においては、古くは海へ送っていたという。㊴の浜や㊱の河原も海や川に準ずるものである。事例㊿では、古くは九十九谷と呼ばれる深い谷に追送されていたという。大方は、「ふり返るとまた病魔・悪霊がついてくる」として、追送先をふり返り見ることを禁じている。

〈追送担当者〉

声を合わせて遣らい詞を唱したり、鉦・太鼓で囃したりして各戸を巡る。その役の担当者は、事例および表1に見るとおり、多くは子ども組である。年齢階梯的な役割分担や、各戸を巡回し、イエイエの人びとから駄賃、布施、勧進などを受けるとき、おのおのにかけられるお礼とねぎらいのことばを受けたときの感動などは、将来地域共同体を背負う者として、またとない学びとなった。そこには「民俗の教育力」があった。[44]

〈遣らい詞〉

遣らい詞は総じて単純明快なものばかりであるが、事例㊼㊾㊿(52)に見られる遣らい詞は、一見するところ難解である。

トートの神については先にふれたが、「チーチノオッポニサンヨリヨ」がむずかしい。「チーチ」とは鼠のこと、「オッポ」とは「尾」のこと。長い尾は、鼠を象徴する。「サンヨレヨ」は、「さあ縒《よ》れよ」ともとれる。鼠をこらしめるために、尾を縒るのである。いまひとつの「サンヨレヨ」は「さあ遣《や》れよ」の意で、文字どおりの遣らい詞だとも解することができる。

コト八日の追送行事と鼠とはいかにも唐突な結びつけではあるが、考えてみるべき問題である。

昭和五十七(一九八二)年、現飯田市上村下栗の野牧政夫さん(明治三十四年生まれ)から右の遣らい詞を聞かされてから、折々不意にこの詞が心に浮かぶことがあった。昭和六十二(一九八七)年、伊豆半島を歩いていた折、送り行事のひとつに「鼠送り」があることを知った。

〽チーチーヤイ　ニゲロヤイ　ニャーニャーネコが送るわい——（静岡県賀茂郡松崎町池代・山本吾郎さん・明治四十一年生まれ）。

山本さんは、次のように語る。

鼠の害は、主として檜と萱（薄）だった。この地では、萱は屋根材および炭俵素材として極めて重要だった。ところが、折々、萱野が野鼠のために全滅することがあった。そうした害を予防する行事として、鼠の害が出た折、「鼠送り」をおこなった。ムラびとたちが列を組み、鉦・太鼓を叩いて右の遣らい詞をくり返しながら、下のムラ、大沢の境の「神送り淵」まで送った。

〽チーチー　ニゲロニャーニャーくるぞ——（静岡県賀茂郡西伊豆町大沢里大城・市川至誠さん・大正五年生まれ）。

鼠の害があったとき、「鼠送り」と称して、ムラびとたちが一斗缶の空缶、鉦、太鼓を叩いて尾根から川へと鼠を追い下し、海に向かって追い出した。そのとき、空缶、鉦、太鼓に合わせて先の遣らい詞を大合唱したのだという。

鼠は、萱のみならずむしろ農作物に害をあたえ、養蚕にも害をあたえた。右とは別に、山梨県・沖縄県などにも鼠送りがあり、これについてはすでに報告したことがある。

長野県飯田市南信濃木沢小字須沢の熊谷茂正さん（昭和十五年生まれ）は、鼠の害について次のように語る。

水田のない当地では麦の比重が重かったのだが、鼠はハザ掛けした麦を喰い荒らした。また、大豆は畑にあるものもハザ掛けしたものもひどく喰い荒らした。さらに、甘藷、馬鈴薯にも害がおよんだ。

長野県の遠山谷北部や遠山谷南部此田などの畑作地帯には、かつて「鼠送り」があり、その遺らい詞がコト八日の送り神行事に潜入した可能性が考えられる。


〈リレー式追送行事〉


事例㊸は、長野県飯田市千代・上久堅地区で現在もおこなわれているリレー式のコトの神送りである。リレー式という旧村の境を越えた送り神行事は、きわめて特色に富むものだといえよう。この特色ある行事の発生要因のひとつとして、諏訪信仰にかかわる「送り旗」の民俗があったのではないかと考えられる。松山義雄は、諏訪明神の例祭に供える七十五の鹿頭をそろえるために「送り旗」がおこなわれていたとしている(45)。

「この鹿頭の輸送にあたっては、〝諏訪明神行き〟としたためた布の〝送り旗〟を付けて路上に置いておくと、通行人が自分の行く先までずつ、鹿頭を運んでいってくれるのが習いであった。こうして次々と無報酬で目的地まで運ばれてゆく運搬方式を〝村送り〟と呼んでいる……」

長野県下伊那郡阿南町早稲沢の杉本鷲男さん（大正四年生まれ）によると、天竜川右岸の入登山神社への献供物にも「送り旗」で送られるものがあったという。こうした信仰土壌が、コトの神のムラ送り、リレー式コトの神送りの発生に影響をあたえたことはたしかであろう。

〈追送の民俗〉

先に、コト八日行事のなかの追送型たるコトの神送りと「鼠送り」の接点についてふれたが、この追送型行事について考える場合は、人の暮らしに対する阻害要因を追送・追放することを目的とした民俗行事との比較的考察も必要になってくる。それは、「鳥追い」「虫送り」「ミサキ送り」「モグラ打ち」「雛流し」、そして南島の「シマフサラー」などである。これらは、追送の民俗としてくくることができるのだ。拡大すれば、害獣たる猪、その猪追いから、猪のムラ狩りにまでつながっていく。先に見た「鼠送り」や「猪のムラ狩り」などは、可視の害物の捕獲追送であり、行事も即物的側面をもつ。こうした即物的な行事が、不可視の病魔・悪霊を追送するコトの神送りのごときものに影響をあたえたという矢印も考えられる。鼠送りの遣らい詞と鉦・太鼓の囃しかたと、コトの神送りのスタイルは近似している。

〈追送型コトの神送りのエリア〉

コト八日・コトの日に追送型の行事をおこなった地、おこなっている地は、全国的に鳥瞰してみれば、けっして広域にわたって確認できるわけではない。今後の調査や文献資料の点検を待たなければ明言できないが、この類型は、事例および富山昭の報告(46)を見る限り、静岡県の富士川以西、安倍川流域、大井川流域、駿河湾西部から遠州灘にかけての海岸部、さらに浜名湖周辺におよんでいる。

「諸国風俗問状答(47)」の三河国吉田領風俗問状答に、次のようにある。

「二月八日、事始の事、長き竹の末に目籠を付て門口に建る事あり。又、餅を搗く家もあり。農家にては大かた餅を搗くなり。八日餅と云ひて親族また入魂の者へ贈り、或は招で饗する事もあり。江戸にておこと汁といふ物はなし。其類の事もなし。但、郷村にては送り神と云ひて、先づ家々の竈の上の煤を払ひ大道へ持出し、藁にて人形を作り紙幟などを作り、彼人形をば竹などつけて持ち、さて鉦太鼓を打て囃したてて家々を廻り、終には村の端川辺などに持行て捨置き、足早に逃帰る事也。これいづれの郷村にもあり、少しの違ひはありても大凡は同じ、囃し詞は〽ヨオイトウ〳〵ヨイトコヨイトウ　また〽オクリガミヨオオクレヨウ　エイトウエイトウ　などと云ふのみなり」

じつに詳細な報告であり、とりわけ、防除型に見られた目籠が追送型のなかに併存していることが注目される。

これに加えて追送型は、事例で見てきたとおり、天竜川流域を溯上し、浜松市山間部から青崩峠・ヒョーゴシ峠を越え、長野県遠山谷に入り、さらには伊那谷におよんでいる。飯田・下伊那の竜西にも若干の伝承例はあるが、いわゆる竜東、天竜川左岸に濃厚に分布している。コト八日の追送型の行事は、長野・静岡両県の中央構造線外帯と、フォッサマグナの糸魚川・静岡構造線西縁の富士川以西のあいだに挟まれた地域に集中していることがはっきりとわかる。いかなる理由によってこのような分布を見るにいたったのかについては明確なものがなく、今後の調査を待たなければならない。

追送型行事は、たとえば事例⑭（表㉚）、事例⑱（表㉛）のように個人のイエごとにひっそりとおこなわれる例もあるが、静岡県・長野県などに集中的に見られる例（事例㉛〜53）においては、まず個人のイエや家族につく病魔・悪霊を幣・笹竹・輿などに転依させ、村落共同体で送るかたちが圧倒的に多い。

追送型を通覧していまひとつ気づくことがある。それは、追送というかたちをとる一方、ムラ境に注連縄を張り、片方の草履・草履の大型のものや異形のものなどを吊るして病魔・悪霊の侵入を防ぐ道切り、辻締め、ムラ締め型の防除呪術をあわせておこなっている例が見られることである。事例46 49 50・表㉗などがそれであり、『南信州・上村遠山谷の民俗』[48]によると、飯田市上村上町でもかつてはムラ境に注連縄を張り、アシナカを吊るしたという。今後の調査研究を待たなければならない。

(8)コト八日行事の朧姿

二月八日、十二月八日という月日の設定の必然性とコト八日行事の原質の解明は容易ではない。

柳田國男は、コト八日について次のような発言をしている[49]。

「江戸の近郊を含めた全国の農村では、二月十二月の八日を祝ふ限り、すべて二月の方をコト始めと謂って居り、他の一方が当然にコト納めである。コトは節目または祝祭日を意味する古語であったらしく、しかも正月だけはコトのうちではなかった」

小論で示した資料のなかでも、事例①、㊴(表㉒)、㊶、表⑫などに、コト始め、コト納めといった認識が見られる。

柳田はまた、別に次のようにも述べている[50]。

「江戸の学者の早くから不審を抱いて居たのは、二月八日のオコトをば事納めといい、かえって師走八日の方を事始めと呼んでいたことであった。これも新年の大節をコトと称していたものとすれば顛倒でも誤伝でもないのであって、この日も卯月八日の天道花と同じく、棹を高くたててその上に目籠などを掲げ、邪神の近よるを防ぐといっていたのも、すなわちまた門松や注連のやうに、この境最も清浄なりといふ小標識であったらう。何にもせよ、正月十五日を中心とし、月の上弦の七日の日が厳重の物忌の始めだったとすると、それからさらに遡って十二月の八日までが、あたかも散斎の三十日間になるのである。ただし祭りが過ぎてから後の方の日限は、物忌でなかったためか今の規定は何もないが、それにもまた次の月の上弦の日まで、段々の附属式が連続して居たのかも知れない」

「コト始め」「コト納め」については両様の解釈があったことがわかる。

「始め」「納め」以前に、コト八日について考える場合、ここにはさまざまな示唆がある。まず、二月八日を事始め、十二月八日を事納めとする一般の呼称に対して、逆に、十二月八日を事始め、二月八日をコト納めとする見方があり、正月十五日を中心にして見ると、この見方にも妥当性があるというのである。

柳田の説くごとく、小正月、一月十五日「満月」を基点としてコト八日の「八日」は上弦の八日月の日の二月と十二月が選ばれていることはたしかであろう。そして、コト八日がともに物忌みと深くかかわる日だとする点も異論はない。また、民俗行事を中心としてみた場合、多彩な行事が重層する一月十五日の小正月、その中心性・古層性も動かない。民俗行事からすれば、一月七日・八日が薄いのである。しかし、小正月、「満月」を中心に据え、小正月の月の前の月、すなわち十二月の八日と、小正月の月のあとにくる二月八日の「上弦の月」を前後に配する時間構造の安定感はたしかに読みとれる。太陰太陽暦以前の、「月」にもとづく古層の時間構造がよく見えてくる。八日月、上弦の月は一朔望月の中間にあたり、八日月は、以後日を追ってふくらみを増していく瑞象でもある。

「八日」は、月が満月に近づくふくらみを予感させると同時に、潮動は「小潮」で、漁撈では動きのとれない日である。慎しみの日としてはふさわしいのかもしれない。

十二月八日と二月八日に挟まれた時間は、万物枯衰し、太陽の力も弱まる季節である。冒頭で引用した折口説にある、「コト」が「節」以前の、節を示す語だとすれば、コト八日である二月八日は節分に相当するものだったのではなかろうか。こう考えてみると、顕示呪物たる目籠、柊、刺激物などのコト八日と節分のあいだの流動現象も首肯できるところである。

十二月八日のほうを見れば、その前に十一月二十三日の大師講、霜月祭り、十二月一日を川びたり一日・膝塗り一日として重視する民俗など、季節の転換を語る重要な日が並ぶ。当然、二十四気の冬至もかかわる。古層の「コト」、十二月八日の行事の要素でこれらの行事のなかに継承されていったものもあるにちがいない。

コト八日とこれらの行事のあいだには、行事構成要素の流動や、重層もあるにちがいない。たとえば、事例②④⑤に南瓜が食されるが、これらと冬至南瓜にも、かすかな脈絡が感じられる。

「大師講荒れ」と「八日吹き」の共通性も気にかかる。

コト八日、二つの八日は、たしかに小正月を挟んでの重要なコトの日ではあるが、それは、小正月のための物忌みのみで結着できるものではなかろう。十二月八日は、冬の中核部分に突入するに際して、太陽の力の復活を冀《こいねが》い、個々の生命力・魂の力の充実を祈り、風邪をはじめとする諸病防除を願う日、それらのための物忌みの日であったにちがいない。二月八日は、万物生動する季節をむかえ、採集・農耕・漁撈など本格的な生業活動をはじめるに際して、太陽の恵みを求め、人とイエにつく諸悪諸病を追放・防除するための物忌みの日であり、地域によっては病魔・悪霊を追放するという行動の日へと転換してきたのであろう。これまで見てきた「コト」には、季節の折目・節目の役割も託されているのである。折目・節目、ものの変り目には、悪しきものが侵入しやすいから注意しなければならないという民俗心意も底流していたのである。

十二月八日から二月八日の期間は、平易な表現をすれば「冬籠り」の時間であり、両日は、その入りと出のための忌みの日だったと考えることができよう。こうしたことから、山の神、田の神の循環去来と結びつくという解釈も出てくるのである。

民俗を、伝承の現在で裁ち切り、その断面を覗いて見ると、そこには、単純に要約することのできない、さまざまな時系の貌がふぞろいに並んでいる。あるものは古代的な貌を、またあるものは中世的な表情を示し、そしてまた、近世の貌をみせる。それに地方色が加わり、まさに混沌の世界で収集がつかない。

コト八日の行事は、中部日本以東で盛んだったと思われるが、その要因も慎重に究めなければならない。個々の行事要素を並べたときに見える差異、伝承される行事が内包している矛盾など、その要因の探求は容易ではない。たとえば、事例㊾のなかに顔を出す「忌み」の行為のひとつとして、イロリの鉤から鍋や鉄瓶をおろすという行為がある。これが煮炊きの慎しみを象徴するものであることはたしかだが、このことと、神に供える供物の調進と、生命力充実のための食物の調理は、当面は矛盾を示す。神祭りと神饌の調進とその後の直会というのが本来のかたちであるはずだが、現実の民俗世界では混交、不整序がある。「忌み籠り」を基本としながらも、コト八日の行事は、現実にはじつに多様な展開を示しているのである。現象として防除型を示しているものの背後にある、「来訪神」の問題も、これから究明しなければならない。今回もまた途半ばで終わることになってしまった。

〈註〉

（1）柳田國男「年中行事」初出一九四九（『柳田國男全集18』筑摩書房　一九九九）
（2）柳田國男「月曜通信」初出一九五四（『柳田國男全集20』筑摩書房　一九九九）
（3）柳田國男「神送りと人形」初出一九三四（『柳田國男全集29』筑摩書房　二〇〇二）
（4）大島建彦『コト八日　二月八日と十二月八日』（双書フォークロアの視点8　岩崎美術社　一九八九）
（5）『上久堅の民俗』（飯田市地域史研究事業民俗報告書1　柳田國男記念伊那民俗学研究所　二〇〇六）

（6）折口信夫「日本の年中行事」初出一九四三（『折口信夫全集第十六巻』中央公論社　一九六七）
（7）野本寛一「コト八日　ヤライ詞と行事の原質」（『言霊の民俗』人文書院　一九九三）
（8）只見町史編さん委員会編『只見町史　第三巻　民俗編』（只見町　一九九三）
（9）舘岩村史編さん委員会編『舘岩村史　第四巻　民俗編』（舘岩村　一九九二）
（10）「山中七ケ宿の民俗」（『宮城県文化財調査報告 第34集』宮城県教育委員会　一九七四）
（11）佐島直三郎『岩手県若柳の民俗』（胆沢町教育委員会　一九六八）
（12）『むつ小川原地区民俗資料緊急調査報告書』（青森県教育委員会　一九七三）
（13）石井進「ミカリバアサンの日」（『民間伝承』第12巻第3、4合併号　民間伝承の会　一九四八）
（14）『郷土研究』第1巻10号（名著出版復刻版　一九七五）
（15）『静岡県民俗地図　民俗文化財調査報告書』（静岡県文化財調査報告書17　静岡県文化財保護協会　一九七八）
（16）前掲（15）に同じ
（17）桜井弘人、前掲（5）に同じ
（18）記録映画「竜東地域におけるコト八日行事」（企画構成桜井弘人　飯田市美術博物館）
（19）打江寿子「コト八日」（『日本民俗学』１０７　日本民俗学会　一九七六）
（20）大谷忠雄「ミカリ婆さんの伝承」前掲（4）に所収
（21）平良豊勝『喜如嘉の民俗』（沖縄療友会印刷部　一九七〇）
（22）柳田國男「狼と鍛冶屋の姥」初出一九三一（『桃太郎の誕生』『柳田國男全集6』筑摩書房　一九九八）
（23）谷川健一「弥三郎婆」初出一九七九（『谷川健一著作集5』三一書房　一九八五）
（24）小山直嗣「弥三郎婆」（乾克己ほか編『日本伝奇伝説大事典』角川書店　一九八六）
（25）尾島利雄『日本の民俗9　栃木』（第一法規　一九七三）
（26）柳田國男「一目小僧その他」初出一九三四（『柳田國男全集7』筑摩書房　一九九八）
（27）柳田國男「片目の魚」初出一九二〇（『柳田國男全集25』筑摩書房　二〇〇〇）
（28）高崎正秀『金太郎誕生譚』初出一九三七（『高崎正秀著作集7』桜楓社　一九七一）
（29）若尾五雄『金属・鬼・人柱その他　物質と技術のフォークロア』（堺屋図書　一九八五）
（30）石塚尊俊『鑪と鍛冶』（岩崎美術社　一九七二）

（31）谷川健一『青銅の神の足跡』初出一九七九（『谷川健一著作集5』三一書房　一九八五）
（32）柳田國男「ミカハリ考の試み」初出一九四八（『柳田國男全集18』筑摩書房　一九九九）
（33）柳田國男「七島正月の問題」初出一九四九（『柳田國男全集20』筑摩書房　一九九九）
（34）宮本常一『民間暦』初出一九四二（『宮本常一著作集9』未來社　一九七〇）
（35）前掲（33）に同じ
（36）折口信夫「髯籠の話」初出一九一六（『折口信夫全集第二巻』中央公論社　一九五五）
（37）野本寛一「道祖神祭りの風景　甲斐の太陽」初出一九九〇（『神と自然の景観論　信仰環境を読む』講談社学術文庫　二〇〇六）
（38）野本寛一「稲作と太陽」（『稲作民俗文化論』雄山閣　一九九三）
（39）内藤正敏『修験道の精神宇宙　出羽三山のマンダラ思想』（青弓社　一九九一）
（40）野本寛一「雪のまれびと」（古典と民俗学の会『古典と民俗学論集　櫻井満先生追悼』おうふう　一九九七）、本項所収。
（41）『下川茂の民俗　新潟県佐渡市下川茂』（新潟大学民俗調査報告書第14集　新潟大学人文学部民俗学研究室　二〇〇八）
（42）神野善治『人形道祖神・境界神の原像』（白水社　一九九六）
（43）宮田登『子ども・老人と性』（宮田登日本を語る12　吉川弘文館　二〇〇七）
（44）野本寛一「子ども組を見守る　民俗の教育力③」（『季刊東北学』第15号　東北芸術工科大学東北文化研究センター　二〇〇八）
（45）松山義雄『狩りの語部　伊那の山峡より　続』（法政大学出版局　一九七七）
（46）富山昭「静岡県の『コト八日』伝承　その事例と考察」、前掲（4）に所収
（47）屋代太郎弘賢『諸国風俗問状答』執筆一八一七（中山太郎編『校註諸国風俗問状答』東洋堂　一九四二）
（48）『南信州・上村遠山谷の民俗』（上村民俗誌刊行会　一九七七）
（49）前掲（33）に同じ
（50）柳田國男「民間暦小考」初出一九三一（『柳田國男全集20』筑摩書房　一九九九）

V　自然暦と季節の伝承

一　自然暦

1　自然暦の構造

自然暦《しぜんれき》とは、季節循環にそって変化する自然のなかに指標となるものを定め、それを生業・生活などの人のいとなみを実施すべき適時判断の基準にするものである。自然が示す季節変化にそって人がなりわい作業や暮らしのいとなみを進めるリズムは、文字暦を基準にした人の営為に似たものではあるが、一見素朴に見えても、自然との密着度においては自然暦のほうがより密接である。それは「暦」の知識以前から伝承されてきたもので、知識人や文人の親しんだ文字暦に匹敵する生活者の暦だった。

自然暦のなかには、この国の生活者の自然観察の細やかさ、正確さが刻みこまれ、庶民の自然観を構成する要素もふくまれている。

自然暦は、自然のなかの指標物・指標事象と人の営為を結んで成立する。まず、その主たる指標物・指標事象を確かめてみよう。

⑴指標物・指標事象

植物　①木や草の花＝蕾、咲きはじめ、盛り、落花など　②木の葉＝芽吹き、葉の生長度、紅葉、落葉など　③木の実

動物　①鳥＝鳴き声、候鳥の去来など　②昆虫＝鳴き声、飛びかたなど、出現　③その他の動物

気象　①雪＝高山の残雪（雪形）、雪解けした高山の山肌形状、雪崩、降雪など　②霜　③気温

これらの指標に対応する人の営為についても、その概略を整理しておく。

⑵人の営為

生業　①農業＝稲の籾蒔き（苗代）、田植え、雑穀・豆類・野菜などの種蒔き、栽培作物の移植、芋類の植付、作物の生長観察など　②漁業＝海洋（魚類回游期、魚類漁獲期、貝類捕採期、海藻採取期など）、内水面（母川回帰魚の溯上期、母川回帰魚の産卵期、その他の魚の漁獲期など）※魚介類の漁獲・捕採の適期を「旬」のかたちで示すものも多い　③狩猟　④養蚕　⑤椎茸栽培　⑥畜産　⑦採集など

生活　①食品製造加工　②衣生活など

このほか、指標物と人の状態を結んで示す例もある。

右とは別に、自然のなかの指標物をあげて、いまひとつの自然のなかの動物の生態などを指摘するものがある。たとえば山形県最上郡戸沢村には、「朴の葉が落ちはじめると、マスがホリを掘る（産卵活動をする）」という自然暦がある。「ホリを掘る」というのは産卵のことで、マスの生態を語っているのだが、実際には「秋マス漁」の適期と限界の指標となっている。

さて、自然の季節循環によって現れる指標物、指標事象によって伝承されるものには、自然暦に隣接はしているが自然暦とは異なるものもある。そのひとつは、作柄や漁獲結果の予測である。豊作か否か、豊漁か否かを特定の指標物によって予測・予想する方法である。いまひとつは、来たるべき年の気象予測で、多雪か否か、多雨か旱天か、台風はどうかなどといったことの予測判断である。

自然暦の指標物・指標事象のすべてにかかわる伝承内容の記述は厖大な量になる。紙幅の関係からそのすべてをここに紹介することはできない。ここでは、自然暦の多くの分野のなかからもっとも親しみやすい生業や暮らしにかかわる「花々」を窓口にして、その自然暦の事例をなるべく詳細にとりあげることにした。そのなかで、「葉」や「実」についてもふれる部分がある。また、「予測」にかかわる伝承や口誦句について、若干の紹介を試みている。自然暦の総体・集成は、機会を改めて示すことになる。

2　自然暦の実際――しるしの花々

人びとは、季節のめぐりのなかで、自分たちの生業にかかわる作業の開始や調味料の準備、仕込みはじめ、漁獲物の旬などを知るために、どんな花々を見つめてきたのだろうか。さまざまな活動のはじまる季節、それは春なのだが、春咲く花々の数も数えきれないほどである。本来は、開花の順序にそって厳正に配列すべきではあるが、ここでは、事例のまとまりや作業のなじみなども考え、便宜上の配列をした。また、例の少ないもので割愛したものもある。なお、例にあげた写真は、自然暦伝承地のものとは限らない。

①コブシ（辛夷）

モクレン科の落葉高木で山野に自生するが、庭木としても植栽され、春、白い花を咲かせる。コブシの純白の花むらは遠目に著《しる》く、全国各地でじつにさまざまないとなみの指標となってきた。

・コブシの花を「種蒔きザクラ」と呼び、コブシの花が咲くと稲籾蒔きの準備にかかった（事例①＝秋田県大仙市横堀星の宮・長沢精一さん・昭和三年生まれ）。

コブシの花を「種蒔きザクラ」と呼び、籾おろし、苗代の指標とした例は、秋田県由利本荘市鳥海町牛越、同仙北市西木町・田沢湖町、同北秋田市阿仁打当、青森県三戸郡三戸町目時などでも聞いた。また、「種蒔きザクラ」という呼称をつかわなくてもコブシの花を指標として苗代作業をした例は、山形県最上郡戸沢村・同西置賜郡小国町、長野県下伊那郡天龍村大河内、広島県庄原市口和町《くちわちょう》、島根県鹿足郡《かのあしぐん》津和野町《つわのちょう》など全国各地に見られた。

・コブシの花のことを「田打ちザクラ」と呼び、コブシの花が咲いたら水田の耕起をはじめた（事例②＝青森県西津軽郡深浦町・前田正男さん・大正四年生まれ）。

・コブシの花のことを「苗代ザクラ」と呼んだ。苗代ザクラは苗代の指標となり、また、ナスの種蒔きの指標ともした（事例③＝青森県西津軽郡鰺ヶ沢町一ツ森町・大谷秀教さん・昭和二十三年生まれ）。

・コブシの花が咲いたら麻の種蒔きをする（事例④＝岩手県宮古市田代小字君田・村上正吉さん・大正二年生まれ）。

・コブシの花が咲いたら稗の種蒔きをする（事例⑤＝栃木県日光市湯西川・伴聡さん・昭和十一

満開のコブシ（山形県鶴岡市温海川）

年生まれ)。

・コブシの花が咲いたら種芋用として貯蔵してある里芋を点検する。芽ぐんでいるものは畑に植え、芽の出ていないものは食べる(事例⑥=静岡県御殿場市印野・勝間田多住さん・明治四十一年生まれ)。

・コブシの花が咲いたら里芋を植える(事例⑦=栃木県那須塩原市油井《ゆい》・阿久津権之さん・大正四年生まれ)。

これとまったく同じ自然暦を、山梨県南都留郡鳴沢村、静岡県裾野市葛山、奈良県五條市大塔《おおとう》町物谷《ちょうそうたに》、熊本県阿蘇市波野、熊本県阿蘇郡高森町猿丸でも耳にした。

・コブシの花が咲いたら馬鈴薯を植える(事例⑧=奈良県吉野郡天川村栃尾・玉井おりょうさん・明治二十八年生まれ)。

・コブシの花が咲いたら牛蒡の種を蒔く(事例⑨=京都府綾部市《あやべし》睦寄町《むつよりちょう》古屋・細見恵美子さん・昭和五年生まれ)。

・コブシの花が咲くと、アマゴが釣れはじめる(事例⑩=岐阜県関市板取《いたどり》小字中切・長屋秀雄さん・大正十二年生まれ)。

・コブシの花ざかりにヤツメウナギがのぼってくる(事例⑪=新潟県東蒲原郡阿賀町両郷《りょうごう》・江川明さん・昭和十年生まれ)。

・コブシの花ざかりがゼンマイの盛り（事例⑫＝同）。
・コブシの花が咲くころ馬が発情する（事例⑬＝岩手県花巻市石鳥谷字戸塚小字蒼前・藤原昭男さん・昭和二十年生まれ）。
・コブシの花が咲くころ、玉味噌をおろしてタワシで洗い、削って塩と合わせて仕込む（事例⑭＝京都府南丹市日吉町田原・竹林安三さん・明治四十四年生まれ）。
・コブシの花が咲くころ味噌を仕込む（事例⑮＝秋田県仙北市田沢湖町生保内石神・田口郁子さん・昭和二十五年生まれ）。
・コブシの花がたくさん咲く年は豊年になる（事例⑯＝福井県三方上中郡《みかたかみなかぐん》若狭町河内《こうち》・石田つうさん・明治四十三年生まれ、同大飯郡おおい町名田庄染ケ谷・小西勇さん・昭和十三年生まれ）。

同様の伝承は、福島県耶麻郡猪苗代町小平潟、長野県下高井郡木島平村馬曲、岐阜県中津川市川上、岡山県新見市別所などでも聞いた。岐阜県下呂市《げろし》久野川・萩原町などでは、同じ内容を「コブシの花がたくさん咲くと世の中がよい」と称している。

岐阜県高山市清見町字二本木の脇谷佳澄さん（昭和十一年生まれ）は、「クブシ（コブシ）の花がたくさん咲くと水に困ることがないから、その年は諸作が豊作になる」と語っている。

・コブシの花が横向きに咲く年は強風が多く、下向きに咲く年は雨が多い。上向きに咲く年は日照りになる（事例⑰＝秋田県由利本荘市鳥海町牛越・佐藤隆雄さん・昭和三年生まれ）。

・コブシの花が上を向いて咲くと旱魃になる（事例⑱＝長野県松本市波田字渕東・石川定夫さん・大正七年生まれ）。

・コブシの花が咲きはじめると風が出はじめる。また、コブシの花がたくさん咲いた次の年は雪がたくさん降る（事例⑲＝岩手県和賀郡西和賀町沢内若畑・小森紀美雄さん・昭和十六年生まれ）。

平成二十六（二〇一四）年五月十六日、福島県南会津郡只見町の新国勇さんのご案内で、六十里越峠《ろくじゅうりごえとうげ》の山に入った。途中でタムシバを見かけた。コブシと同じモクレン科だが、コブシよりも丈は低い。六弁の白い花はコブシよりも開いており、山中に幻の白い蝶が舞っているような印象だった。南会津地方の人びとは、タムシバのこともコブシと呼びならわしているという。白い花むらは、タムシバよりもコブシのほうが密である。南会津地方でもコブシの花がたくさん咲く年は豊作だといい伝えている。また、岩手県久慈市川代には「モクレンが咲いたら春の農作業のしたくにかかれ」（川代兼松さん・大正十二年生まれ）

タムシバ（福島県南会津郡只見町六十里越山中）

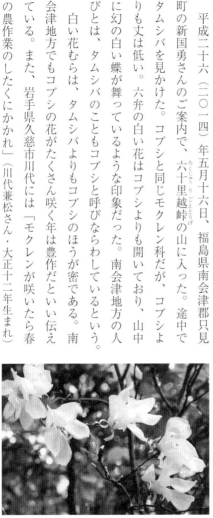

という自然暦がある。
純白のコブシの花むらがより多く咲き満ちているさまは美しく、旅人が見ても、そのときやその年の幸いがじんわりと胸に満ちてくる。

②サクラ（桜）

バラ科の落葉高木で、ヤマザクラ系、ヒガンザクラ系など十種以上におよび、自然暦のなかに登場する桜の種類を厳正に同定するのは困難である。現在はソメイヨシノが広く知られているが、自然暦のなかのサクラは、ヤマザクラ、エドヒガンザクラ、シダレザクラなどが多い。

先にコブシの花を「種蒔きザクラ」と称する例を紹介したが、当然のことながら本物のサクラを「種蒔きザクラ」と呼ぶ例も多い。また、とりたてて「種蒔きザクラ」と呼ばれなくても、サクラの花を籾蒔き、苗代の指標とする地も多い。

・熊野神社境内の「種蒔きザクラ」（ヤマザクラ）が咲いたら苗代に籾蒔きをする（事例①＝山形県鶴岡市温海川・今野建太郎さん・昭和二十三年生まれ）。
・ヤマザクラが咲くとスズ（籾）蒔きをする（事例②＝新潟県中魚沼郡津南町大赤沢・石沢政市さん・明治三十六年生まれ）。

・阿弥陀寺のシダレザクラが咲いたら籾蒔きをする（事例③＝長野県飯田市滝の沢・細澤恒雄さん・昭和五年生まれ）。

・座光寺の舞台ザクラ、石塚ザクラ（ともにシダレザクラ）が咲いたら籾蒔きをする。籾をひと晩残り風呂につけてから、苗代に蒔いた（事例④＝長野県飯田市座光寺・湯沢好英さん・大正十一年生まれ）。

・天神さまの東のサクラが咲いたら、氷が張っていてもタブチ（田打ち）にかかれ。このサクラを「タブチザクラ」と呼んだ（事例⑤＝静岡県掛川市土方・穂積良作さん・明治三十五年生まれ）。

・一番ザクラが咲いたら畑キビ（定畑栽培のトウモロコシ）の苗代をつくり、二番ザクラが咲いたら山キビ（焼畑栽培のトウモロ

飯田城跡のエドヒガンザクラ（長野県飯田市追手町）

ヤマザクラ（奈良市・護国神社）

コシ）の苗床をつくる（事例⑥＝高知県吾川郡いの町寺川・川村美代子さん・昭和三年生まれ）。

・オクテのサクラを「農時《のうどき》ザクラ」と称し、「農時ザクラは稗・粟の蒔き旬」と伝えた（事例⑦＝岩手県久慈市山形町霜畑・馬場みなさん・大正八年生まれ）。

・ヤマザクラが咲いたら稗・粟の蒔きつけ（事例⑧＝岩手県久慈市川代・川代兼松さん・大正十二年生まれ）。

・「粟蒔きザクラ」と呼ばれるサクラがあり、これが咲くのを見て粟蒔きをした（事例⑨＝秋田県湯沢市秋ノ宮磯・菅原孝太さん・大正六年生まれ）。

・ヤマザクラが咲いたら大豆を移植する。直蒔きすると鳩に喰われるから（事例⑩＝岐阜県高山市上宝町双六《すごろく》・小森みやさん・明治四十年生まれ）。

・「畑登りザクラ」と呼ばれるヤマザクラがあり、そのヤマザクラが咲くと山畑（焼畑地）へ登った（事例⑪＝長野県飯田市上村程野・山崎松春さん・大正十五年生まれ）。

・ヤマザクラが満開のとき春ソバを蒔け（事例⑫＝静岡県賀茂郡西伊豆町大沢里大城・市川至誠さ

座光寺の石塚桜・シダレザクラ（長野県飯田市座光寺）

ん・大正五年生まれ）。

・ヤマザクラが咲いたら甘藷の種芋を苗床に伏せる（事例⑬＝徳島県美馬市木屋平《みましこやだいら》・荒川晴源さん・大正十一年生まれ）。

同じ自然暦は、徳島県名西郡神山町、静岡県賀茂郡西伊豆町でも聞いた。

・サクラの花が咲いたら種芋（里芋）をヤトウ（芽出しの床）に移す（事例⑭＝新潟県村上市蒲萄・岡田伊之助さん・昭和二年生まれ）。

・種芋（里芋）とモミガラを混ぜて大桶に入れてツシへあげて保存する。サクラの花が終わってからおろして、芽出しの床に植えた（事例⑮＝同荒沢・大滝スミイさん・昭和七年生まれ）。

・間庄のヤマザクラが咲いたら里芋を植える（事例⑯＝静岡県浜松市天竜区佐久間町日余・伊藤つるさん・明治四十五年生まれ）。

・川むこうの赤沼田のサクラが咲いたら荏胡麻を蒔く（事例⑰＝岐阜県下呂市小坂町湯屋・上野銀松さん・大正六年生まれ）。

・ヤマザクラが満開になるまでに杉の苗を植えよ（事例⑱＝和歌山県西牟婁郡《にしむろぐん》すさみ町下村・大畑三郎さん・大正三年生まれ）。

・サクラの花が咲きはじめると、それに合わせてシイタケが出る（事例⑲＝宮崎県東臼杵郡椎葉村下福良葛の元出身・那須ツルノさん・大正十二年生まれ）。

・サクラが咲くとマグロが近づく（事例⑳＝和歌山県東牟婁郡《ひがしむろぐん》串本町高富・白井春男さん・大正四年生まれ）。
・サクラが咲くとイワシが獲れる（事例㉑＝同新宮市王子ヶ浜・谷口正さん・大正十二年生まれ）。
・サクラの盛りがカツオの盛り（事例㉒＝三重県志摩市大王町波切・橋詰勇也さん・明治三十八年生まれ）。
・弁天さまのサクラが葉ザクラになるとカツオがよく釣れる（事例㉓＝和歌山県東牟婁郡串本町田並・辻内省三さん・大正十一年生まれ）。
・「サクラ鯛」といって、サクラが咲くころが鯛の旬、また、色も赤くなる（事例㉔＝徳島県鳴門市鳴門町土佐泊浦字福池・福池弘重さん・昭和六年生まれ）。
同様の自然暦は、三重県度会郡大紀町錦、京都府京丹後市久美浜町湊宮《きょうたんごしくみはまちょうみなとみや》にも伝えられている。
・瓶浦神社のヤマザクラが咲くとノボリ鯛が釣れはじめる（事例㉕＝同・福池弘重さん・昭和六年生まれ）。
・サクラの花盛りがノボリ鯛の盛り（事例㉖＝兵庫県洲本市由良・中島政次郎さん・明治四十年生まれ）。
・〈セ（屋号＝ヤマセ）酒屋の裏のサクラが咲くとワニ（鮫）が岸に寄ってくる（事例㉗＝島根県大《お》田市《だし》五十猛町《いそたけちょう》大浦・吉岡新一さん・大正十年生まれ）。

・ヤマザクラが咲くころ早いマスがのぼってくる（事例㉘＝秋田県仙北市西木町小山田鎌足・小林徳五郎さん・大正五年生まれ）。

・サクラにつれてマスがのぼってくる。「サクラマス」と呼んでいる（事例㉙＝岩手県宮古市田代小字君田・村上正吉さん・大正二年生まれ）。

・サクラが咲くころ一番マスがのぼってくる。「サクラマス」という。麦刈りのころ二番のぼりがくる（事例㉚＝山形県鶴岡市中向・亀井寿太郎さん・大正二年生まれ）。

・ヒガンザクラが咲いたらウナギ漁のハエナワを仕掛ける（事例㉛＝高知県四万十市鍋島・江口豊重さん・大正四年生まれ）。

・サクラが咲くころシロコ（シラスウナギ）が黒く固まってのぼってくる（事例㉜＝愛知県豊川市当古町《とうごちょう》・平松市次さん・明治四十一年生まれ）。

・サクラの咲くころ産卵期をむかえてあつまるウグイのことを「サクラオゲー」と呼んだ（事例㉝＝青森県三戸郡三戸町梅内小中島・工藤武治さん・大正十一年生まれ）。
岩手県下閉伊郡岩泉町安家年々では、これを「サクラオガエ」と呼んだ。

・ウグイのことをイダと呼ぶ。最初に寄るイダはサクラの開花期で、これを「サクライダ」＝一番イダと呼んだ。次は「フジ（藤）イダ」＝二番イダ、最後は「ムギ（麦）イダ」で三番イダと呼び、投網で獲った。季節のめぐりにそって指標物がサクラ↓フジ↓稔りの麦の穂、と移っている。魚体は順に小ぶりになる（事例㉞＝宮崎県東臼杵郡椎葉村不土野尾前・尾前新太郎さん・大正十一年生まれ）。

・サクラウグイ・フジウグイと称して花に合わせて産卵のウグイが二段階によった（事例㉟＝長野県飯田市南信濃木沢・斎藤七郎さん・大正十三年生まれ）。

福井県小浜市上根来では「サクラつきウグイ」「フジつきウグイ」と呼んだ。静岡県の大井川流域にも「サクラウグイ」「フジッコ」という呼称がある。石川県能美《のみ》郡《ぐん》川北町《かわきたまち》中島の穴田敏夫さん（明治三十九年生まれ）は、サクラウゴイ（ウグイ）を青ウゴイ、フジウゴイを白ウゴイと呼んで区別していた。

右に見てきたとおり、サクラは農業・漁業の指標となり、各地でさまざまな自然暦を伝承させてきたのであるが、細かく見ると、一定の地域のサクラの開花などを概括的に示すものと、○○神社のヤマザクラ、○○寺のシダレザクラなど特定のサクラを指定するものとがある。当然のことながら、後者のほうがより身近で、精度が高く、観察と行為がより確かに結びつくものであることがわかる。

和歌山県田辺市木守の山本久美さん（昭和二年生まれ）は、ヤマザクラの開花観察にもとづく稲の作柄予測について、次のように語っていた。

・ワセのヤマザクラの花がたくさん咲く年にはワセ稲が豊作になり、ナカテのヤマザクラの花が多い年にはナカテ稲の作柄がよい。オクテのヤマザクラの花が多い年にはオクテ稲がよい。

ここには、農民の「花見」につながる眼ざしの原初がうかがえる。

③マンサク（万作）

マンサク科の落葉小高木。山地に自生し、早春に黄色い線状の四弁花を葉に先立ってたくさん咲かせる。春一番の花だとされる。枝は弾力性とねばりがあるので、カンジキや萱葺き屋根の結束材として利用されることもある。

・マンサクの花がたくさん咲く年は諸作が豊作になる（事例①＝青森県西津軽郡鰺ヶ沢町松代町白沢・豊沢丑松さん・大正三年生まれ）。

同じ口誦句は、岩手県久慈市山形町霜畑でも聞いた。マンサクを「満作」と見たてる伝承は根強い。

・マンサクの花が下を向いて咲く年は雨が多く、小豆のできはよい。マンサクの花が上を向いて咲く年は日照りになり、小豆のできは悪い（事例②＝福島県喜多方市山都町一ノ木高野原・佐藤不二夫さん・大正二年生まれ）。

・マンサクの花が上を向いて咲くと作がよい、下を向いて咲くと作が悪い。花がたくさん咲くと諸作が豊作になる（事例③＝山形県西置賜郡小国町石滝・水野宗信さん・昭和十一年生まれ）。

・「マンサク兎」と称して、マンサクの花が咲くころ、山兎の肉がいちばんうまい（事例④＝山形県村山市山の内赤石・黒沼儀太朗さん・昭和十二年生まれ）。

④ネコヤナギ（猫柳）

ヤナギ科の落葉低木で、水辺に叢生する。日本の柳のなかでもっともはやく開花。葉よりもはやく花芽を出し、花穂が銀白色に光って人目をひく。花穂を猫の尾に見たてるところから、この名がついた。宮崎県東臼杵郡椎葉村では、この植物を猫の鳴き声「ミヤー」をもって呼ぶ。

・ネコヤナギの花が枝先に多く咲く年はワセ稲が豊作になり、枝のなかほどに多く咲けば稲のナカテがよく、下のほうに集まって咲けばオクテの稲が豊作になる（事例①＝山口県山口市阿東嘉年下火打原・城市和夫さん・昭和三年生まれ）。

・コンコロ（ネコヤナギの花）が咲くとグレ（メジナ）が釣れる（事例②＝和歌山県西牟婁郡すさみ町口和深・花尻作太朗さん・大正四年生まれ）。

・トトンボ（ネコヤナギの花）が出るとマスがくる（事例③＝広島県三次市君田町沓ヶ原・木建四

一さん・大正四年生まれ）。

同じ自然暦を、同町寺原、同庄原市高野町指谷・同高茂町《こうもちょう》などで耳にした。

・ネコヤナギの花が出るとマスがくる（事例④＝山形県西村山郡朝日町立木・松田みつ子さん・大正十年生まれ）。

同じ自然暦は、同酒田市升田・同北青沢小屋渕、同最上郡真室川町《まむろがわまち》高坂などでも聞いた。

・ネコヤナギの花が咲くと雪代のなかをマスがのぼってくる（事例⑤＝山形県最上郡鮭川村米・矢口三郎さん・大正十五年生まれ）。

・マスはベベッコ（ネコヤナギの花）の出たあとの大水でのぼる（事例⑥＝岩手県気仙郡住田町世田米《せたまい》小股・紺野平吉さん・明治四十四年生まれ）。

・ネコヤナギのチンコ（花）が出るとマスがのぼりはじめる（事例⑦＝新潟県村上市岩崩《いわくずれ》・青山友春さん・昭和二年生まれ）。

右にネコヤナギの花をマス溯上の指標とする自然暦を見たが、マスの溯上を「しだれ柳の芽」で語る自然暦のほうが多く見られる。次に、マスの産卵にかかわる自然暦を紹介しておこう。

・彼岸花が咲くとマスが掘る（産卵する）（事例⑧＝岩手県下閉伊郡岩泉町安家年々・祝沢口良雄さん・大正十一年生まれ）。

同じ自然暦が、岩手県久慈市川代にもある。

マスの産卵期を示す自然暦は、花よりも木の実のほうが多い。たとえば次のものがある。
・山グミの実が赤くなるとマスが掘る（事例⑨＝青森県西津軽郡深浦町・前田正男さん・大正四年生まれ）。
・山ブドウの実が赤みを帯びるとマスがホリを掘る（事例⑩＝同むつ市川内町畑・大沢誠一さん・明治四十四年生まれ）。
マスの産卵を木の葉で示す自然暦もある。
・ウルシの葉が赤くなるとマスが掘る（事例⑪＝岩手県岩手郡岩手町南山形・白沢丑松さん・大正十四年生まれ）。

⑤ナノハナ（菜の花）

油菜の花をさすが、同系の花をふくむ場合もある。
・菜の花が咲いたら春蚕《はるこ》の掃き立てをする。春蚕の掃き立ての時期にはまだ余寒があるので、菜の花を指標として蚕室の目貼りをした（事例①＝長野県飯田市南信濃和田大島・小沢勝郎さん・大正十五年生まれ）。
・菜の花が咲くとオオナ（イシナギ＝スズキ科の海魚で、二メートルにもおよぶ）が釣れる。大菜と大魚がかけられた方名である（事例②＝和歌山県東牟婁郡串本町高富・白井春男さん・大正四年生まれ）。
・菜の花が咲いたらコチ・サバの盛り（事例③＝兵庫県洲本市由良・中島政次郎さん・明治四十年生まれ）。
・菜の花がたくさん咲く年はチヌが豊漁（事例④＝京都府京丹後市久美浜町湊宮・和田照雄さん・昭和十一年生まれ）。
・雉子《きじ》は菜種の花盛りがいちばんうまい（事例⑤＝福井県小浜市上根来・岩本重夫さん・大正十三年生まれ）。
・菜の花の盛りが挿し木の旬（事例⑥＝三重県伊賀市西条・松本保重さん・明治四十四年生まれ）。
・「菜の花が咲くと高山《たかやま》」といわれ、姑・嫁など女性たちが十戸ほどで組をつくり、子どもたちを引きつれて篦岳山《ののたけさん》（二三二メートル）に登って酒食を楽しんだ。酒は、女性たち自身が仕込んだドブロクだった（事例⑦＝宮城県遠田郡涌谷町《とおだぐんわくやちょう》吉住・太田義文さん・昭和十三年生まれ）。
春の山登り「高い山」「高い山遊び」は他地でもおこなわれた。

⑥ナシ（梨）

バラ科の落葉高木。原種のヤマナシから改良種が生まれ、赤梨系と青梨系がある。四月ごろ白い花を開く。梨が「無し」に通じることを忌み、「アリノ実」ということもある。

・梨の花盛りに粟を蒔け（事例①＝和歌山県田辺市本宮町奥番・野下すみゑさん・大正二年生まれ）。

・梨の花が咲いたら南瓜・夕顔の種を蒔く（事例②＝岩手県下閉伊郡岩泉町安家年々・祝沢口良雄さん・大正十一年生まれ）。

・山梨の白い花が咲いたら、何を蒔いてもよい（事例③＝岩手県遠野市大出・大橋ゆはさん・昭和八年生まれ）。

・梨の花盛りに米の踏みだめをしておけ（事例④＝奈良県吉野郡吉野町滝畑・上坂美代子さん・昭和四年生まれ）。

「米の踏みだめ」とは、踏み臼を踏んで精白した米をたくさん準備しておくことである。この自然暦は、美代子さんが同大淀町陽原で、母の中村さとさん（明治二十七年生まれ）から教えられたものだという。この時期には、米がはやく白くなるというのだが、農繁期を目前にしての米の踏みだめは合理的なことだ

山梨の花遠望（群馬県邑楽郡下仁田町平原）

った。

・ドブロクは「寒づくり」と「梨の花酒」（梨の花が咲くころに仕込む）の二回で、ともに主婦の仕事だった（事例⑤＝山形県鶴岡市本郷・菅原アサエさん・大正十三年生まれ）。

⑦ヤマブキ（山吹・款冬）

バラ科の落葉低木。茎は緑色で、根もとから多数の芽が生える。春、鮮黄色の花をつける。山野に自生するものは一重の花が多い。ヤマブキの花もさまざまないとなみの指標とされた。

・ヤマブキの花が咲いたら稗蒔きをする（事例①＝宮崎県東臼杵郡椎葉村下福良仲塔《なかとう》・黒木等さん・大正十五年生まれ）。

・ヤマブキの花が咲くときがキュウリの種蒔きの旬（事例②＝群馬県甘楽《かんら》郡《ぐん》下仁田《しもにた》町《まち》平原《へばら》・大河原丑五郎さん・大正十四年生まれ）。

・ヤマブキが咲くとカワマス（サツキマス）がのぼってくる（事例③＝岐阜県関市板取小字中切・長屋秀雄さん・大正十一年生まれ）。

・ヤマブキが咲くとオゲー（ウグイ）がホル（産卵する）（事例④＝岩手県宮古市田代小字君田・村上正吉さん・大正二年生まれ）。

福島県南会津郡南会津町静川にも同じ自然暦がある。

・ヤマブキが咲くとオゲーが海から溯ってくる（事例⑤＝岩手県気仙郡住田町世田米小股・紺野平吉さん・明治四十二年生まれ）。

・ツグラ（地づきウグイ）は、ヤマブキが咲くと腹が赤くなり、クキになる（産卵期に入る）（事例⑥＝同）。

・ヤマブキの花が咲くとカジカがスル（産卵期に入る）。カジカの卵を真綿で釣針に巻いてヤマメ・イワナを釣る（事例⑦＝長野県伊那市長谷小字平瀬・小松清隆さん・明治四十四年生まれ）。

・ヤマブキの花が咲いたら杉の皮を剥いてもよい（事例⑧＝奈良市大保町・火狭平治さん・大正七年生まれ）。

・ヤマブキの花が咲いたら蚕室に目貼りをする（事例⑨＝長野県飯田市上村中郷・柄澤絹子さん・昭和九年生まれ）。

・ヤマブキが咲いたら何を植えてもよい（事例⑩＝同・遠山正敬さん・大正九年生まれ）。

・ヤマブキの花が咲くとシロアマゴが獲れはじめる（事例⑪＝長野県飯田市南信濃南和田飯島・

山吹の花（奈良市鹿野園町）

遠山仁志さん・大正八年生まれ)。

・ヤマブキの花が咲きはじめると眠くなる(事例⑫＝同)。

この自然暦は、遠山谷(飯田市南信濃・上村)の多くの人びとから聞いた。

・ヤマブキの花の咲くころが寒づくりのドブ酒(ドブロク)の飲み旬(事例⑬＝宮崎県東臼杵郡椎葉村不土野尾前・尾前新太郎さん・大正十一年生まれ)。

・ヤマブキの花が咲いたら籾蒔きをする(事例⑭＝山梨県甲府市上帯那町・臼井秀彦さん・昭和六年生まれ)。

・「三月鼻たれヤマメ」と称して、三月のヤマメは冬季じゅうぶんなエサを食べていないので痩せていてなんにでもとびつく。「ヤマメは山吹の花が咲いてから釣れ」といわれる。そのころはさまざまな虫を餌として食べるので、太っていてうまい(事例⑮＝長野県下水内郡栄村和山・山田重数さん・大正二年生まれ)。

⑧フジ(藤)

マメ科の落葉蔓性木本。山野に自生し、観賞用にも植栽される。五月に淡紫白、または白い蝶型の花を総《ふさ》状に下垂させる。蔓は結束材として利用され、内皮は藤布・太布の素材となった。

・藤の花が咲いたら田のコシラエ（田起こし）をする（事例①＝京都府綾部市睦寄町古屋・渡辺ふじ子さん・大正十五年生まれ）。

・藤の花が咲いたら大豆を蒔く（事例②＝福島県南会津郡南会津町山口・月田禮次郎さん・昭和十八年生まれ）。

同様の自然暦は、岩手県久慈市川代、愛知県豊田市猿投町《さなげちょう》、滋賀県長浜市余呉町中河内などでも聞いた。福島県南会津郡只見町田子倉出身の渡部完爾さん（大正十四年生まれ）は、「豆蒔きのスノー（旬）は藤の花盛り」と語る。

・藤の花が咲いたら大豆の苗を据える。鳩の害を除けるために移植法をとった（事例③＝岐阜県飛驒市河合町稲越・西田アサ子さん・大正三年生まれ）。

・藤の花が咲いたら白豆を蒔く（事例④＝滋賀県長浜市余呉町中河内・宮山正二さん・大正二年生まれ）。

・藤の花盛りは野稲（陸稲）の蒔き旬（事例⑤＝宮崎県児湯郡《こゆぐん》西米良村《にしめらそん》村所《むらしょ》・浜砂一栄さん・明治三十六年生まれ）。

藤の花（長野県飯田市上村下栗）

同じ自然暦は、熊本県阿蘇郡高森町尾下《おくだり》牧戸にもある。

・藤の花盛りに栗を蒔く（事例⑥＝福島県耶麻郡西会津町弥生・小椋安光さん・大正十四年生まれ）。

・藤の花が咲いたら奥山の根曲り竹の筍の採り旬（事例⑦＝岐阜県飛驒市河合町角川・中斎徹さん・昭和九年生まれ）。

・藤の花が咲くとヤマメ・イワナがよく釣れる。川べりの藤の花に虫がつき、その虫を魚が狙う（事例⑧＝福島県喜多方市山都町一ノ木高野原・佐藤不二夫さん・大正二年生まれ）。

・藤の花の咲くころイワナがよく釣れる。またこのころのイワナがいちばんうまい（事例⑨＝岐阜県飛驒市河合町月ヶ瀬・上手一良さん・大正九年生まれ）。

・藤の花の咲くころ、鯉がいちばんうまくなる（事例⑩＝兵庫県淡路市舟木・永田与四朗さん・明治四十二年生まれ）。

・藤の花盛りにヤツメウナギがのぼる（事例⑪＝新潟県東蒲原郡阿賀町両郷・江川宗夫さん・昭和十一年生まれ）。

・藤の花が咲くとシロウグイが釣れる（事例⑫＝石川県能美郡川北町中島・宍田敏久さん・明治三十九年生まれ）。

・「藤ウグイ」ということばがあり、藤の花に合わせて群れをなしてのぼる八寸ほどのウグイをさした（事例⑬＝愛知県豊川市当古町・小林克巳さん・大正十三年生まれ）。

・藤の花がたくさん咲く年はマスが豊漁になる（事例⑭＝山形県最上郡大蔵村白須賀・樋渡勘次郎さん・大正十五年生まれ）。

・藤の花が咲いたら椎茸が終わる。終りの椎茸のことを「藤っ子」と呼ぶ（事例⑮＝宮崎県東臼杵郡椎葉村下福良葛の元出身・那須ツルノさん・大正十二年生まれ）。

⑨ウノハナ（卯の花）

ウツギ（卯木・空木）の花。ユキノシタ科の落葉低木で、山野に自生するが、栃木県では畑地の境界木として植える。垣に植える地もある。幹は中空で、初夏に鐘状の白い花を咲かせる。

・ウノハナの盛りが田植えの盛り（事例①＝広島県世羅郡世羅町京丸・神田富子さん・大正七年生まれ）。

同様の自然暦は、島根県浜田市金城町《かなぎちょう》美又・同隠岐郡西ノ島町三度でも聞いた。

・ウノハナのことをサトメ花（早乙女花）と呼ぶ。サトメ花が咲いたら田植えの旬（事例②＝島根県隠岐郡知夫村仁夫《にぶ》・川本巌さん・昭和八年生まれ）。

・ウツギの花が咲いたらサツキ（田植え）（事例③＝福島県耶麻郡猪苗代町関都・安部作馬さん・明治三十八年生まれ）。

コブシの花が籾蒔き、苗代と深く結びついているのに対して、ウノハナは、同じ稲作のなかでも田植えと深く結びついていることがわかる。

島根県浜田市金城町美又の越田ミトヨさん（明治四十一年生まれ）は、「卯の花の満開のときが田植えにいちばんよい。その時期からずれると、稲に虫がつく」と語り、田植えに直結する苗取り作業で歌われた次のような「苗取唄」を歌ってくれた。

〽卯の花が咲いつ木だれつ　七《なな》しお咲いたら　田のサゴー

（卯の花が枝も枝垂《しだ》れるほどいっぱいに　七さかりまで咲いた、その満開のときが田植えの盛りだ）

なんと美しい唄ではないか。ミトヨさんはまた、卯の花のことを「サンバイ花」とも呼んだ。サンバイとは、田の神さまのことである。それにしても、純白のコブシの花と純白のウノハナが、ともに真っ白な米、白米の力を象徴し、予祝するように稲作作業の自然暦の指標植物となっていることは興味深い。

・ウツゴイ（ウツギ）の花が咲いたら稗・粟の蒔き旬（事例④＝福島県喜多方市山都町一ノ木川入・小椋みなさん・昭和三年生まれ）。

卯の花（奈良市鹿野園町）

・ウツグイ（ウツギ）の花が咲いたら大豆・小豆の蒔き盛り（事例⑤＝福島県耶麻郡西会津町弥生・小椋安光さん・大正十四年生まれ）。
・ウツギの花が咲いたら大豆・小豆を蒔く。ウツギの花がたくさん咲く年は小豆の質がよい（事例⑥＝徳島県美馬市木屋平・荒川清源さん・大正十一年生まれ）。
・藤の花の真盛りに大豆を蒔くと虫がつく。ウツギの花に合わせて大豆を蒔け（事例⑦＝福島県喜多方市山都町藤巻・小椋くらさん・明治四十四年生まれ）。
同じ自然暦は、福井県三方上中郡若狭町河内にもある。
・ウツギの花は小豆の蒔き旬（事例⑧＝群馬県甘楽郡下仁田町平原・大河原丑五郎さん・大正十四年生まれ）。
・ウツギの花が咲いたらトウキビ（トウモロコシ）蒔き（事例⑨＝熊本県阿蘇郡高森町尾下牧戸・瀬井ハツヨさん・大正十年生まれ）。
なお、トウモロコシとウツギについては次の伝承がある。
・ウツギの花がたくさん咲くとトウモロコシがたくさん稔る（事例⑩＝宮崎県西臼杵郡高千穂町五ヶ所字岳・立本美輪さん・昭和二十九年生まれ）。
・ウツギの花盛りがノボリマスの盛り（事例⑪＝山形県西置賜郡小国町樋倉・佐藤静雄さん・大正七年生まれ）。

同様の自然暦は、青森県西津軽郡深浦町、山形県鶴岡市大鳥、岐阜県郡上市《ぐじょうし》白鳥町《しろとりちょう》石徹白《いとしろ》などでも聞いた。

・卯の花の盛りがサツキマス溯上の盛り（事例⑫＝岐阜県関市板取字杉原・横関誠さん・昭和四年生まれ）。

・ウツギの花盛りはアカハラジャコ（産卵期のウグイ）の最盛期。アカハラジャコをノボリジャコ、すなわち溯上ジャコ、これに対して年中川にいる地づきのジャコをツボジャコと呼んだ（事例⑬＝青森県西津軽郡鰺ヶ沢町一ッ森町・大谷秀教さん・昭和二十三年生まれ）。

・アカハラ（産卵期のウグイ）漁は、八重ザクラの花ではじまってウツギの花で終わる（事例⑭＝福島県大沼郡金山町小栗山坂井・五ノ井謙一さん・大正四年生まれ）。

・ウツギの花が満開のとき、カジカが卵を産む。その卵を採って餌にし、イワナ・ヤマメを釣る（事例⑮＝山形県西置賜郡小国町石滝・水野宗信さん・昭和十一年生まれ）。

・ウノハナが咲いたら春蚕の掃き立てをする（事例⑯＝山

畑地の境界に植えられたウツギ（栃木県小山市間々田）

梨県甲府市上帯那町・山本秀子さん・昭和七年生まれ）。

・ウツギの花が咲いたら川遊びをしてもよい（事例⑰＝青森県三戸郡三戸町目時・上野あきさん・昭和七年生まれ）。

・オツキ（ウツギ）の花がたくさん咲くと秋日和が悪い（事例⑱＝広島県庄原市口和町・田平隆さん・昭和九年生まれ）。

奈良県宇陀市《うだし》大宇陀野依《おおうだのより》の白山神社では、毎年五月五日に御田祭がおこなわれる。その際使われる御田の模擬苗はウツギの新芽の枝である。田植えとウノハナの関係は先にもふれたが、歌謡における田植えとウノハナについて別に述べたことがある[1]。

・卯の花が咲くと梅雨になる（事例⑲＝福井県大飯郡おおい町名田庄染ケ谷・小西勇さん・昭和十三年生まれ）。

⑩タニウツギ

スイカズラ科タニウツギ属の落葉小高木で、日本海型気候の山地に自生するとされる。花は淡紅色（メガホン型）でベニウツギとも呼ばれる。新潟県魚沼市の旧広神村外山で田植えを終えた直後の山つき田の畦を歩いていた折、豊かに張られた田水の上に帯のように散って浮かぶピンクのタニウツギの花を見て、その美しさに驚いたことがあった。

・ガザ（タニウツギ）が咲いたら小豆を蒔く（事例①＝秋田県横手市山内三又・石沢鶴治さん・明治三十四年生まれ）。

同じ自然暦は、山形県村山市楯山にもある。

・ガザの花盛りは大豆の蒔き旬（事例②＝山形県西村山郡大江町柳川・富樫音弥さん・明治三十六年生まれ）。

・ガンザ（タニウツギ）の花盛りがヒメタケノコの盛り（事例③＝秋田県仙北市田沢湖町生保内石神・田口郁子さん・昭和二十五年生まれ）。

・ガジャシバ（タニウツギ）の花が咲けば根曲り竹の筍がとれる（事例④＝青森県五所川原市金木町藤枝・外崎守さん・昭和十年生まれ）。

なお、同地ではガジャシバの花を家のなかに入れてはいけないと伝えている。

・ガザキ（タニウツギ）の花の盛りはウグイのホリ（事例⑤＝山形県最上郡真室川町高坂・井上春松さん・昭和三年生まれ）。

・タニウツギが咲くとウナギが獲れる（事例⑥＝岐阜県関市板取字杉原・横関誠さん・昭

タニウツギ（栃木県那須郡那珂川町大山田）

和四年生まれ）。

・ガザシバ（タニウツギ）の盛りはユゴイ（ウグイ）のホリ（事例⑦＝青森県西津軽郡鰺ヶ沢町松代町白沢・豊沢丑松さん・大正三年生まれ）。

・ジクナシ（タニウツギ）の花が咲くころが鯛漁の盛り（事例⑧＝山形県鶴岡市加茂・秋野賢吉さん・大正七年生まれ）。

・ガザの花が咲くと鰯が獲れる（事例⑨＝同関川・野尻伝一さん・昭和九年生まれ）。

・タニウツギが咲くとワラビ採りの盛り。タニウツギの花は「壁蝨花《だにばな》」「火事花《かじばな》」といって家のなかに入れてはいけないとされた（事例⑩＝新潟県新発田市滝谷新田・佐久間進さん・昭和二十五年生まれ）。

・里のゴマガラ（タニウツギ）が咲いたらナギ（山の焼畑地）の粟を蒔け。山のゴマガラが咲いたら里の畑の粟を蒔け。ゴマガラのことを「ダニバナ」とも呼んだ。この花の木のそばにいくと壁蝨《だに》が移るといわれていた。花はピンクである（事例⑪＝岐阜県飛騨市宮川町落合・野村清さん・大正元年生まれ）。

この自然暦は、同じタニウツギでも里と山中では地形・気象などによって開花に差が出る、粟の種蒔きもそれに連動しなければならないという環境条件を語っており、貴重である。

いまひとつ、タニウツギが壁蝨花と呼ばれていたことについてふれなければならない。

飛騨では、河合町角川でも高山市二本木でも、タニウツギをダニ花と呼び、壁蝨がついているとしてこれを屋内に入れること忌避していた。タニウツギは美しい花を咲かせるのだが、その花枝を家のなかに持ち込むことを忌避する伝承が各地にある。「壁蝨花」の伝承もそのひとつであるが、ほかにも忌避の例はある。

平成二十三（二〇一一）年六月七日、福井県勝山町（現・勝山市）北谷町谷を訪れたことがあった。ムラの随所にタニウツギがあり、ちょうど満開だった。畑の草とりをしていた番戸平みつさん（大正十年生まれ）に花について尋ねたところ、次のような答えだった。

この花は「ダニ花」という。燃料にしようとしても火がつきにくいので嫌われる。「家のなかに飾るな」とも伝えられている。

忌避の真意はわからなかった。

福島県南会津郡只見町只見の新国勇さん（昭和三十二年生まれ）は、祖母から「タニウツギの花は蚕さまが嫌うから家のなかに入れてはいけない」と教えられたという。福島県南会津郡南会津町山口の月田禮次郎さん（昭和十八年生まれ）も、祖母からタニウツギをとってくるなと教えられた。それは、タニウツギの枝を棺桶を担ぐときの杖に使うからだともいう。

タニウツギの葉は、落とし葉として使われた時代があった。霜がおりると葉が落ちるので、それをカマスに入れておき、冬季、それをのばしてトイレで使ったのだという。

南会津郡南会津町田島の星春雄さん（昭和十一年生まれ）は、タニウツギの花は毒だからさわるなと教えられたという。山形県鶴岡市関川の野尻伝一さん（昭和九年生まれ）は、ガザの花を家のなかに入れるとナリモノに実がつかなくなると伝えている。また、新潟県南魚沼市一村尾の行方ヨシノさん（昭和七年生まれ）は、「タニウツギの花を家のなかに飾ると火事になる」と伝えている。

新潟県魚沼市では、タニウツギのことをウツギと呼ぶ地が多い。大白川の浅井主雄さん（昭和三年生まれ）は、次のように語る。

・ウツギは蚕が嫌うから家に入れてはいけない。ウツギの葉をカテッパ（糅の葉）と称して飯に入れた。また、枝を使って年寄りが箸を削って贈りものにした。魚の筌もこれでつくった。

魚沼市大栃山の大島金七さん（明治四十三年生まれ）も、これをカテ（糅）の木、カテッパと呼び、若葉を摘んで塩漬けにしておき、冬季、塩ぬきをしてよく絞ってから刻み、飯の炊きあがりに飯の上に撒いて混ぜたという。小平尾《おびろお》の松岡道久さん（昭和二十六年生まれ）も、タニウツギのことをウツギと呼び、葉を雑炊のなかに入れて食べたという。

鳥海昭子さんは、ラジオ深夜便『誕生日の花と短歌』[2]のなかで次の歌を詠んでいる。

「強引と思うばかりに蜂もぐる筒花ゆらぐタニウツギかな」

蜂がもぐったままの花を家に持ち込んだとすれば、その蜂は、人にとっても蚕にとってもありがたくない。筒花は、蜂のみならず蟻も壁蝨も、その他の虫も受け入れる。たしかに警戒すべき面はある。

タニウツギは、「谷空木」と表記されるが、壁蝨の古語が「タニ」であったことを考えてみると、タニウツギ「壁蝨空木」も検討してみる必要があるのかもしれない。さらなる探索を続けてみたい。

葬式にかかわる火葬に際して骨を箸で挟み継ぐのだが、このときの箸をタニウツギではなくウツギでつくる。したがって、平素ウツギの箸を使ってもいけないし、食物を箸で挟み継いではいけないとしている（長野県下伊那郡阿智《あち》村《むら》清内路《せいないじ》・野村宣鎮さん・昭和七年生まれ）。

箸をめぐるタニウツギとウツギの対照にも注目しなければならない。

⑪ツツジ（躑躅）

ツツジ科ツツジ属の常緑または落葉の低木。ヤマツツジ、レンゲツツジ、ミツバツツジなど日本には約五十種が自生するといわれており、自然暦のなかで躑躅と呼ばれるものを詳細に同定することはできない。

・向かいの山のミツバツツジ（この地ではいちばんはやく咲く）が咲いたら何の種を畑に入れてもよい。それまでは地温が低いので発芽しない（事例①＝長野県飯田市上村程野・山崎松春さん・大正十五年生まれ）。
・西山のツツジが咲いたらトウモロコシの種を蒔いてもよい。このとき蒔くと、お盆に食べられる（事例②＝同南信濃八重河内此田・藪下平吉さん・昭和四年生まれ）。
・川ツツジの終わりごろ、ヤマキビ（焼畑のトウモロコシ）を蒔く（事例③＝愛媛県上浮穴郡久万高原町・鈴木とめ子さん・大正八年生まれ）。
・「キビ植えツツジ」が咲いたらキビ（トウモロコシ）を移植する（事例④＝高知県吾川郡仁淀川町大野・西森梅子さん・大正十年生まれ）。
・「粟蒔きツツジ」と呼ばれるレンゲツツジが咲くと霜が降りなくなる。この花が咲いたら粟を蒔いてもよい（事例⑤＝山梨県南都留郡鳴沢村鳴沢・渡辺建一さん・昭和五年生まれ）。
・ツツジの花が咲いたら粟を蒔け（事例⑥＝長野県松本市奈川字入山・忠地《ただち》喜代登さん・明治四十一年生まれ）。
・アカヅラと呼ばれるツツジが咲いたら焼畑の火入れをする（事例⑦＝高知県吾川郡いの町寺川・川村美代子さん・昭和三年生まれ）。
・キリシマツツジが咲いたら「茶飯」の支度をせよ。茶飯とは、茶摘み女、ホイロ師などの季節労務の人びとのための食糧・食料のことをさす（事例⑧＝静岡県榛原郡川根本町森平・森越猪輔さん・大正十二年生まれ）。

・「芋植えツツジ」という紫色のツツジがあり、この花が咲いたら里芋を植えてもよいと伝えた（事例⑨＝静岡県富士宮市麓・小林正吉さん・明治四十年生まれ）。

・畝と畝とのあいだに別の作物をつくることをヒキイレという。小麦のあいだに小豆を蒔きつける指標に朱色のツツジがあり、これが咲くと畝間に小豆を蒔く。このツツジを「ヒキイレツツジ」と呼んだ（事例⑩＝宮崎県西臼杵郡高千穂町五ヶ所・小川原益男さん・大正十四年生まれ）。

・「花鰹」という自然暦がある。ここでの花はツツジのことで、ツツジの咲くころが鰹漁の最盛期になるという意味である（事例⑪＝三重県度会郡大紀町錦・坂口由良夫さん・昭和八年生まれ）。

・石神さんのツツジが咲くとブリが釣れる（事例⑫＝長崎県対馬市厳原町《いづはらまち》浅藻《あさも》・梶田増雄さん・大正六年生まれ）。

・ツツジの盛りはサバの盛り（事例⑬＝長崎県佐世保市宇《う》久《く》町《まち》神浦《こうのうら》・深川岩次さん・大正十三年生まれ）。

・ホツツジの花が咲くころの蜜（ニホンミツバチの蜜）を食べると酔う（事例⑭＝福島県南会津

郡檜枝岐村・平野惣吉さん・明治三十二年生まれ）。

⑫イタドリ（虎杖）

タデ科の多年草で山野に自生する。茎は中空で節があり、夏、白または淡赤色の小さな花を穂状につける。芽や茎は食用にされる。

・サド（イタドリ）の花が咲いたら小豆・大豆を蒔け（事例①＝宮崎県東臼杵郡椎葉村大河内竹の枝尾・中瀬守さん・昭和四年生まれ）。

椎葉村には「三月サド倒し」という口誦句がある。三月になっても思いがけぬ大雪が降ることがある。その雪を「サド倒し」と呼ぶ。

・イタドリの花の咲くころが、ウナギ、ツガニがいちばんうまい（事例②＝高知県四万十市鍋島・江口豊重さん・大正四年生まれ）。

イタドリの花（奈良市古市町）

⑬トチ（栃）

トチノキ科の落葉高木で、径一メートル以上の巨樹となるものもある。葉は五～七枚の大型掌状複葉、花は白藤を倒立させたような総状円錐形をなして五月に咲く。白々と群れ立つさまは遠目に著《しる》く、岐阜県の飛騨地方ではトチの花のことを「トチのトウ」と呼ぶ。実はサポニン・アロインを含有するが、それを除去して食用にする。

・栃の花が咲いたらナギ畑を打つ（焼畑を拓いて種蒔きをする）（事例①＝岐阜県大野郡白川村荻町・佐藤盛太郎さん・明治三十五年生まれ）。

・栃の花が咲いたら稗・粟の種おろし（事例②＝青森県むつ市川内町畑・大沢誠一さん・明治四十四年生まれ）。

・栃の花が咲いたら稗粟の早蒔き（事例③＝高知県香美《かみ》市物部町《ものべちょう》字野々内・宗石正信さん・明治三十三年生まれ）。

・「栃のトウマイ」と称して栃の花が咲いたら稗粟を蒔く（事例④＝同物部町別府・中尾玉江さん・大正十年生まれ）。

・栃の花が咲いたら稗の蒔き旬（事例⑤＝徳島県那賀郡那賀町岩倉・東山義定さん・明治三十六年生まれ）。

・八幡さまの栃の花が咲いたらクナウナイ（焼畑の粟蒔き）（事例⑥＝山梨県南巨摩郡早川町奈良田・深沢さわのさん・明治三十年生まれ）。
・栃の花が咲いたら小豆を蒔け（事例⑦＝長野県飯田市上村下栗大野・胡桃沢ちさ子さん・大正七年生まれ）。同じ自然暦は、同飯田市上村程野、富山県南砺市相倉でも聞いた。岐阜県飛驒市宮川町ではこれを「栃のトウが立ったら小豆を蒔け」という。
・栃の花が咲いたら春ソバ（二度ソバの初回）を蒔く（事例⑧＝長野県飯田市上村下栗大野・胡桃沢ちさ子さん・大正七年生まれ）。
・栃の花の緒のときが味噌を搔き込むとき（事例⑨＝静岡県浜松市天竜区水窪町有本・守屋金次郎さん・明治三十七年生まれ）。
・栃の花の咲くころ蚕は二つめ（二眠）（事例⑩＝富山県南砺市相倉・池端貞江さん・大正九年生まれ）。
・栃のトウが立ちゃ世の中よい（事例⑪＝岐阜県高山市奥飛驒温泉郷田頃家・清水牧之助さん・明

栃の花（長野県飯田市上村下栗）

治四十年生まれ)。

同じ自然暦は、飛騨市河合町稲越でも聞いた。

⑭クリ（栗）

ブナ科の落葉高木。六月ごろ淡黄色の細花を下垂状に咲かせる。これを「栗の緒」と呼ぶ例もある。実は甘味をふくみ、日本人に親しまれてきた。材は湿気に強く、建物の根太、橋材・鉄道の枕木などに使われた。

・栗の花の盛りが田植えの盛り（事例①＝長野県飯田市宮ノ上・北原良男さん・大正十五年生まれ）。

・栗の花が咲いたら小豆を蒔く（事例②＝岩手県気仙郡住田町世田米小股・紺野平吉さん・明治四十二年生まれ）。

・栗の花が盛りになると梅雨になる（事例③＝新潟県魚沼市外山・樺沢コトさん・昭和七年生まれ）。

・栗の花盛りに山蜜蜂（ニホンミツバチ）が分封する（事例④＝静岡県静岡市葵区田代・滝浪一乗さん・昭和十七年生まれ）。

・栗の花が白くなるときがカイドビエ（定畑に栽培する稗）の植え盛り（事例⑤＝同・滝浪きくさん・明治三十年生まれ）。

ここでは稗の苗をしたてて植えている。

・栗の花が白くなったら稗・弘法黍《こうぼうきび》（シコクビエ）のしつけをせよ（事例⑥＝同・滝浪文人さん・大正六年生まれ）。

・栗の花が咲いたらカラッペ（唐稗＝シコクビエ）の蒔きつけをせよ（事例⑦＝静岡県富士宮市猪之頭・植松萩作さん・明治三十二年生まれ）。

・栗の実（イガ）がセットガシラ（頬白の頭）になるくらいまでは小豆が蒔ける（事例⑧＝同）。

栗の花から実の初期までは小豆の播種期だと伝えている。

栗の花（奈良市破石町）

⑮ドクダミ（蕺草）

ドクダミ科の多年草。毒矯め・毒止めが語源だとされ、解毒性が信じられた。葉は腫物に貼布された。薬効伝承の広さから十薬《じゅうやく》と称されたというが、「蕺薬《じゅうやく》」からの称だともいわれる。夏、白い十字の花（苞）をつける。古名は「しぶき」。

・ドクダミの花が咲いたら川で水遊びをしてもよい。それよりまえに水に入ると熱病になる（事例①＝新潟県魚沼市外山・樺沢コトさん・昭和七年生まれ）。

水遊び・水泳の解禁伝承の花としては、ウノハナ、ネムノハナなどがある。宮城県栗原市の三塚律夫さん（昭和十八年生まれ）は、ニイニイゼミの声を水泳の解禁伝承として伝えている。

・ドクダミの花が咲いたら小豆を蒔け（事例②＝静岡県賀茂郡松崎町池代・山本吾郎さん・明治四十一年生まれ）。

・ドクダミの花が二輪咲くときが粟と黍の蒔き旬（事例③＝同門野・松本きみさん・明治四十二年生まれ）。

ドクダミの花（奈良市春日苑）

⑯ユリ（百合）

ユリ科ユリ属の総称、ヤマユリ、ササユリ、テッポウユリ、オニユリなど種類が多い。夏季花を咲かせるものが多い。ヤマユリ、オニユリの鱗茎は食用になり、ウバユリの鱗茎からは澱粉を採る。

・ユリの花が咲くときが田植えの盛り（事例①＝和歌山県田辺市本宮町発心門・野下定雄さん・明治三十七年生まれ）。

・ユリの花の開きかかりが豆（大豆）の蒔き旬（事例②＝静岡県浜松市天竜区佐久間町日余・伊藤つるさん・明治四十五年生まれ）。

・ユリの花の咲くころがダルマ漁の盛り（事例③＝和歌山県東牟婁郡那智勝浦町脇の谷・脇口守さん・大正九年生まれ）。

・ヤマユリの花が咲くまえに小豆を蒔け。道端のヤマユリが咲くともう遅い（事例④＝長野県飯田市上村下栗帯山・熊谷定美さん・大正十五年生まれ）。

・ユリの花が咲いたら粟蒔きはもうダメ（事例⑤＝同下栗屋敷・胡桃沢菊男さん・昭和五年生まれ）。

・ユリの花のつぼみの出るまでに蒔けば夏ものは実が入る（事例⑥＝同下栗小野・成沢作男さん・明治四十五年生まれ）。

⑰ネム（合歓）

マメ科の落葉小高木で、山地や川原に自生する。葉は細かい羽状複葉で、夜になると閉じるところから「ネム」と呼ばれる。六・七月ごろ紅色の花を多数球状に集めて咲く。「コウカ」「コウカンボ」「コウカイギ」「カーカー」「ネムリ」「ネムリコ」などと呼ばれる。

・コウカの花が咲いたころ小豆を蒔け（事例①＝島根県鹿足郡津和野町名賀徳次）

同様の自然暦は、ほぼ全国的に見られる。広島県庄原市西城町中尺田、岡山県新見市別所などでは、「コウカの花が咲いているあいだは小豆を蒔いてもよい」とする。宮崎県東臼杵郡美郷町《みさとちょう》南郷ではコウカの花と大豆を結びつけ、同椎葉村葛の元では、大豆・小豆と併称し、同椎葉村中塔ではコウカの花と粟とを結びつける。また、静岡県掛川市黒俣ではネムの花とオクテ大豆とを結びつけている。

・コウカの花の開花の第一波を一番シオと呼ぶ。ほぼ一週間で、色が濃くて美しい。コウカの花の一番シオに合

ネムの花（福井県若狭町）

わせてソバの種を蒔くとカラ（茎）ばかりがよく育って実が少ない。二番シオも一週間だが、三日しかないと思ってソバ種を蒔けといわれた。二番シオの花に合わせて蒔いたソバがもっとも実が多く、収穫がよい。三番シオの花は白っぽい。一週間といわれるが、三日しかないと思ってはやめに蒔けといわれた。早霜をおそれてはやめに蒔けというのだ。三番シオのソバは霜にやられるので、花で終わることが多い（事例②＝熊本県阿蘇郡高森町色見・工藤春男さん・昭和二年生まれ）。

阿蘇市波野の楢木野文夫さん（大正十年生まれ）も、「一番シオはカラつくる、二番シオは実をつくる、三番シオは花つくる」と、類似の自然暦を伝えていた。

・ネムリの二番咲きに小豆を蒔け（事例③＝和歌山県東牟婁郡古座川町松根・中地貞吉さん・明治四十四年生まれ）。

この自然暦の背後には、事例②と同じネムの花に対する観察があることがわかる。

・コウカの花がたくさん咲く年は小豆のできがよい（事例④＝鳥取県八頭郡智頭町上板井原・平尾新太郎さん・明治四十一年生まれ）。

・コウカギ（ネム）の花が咲いたら泳ぎはじめてもよい（事例⑤＝高知県吾川郡仁淀川町大野・西森梅子さん・大正十年生まれ）。

・ネムの花が咲いたら水遊びをしてもよい（事例⑥＝滋賀県長浜市余呉町今市・太々野功さん・

昭和十一年生まれ）。

同じ自然暦は、富山市山田字小谷にもある。

・コウカの花が遅く咲く年にはオクテの稲が豊作になる（事例⑦＝三重県伊賀市蓮池・岡森勇夫さん・明治四十三年生まれ）。

・ネムの木の葉が眠ったら（閉じたら）家に帰る（事例⑧＝京都府綾部市睦寄町古屋・細見恵美子さん・昭和五年生まれ）。

・ネムの花が咲くと梅雨が終わる（事例⑨＝福井県大飯郡おおい町名田庄染ヶ谷・小西勇さん・昭和十三年生まれ）。

⑱フクギ（福木）

オドリギソウ科の常緑高木。光沢のある葉を密につけるので、沖縄では防風・遮光を兼ねて屋敷の生垣にする。五、六月に帯黄白色の花を咲かせる。幹は建材になり、樹皮からは黄色染料がとれる。

・フクギの花が咲くころクチナギがよく釣れる（事例①＝沖縄県八重山郡竹富町西表・高道正文さん・大正六年生まれ）。

・フクギの芽が出はじめたら黍を蒔く（事例②＝沖縄県石垣市白保・仲島タマさん・大正五年生まれ）。

・フクギの芽が若緑色になるとマグロが釣れる（事例③＝沖縄県南城市知念久高・内間侍一さん・昭和七年生まれ）。

⑲デイゴ（梯梧）

マメ科の落葉高木で、樹皮は白みを帯びた緑灰色。花は赤紅白、総状、頂生、三月から五月にかけて、葉が開くまえに開花する。琉球の三大名花と称される。

・デイゴの花が咲いたらスクがくる。デイゴの花が咲かないとスクがこない（事例①＝沖縄県島尻郡伊平屋村《いへやそん》・伊礼英徳さん・大正八年生まれ）。

スクとはアイゴの稚魚で、大潮の上げ潮にのって琉球弧の島々に群れをなして寄せてくる。島々の周囲には環礁があり、その環礁の切れ目（クチ）から入ってイノー（礁池＝環礁に囲まれた水域）の海藻類の芽などを食べようとするのである。スクの回游・来訪は島によって差異があるし、漁獲期の焦点のあてかたによっても伝承が異なる。

石垣島登野城の池田元さん（昭和二十二年生まれ）は旧暦五月一日から三日、五月十二日から十五日、六月一日から三日と語り、石垣島白保の多宇マツ子さん（昭和二年生まれ）は、旧四月三十日から五月一日と、五月三十日から六月一日と語る。宮古郡水納島《みんなじま》で漁をした知念勇吉さん（明治四十四年生まれ）は、旧五月一日と六月一日と語る。久高島の内間芳子さん（昭和五年生まれ）は旧六月一日、二日と七月一日、二日、伊是名島《いぜなじま》の中本徳守さん（明治四十三年生まれ）は旧五月二十八日から六月三日、六月二十八日から七月三日にかけてはくる年もありこない年もあると語る。粟国島《あぐにじま》の山城栄孝さん（昭和五年生まれ）は旧五月一日と六月一日と語る。伊平屋島《いへやじま》の伊礼英徳さん（大正八年生まれ）は、七月一日、八月一日、九月一日の三回で、九月一日のスクは「マミノハナユー」と呼ばれ、特に小型だという。スクの寄りつきは新月を中心とした闇夜めぐりの大潮だとする伝承がほとんどだが、石垣島の池田さんは、一部月夜めぐりの大潮もあるとしている。スクは、外海ではなく島周りで水深の浅いイノーで獲れるので、女性たちがスク漁に力を入れた。これを「スクガラス」と称するシオカラに漬けて一年じゅうの塩分補給、カルシウム摂取食とした。

・マミノハナユーとは「豆の花魚」の意で、エンドウマメの花が咲くころ第三波のスクが寄ると伝えられていた（事例②＝島尻郡伊平屋村・伊礼英徳さん・大正八年生まれ）。

・デイゴの花・センダンの花が咲くころは蟹（ノコギリガザミなど）が太る（事例③＝沖縄県八重山郡竹富町古見・仲間セツさん・昭和三年生まれ）。

蟹の旬を知らせている。

・デイゴの花が咲くとタマン（フエダイ）が釣れはじめる（事例④＝沖縄県石垣市登野城《とのしろ》・池田元さん・昭和二十二年生まれ）。

・デイゴの花が満開のときに台風がくるといういい伝えがある（事例⑤＝鹿児島県奄美市住用町山間・佐藤寮子さん・大正十三年生まれ）。

ここで、琉球弧から鹿児島県にかけての台風予測の口誦句の一部を紹介する。

・ギシチャー（ギシギシ）の花がふくらんだら台風がくる（事例⑥＝沖縄県島尻郡粟国村）

・タカセガイや夜光貝が岩に強く吸いついて獲りにくいときは台風が近い（事例⑦＝沖縄県石垣市登野城・池田元さん・昭和二十二年生まれ）。

・グミの実がたくさんなると台風がたくさんくる（事例⑧＝鹿児島県肝属郡《きもつきぐん》南大隅町佐多・前田吉次郎さん・大正八年生まれ）。

・椿の実がたくさんなると台風が多い（事例⑨＝同佐多・永江茂さん・大正十三年生まれ）。

・タブの実がたくさんなると台風がたくさんくる（事例⑩＝同肝付町《きもつきちょう》・宮原清さん・大正八年生まれ）。

⑳ハマヒルガオ（浜昼顔）

ヒルガオ科の多年草。海岸の砂地に自生し、初夏、朝顔に似た淡紅色の花をつける。

・ハマヒルガオのことを「アワビバナ（鮑花）」と呼ぶ。アワビバナの咲くころが海女たちの潜水鮑採りの最盛期で、海女たちは多忙を極める（事例①＝三重県鳥羽市石鏡町《とばしいじかちょう》・浜田みちこさん・大正三年生まれ）。

鮑の旬についての自然暦もある。

・麦の枇杷《びわ》色オービ（鮑）の旬（事例②＝三重県志摩市志摩町和具・西川嘉栄さん・大正九年生まれ）。

「麦の枇杷色」とは、麦の穂が稔って、稔った枇杷の実のように少し赤茶を帯びた黄色になった状態を示している。この季節の鮑がもっとも美味だというのである。

「花」からはずれるが、ここで麦の穂の稔る季節をもって魚介類の旬を示す自然暦を数例示しておこう。

・「麦ワラジャッパ」＝シャッパとはシャコ（シャコ科の甲殻類）のこと。麦の穂が色づくころシャッパが子をもつのでいちばんうまいといわれる（事例③＝佐賀県鹿島市音成小宮道・倉崎次助さん・明治四十一年生まれ）。

・「麦ワライサギ」＝麦の穂が色づく盛りにイサギは子をもっているのでいちばんうまい（事例④＝和歌山県西牟婁郡すさみ町周参見《すさみ》平松・中村虎男さん・大正五年生まれ）。同じ自然暦は、同町口和深にもある。大分市の佐賀関ではイサギのことをハンザコと呼び、右の自然暦を「麦バンザコ」と称している。

・「麦わらダコ」（事例⑤＝兵庫県南あわじ市福良・土井善行さん・昭和八年生まれ）。

同じ自然暦は、徳島県鳴門市鳴門町土佐泊浦字福池、和歌山県東牟婁郡那智勝浦町、三重県志摩市大王町波切、京都府京丹後市久美浜町湊宮などにもある。

・「麦刈りイワシ」＝寒イワシが脂がないのに比べて麦刈りのころのイワシは大きく、脂がのっている（事例⑥＝千葉県山武市白幡納屋・北田実さん・明治四十四年生まれ）。

・「麦ワラチヌ」＝麦の穂が色づくころのチヌは産卵後にあたり、味が落ちる（事例⑦＝兵庫県南あわじ市沼島・虎沢仁太郎さん・大正三年生まれ）。

同じ自然暦は、鳴門市北泊にもある。「サクラ鯛」の美味なるに対して、「麦ワラ鯛」は「麦ワ

自然暦の指標となる麦の稔り（山梨県甲府市上帯那町）

ラチヌ」同様産卵後で味が落ちるといわれている。

㉑モクセイ（木犀）

モクセイ科の常緑小高木で、キンモクセイ、ギンモクセイ、ウスキンモクセイの総称。中国からの渡来植物で、庭木として植えられ、小花の集合体は芳香を放つ。

・モクセイの花の終わりごろが霞網猟の盛り（事例①＝三重県伊賀市諏訪・谷三郎さん・大正十四年生まれ）。

・モクセイの花がたくさん咲く年はマツタケがたくさん出る（事例②＝滋賀県甲賀《こうか》市《し》信楽町《しがらきちょう》多羅《たら》尾《お》・岩田勘三郎さん・大正五年生まれ）。

㉒ヒガンバナ（彼岸花・石蒜）

ヒガンバナ科の多年草で、田の畦に多く生える。曼珠沙華《まんじゅしゃげ》、トウロウバナ、シビトバナ、シリヨウバナなどとも呼ばれ、秋の彼岸ごろ朱紅色の花を咲かせる。鱗茎はアルカロイドをふくみ、有毒である。糊や薬用にもされたが、古くは毒ぬきをして救荒食物にしたという伝承がある。

・ヒガンバナが咲くとアメノウオ（アマゴ）がスル（産卵活動をする）（事例①＝奈良県五條市大塔町中原・中平正太郎さん・大正十五年生まれ）。

・ヒガンバナが咲くとマスがホリをホル（産卵する）。そのころ麦蒔きをする（事例②＝岩手県久慈市川代・川代兼松さん・大正十二年生まれ）。

同じ伝承は、岩手県下閉伊郡岩泉町年々にもある。

・ヒガンバナが咲けばマツタケが出る（事例③＝和歌山県田辺市本宮町発心門・野下定雄さん・明治三十七年生まれ）。

ヒガンバナ（奈良市鹿野園町）

㉓シオン（紫苑）

キク科の多年草、一・五メートル前後で直上し、小枝の先に秋、淡紫色の花を密集させて咲く。「鬼《おに》の醜草《しこくさ》」という異名をもつ。

・シオンが咲いたら冬支度にかかれ（事例①＝長野県飯田市羽場・横田トシ子さん・昭和九年生まれ）。

・シオンのことを「夜なべ花」と呼び、この花が咲くと夜なべに縄綯い、草履つくり、茶選りなどをした（事例②＝奈良県吉野郡吉野町滝畑・上坂美代子さん・昭和四年生まれ）。

奈良県吉野郡吉野町山口の森口たまゑさん（明治四十四年生まれ）は、次のように語った。「旧暦八月十五夜、月見の際、月に里芋を供え、その夜、家族は里芋の汁を食べる。次の日の夜からは足袋の底の刺し縫いなどの夜なべをはじめた。「芋の汁食うて長夜なべ」という口誦句があった」

㉔花とりどり

人びとの多様ないとなみの指標となる花の数は多数におよぶのだが、そのおのおのの自然暦の事例収集の数の少ないものがある。しかし、こうしたもののなかにも注目すべき背景をもつものがある。また、ひとつの事例をきっかけに事例収集が重なっていくこともある。もっとも重要なことは、事例数が少なくとも「自然暦」を構成する「花」の総体を知るうえで欠くことができないものを、以下に列挙する。

・小豆はノバラの花が咲くころまでに蒔けば実が入る（事例①＝長野県松本市奈川字保平・奥原あさ江さん・明治四十四年生まれ）。

・ウドの花が咲いてから沢蟹を食べてはいけない（事例②＝新潟県東蒲原郡阿賀町上川字小山）。

・ジシバリ（地縛・キク科多年草で黄色い花を咲かせる）の花が咲いたら粟・稗を蒔く（事例③＝静岡県浜松市天竜区水窪町押沢・平賀さかるさん・明治三十五年生まれ）。

・スモモの花が咲いたらゼンマイの盛り（事例④＝青森県むつ市川内町畑・大沢誠一さん・明治四十四年生まれ）。

・ハルノキ（榛の木）の花が咲いたら農作業をはじめよ（事例⑤＝静岡県裾野市須山・土屋富正さん・昭和二年生まれ）。

・葛の花が咲いたらツガニ（津蟹・モクズガニ）が下る（事例⑥＝高知県高岡郡四万十町《しまんとちょう》下津井・森壽臣さん・大正三年生まれ）。

・椎の花が咲いたらトウキビ（トウモロコシ）蒔き（事例⑦＝同）。

・ミズキ（ミズキ科の落葉高木、花は白）の花盛りに小豆を蒔け（事例⑧＝岩手県宮古市田代小字君田・村上正吉さん・大正二年生まれ）。

・ミズキの花が咲いたら小豆を蒔け（事例⑨＝福井県小浜市上根来・岩本重夫さん・大正十三年生まれ）。

・カツラの雄花が真赤になったら里の稗（定畑の稗）を蒔く（事例⑩＝岩手県下閉伊郡岩泉町安家年々・祝沢口良雄さん・大正十一年生まれ）。

・カンバ（白樺）の花が咲いたら蒔きものの蒔き旬（事例⑪＝静岡県富士市勢子辻・川村一さ

ん・明治四十五年生まれ）。

・ヨモギの花の咲くころのズズコ釣りの鰻（ミミズを輪状に束ねておこなう鰻釣り）はくわえたら離さない（事例⑫＝静岡市葵区戸持・秋山藤蔵さん・明治四十四年生まれ）。

・シャクヤク（芍薬）の蕾が開くとお茶がはじまる（事例⑬＝静岡県榛原郡川根本町青部・田代光さん・明治四十五年生まれ）。

・シャクヤクが咲くころ田植えをする（事例⑭＝新潟県魚沼市上折立・富永弘さん・大正二年生まれ）。

・コスモスの花盛りがマスのホリ（産卵）盛り（事例⑮＝秋田県仙北市西木町上檜木内・鈴木喜代治さん・昭和九年生まれ）。

・フトオ山のブナの花が咲けばゼンマイが出る（事例⑯＝岐阜県大野郡白川村御母衣・日下部兼助さん・明治四十二年生まれ）。

・クチナシの花が咲いたら田植えをする（事例⑰＝静岡県藤枝市谷稲葉・萱谷たまさん・明治三十七年生まれ）。

・アセボ（アシビ・馬酔木）の花が咲くと牡の猪がまずくなる（事例⑱＝三重県伊賀市諏訪・谷三郎さん・大正十四年生まれ）。

・梅の花が下を向いて咲くとその年はお産が重い（事例⑲＝長野県飯田市南信濃八重河内此田）。

・鮎は稲の花水（散った稲の花をふくむ水）を飲んでから下る（事例⑳＝山形県鶴岡市中向・亀井寿太郎さん・大正三年生まれ）。

・ツンバナ（ツバナ・茅花）の花が舞うようになったらヤマモモの実が食べられる（事例㉑＝愛知県豊川市稲束・寺部定敬さん・明治四十四年生まれ）。

・ナラの花が咲いたら小豆を蒔く（事例㉒＝岐阜県飛騨市河合町稲越・西田アサ子さん・大正三年生まれ）。

・オガタマ（モクレン科の常緑高木。花は白く芳香を放つ）の花が咲いたら、種籾を桶か残りの風呂につける（事例㉓＝埼玉県加須市《かぞし》琴寄《ことより》・小林昭子さん・昭和三年生まれ）。

アシビの花（奈良市・奈良公園）

風に靡くツバナ（奈良市萩が丘町）

・ホタルブクロ（キキョウ科の多年草）の花盛りが小豆の蒔き旬（事例㉔＝奈良県吉野郡東吉野村杉谷小字中村垣内・加古川義一さん・明治四十三年生まれ）。
・ツユバナ（タチアオイ）が咲くと梅雨になる（事例㉕＝奈良県吉野郡野迫川村北今西・増谷将行さん・昭和十五年生まれ）。
・タテバコ（タケニグサ）の花が下にくだるとき小豆を蒔け（事例㉖＝宮崎県東臼杵郡椎葉村不土野・椎葉伊八さん・大正五年生まれ）。
タテバコは、花から実へと自然暦の幅がある。
・タテバコの実を見るうちは夏ウチ（秋小豆蒔き）をしても実が入る（事例㉗＝同西都市銀鏡《しろみ》・

オガタマの花（奈良市・護国神社境内）

ホタルブクロの花（奈良市春日苑）

浜砂正信さん・大正十五年生まれ）。

・ヒトツバ（ハクウンボク）の白い花が咲くと霜がこなくなるので稗蒔きをする（事例㉘＝岩手県遠野市大出・大橋ゆはさん・昭和八年生まれ）。

・ツバキの花がたくさん咲くとカツオは大漁（事例㉙＝三重県志摩市志摩町和具・西川嘉栄さん・大正九年生まれ）。

・ツバキの蕾が葉の下につくと雪が多く、葉の上につくと雪が少ない（事例㉚＝新潟県魚沼市穴沢・志田マサさん・昭和十四年生まれ）。

〈註〉

（1）野本寛一『稲作民俗文化論』（雄山閣出版　一九九三）

（2）鳥海昭子『ラジオ深夜便　誕生日の花と短歌３６５日』（ＮＨＫサービスセンター　二〇一三）

二　季節の伝承――多雪予測の兆象

さまざまな行動やいとなみを阻む雪。たび重なる雪おろしや雪道踏みの労力、きたるべき冬の降雪量は雪国の人びとにとって大きな気がかりだった。多雪は深刻な問題である。人びとは植物の様態や動物のさまざまないとなみの軌跡などに目を凝らし、そのなかから次なる冬の降雪量の多寡を告知してくれるサインを読みとった。そして、それを語り継ぎ、口誦しながら、世代を超えて伝承知として蓄積してきた。

「多雪の予兆」を語り継ぐことは、多雪に対する即物的対応や心づもりにとってたいせつなことだった。以下に多雪予測の口誦句を紹介するのだが、まず、人びとが植物・動物のどのようなサインに注目して次の冬の雪を予測してきたのかの概略を示す。次いで、植物表象・動物表象の事例を示すが、動物のなかでとりわけ「カメムシ」が注目されるので、節を改めて紹介した。

1　植物兆象

・葛の蔓がよくのびると次の冬は雪が多い（事例①＝岩手県久慈市山形町霜畑関・竹田源一さ

ん・昭和五年生まれ）。

同じ伝承は、同下閉伊郡岩泉町安家年々、岐阜県高山市奥飛騨温泉郷田頃家などにもある。久慈市山形町霜畑の馬場みなさん（大正八年生まれ）は、フジ（葛）が這わないと翌冬は雪が少ないと語る。

・藤蔓がよくのびると次の冬は雪が多い（事例②＝新潟県中魚沼郡津南町大赤沢・石沢政市さん・明治三十六年生まれ）。

隣接する長野県下水内郡栄村小赤沢にも同じ伝承がある。

・コウゾの木の丈がのびすぎると次の年は雪が多い。コウゾの丈まで雪が積もる（事例③＝岐阜県飛騨市河合町角川・中斎徹さん・昭和十一年生まれ）。

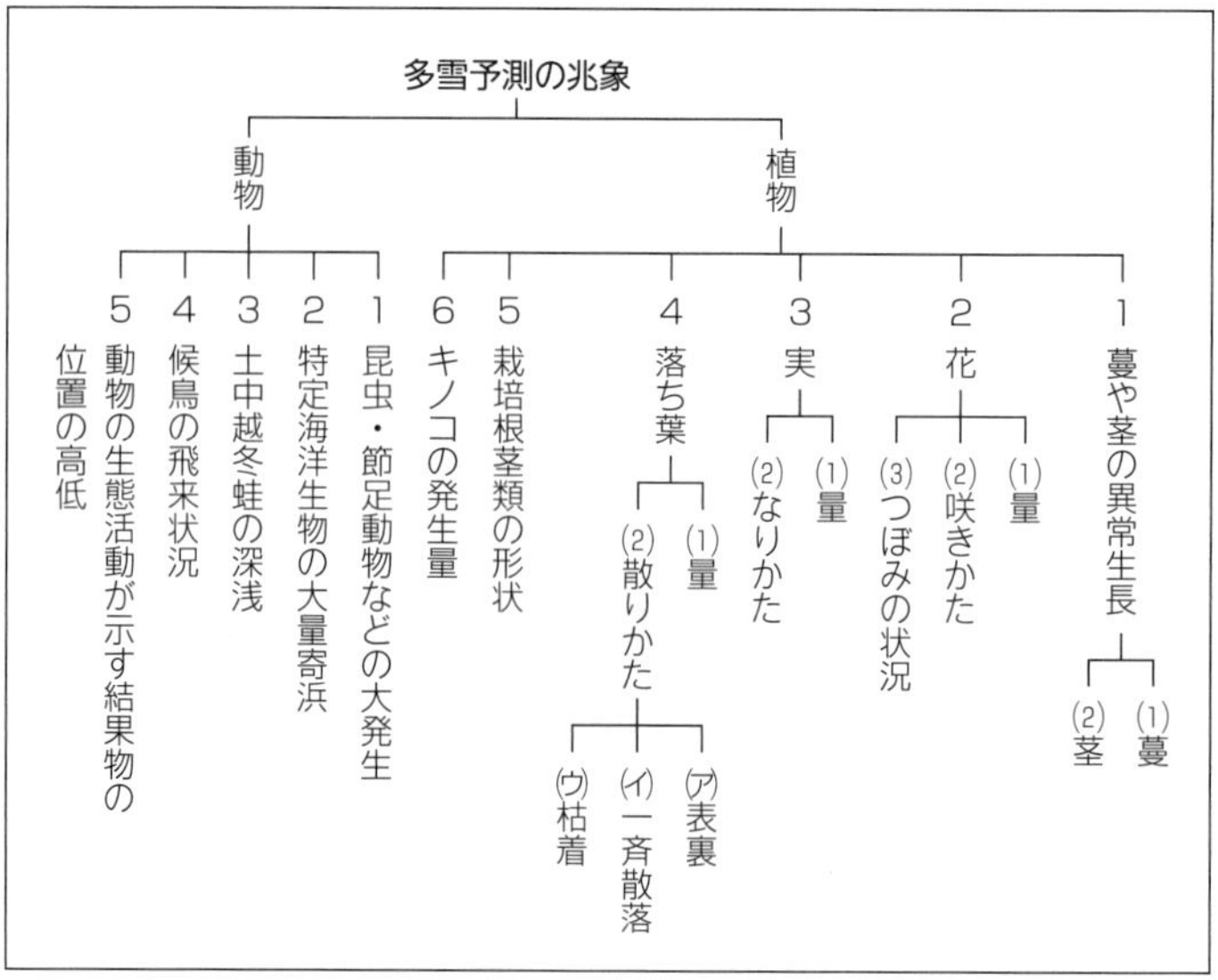

コウゾの丈と多雪の伝承は、河合町月ヶ瀬にもある。

・ネナシカズラが繁ると次の冬は雪が多い（事例④＝富山県南砺市利賀村大勘場《たいかんば》・東綾子さん・大正十一年生まれ）。

同村岩淵にも同じ伝承がある。なお、石川県白山市中宮ではネナシカズラのことを「牛の素麺」と呼び、これが繁ると翌冬は雪が多いと伝えている。

・ソバの茎丈が高く伸びると次の冬は雪が多い（事例⑤＝山口県周南市鹿野字芋掘・神田重子さん・昭和五年生まれ）。

繁茂する葛とその花（奈良市古市町）

精製乾燥されるコウゾの皮（岐阜県飛騨市河合町角川）

長くのびたソバの茎（長野県飯田市上村下栗）

同じ伝承は、岡山県真庭市旧八束村、福島県耶麻郡西会津町端村、新潟県東蒲原郡阿賀町船渡などにもある。

・大豆の茎が丈高くのびると次の冬は大雪になる（事例⑥＝山形県西置賜郡飯豊町上原・高橋要松さん・大正八年生まれ）。

同様の伝承は、秋田県由利本庄市鳥海町牛越、山形県西置賜郡小国町小玉川長者原でも耳にした。秋田県仙北市西木町上檜木内の鈴木喜代治さん（昭和九年生まれ）は、「大豆の茎がおがれば次の冬は雪が多い」と語る。

・高知県香美市物部町別府の中尾計佐清（大正二年生まれ）家では元旦の歯固めにオニノメ（鬼の目）大豆と称して一握りの大豆を加えた。その大豆を一月二日に「植えぞめ」と称して畑に蒔く。その大豆の茎丈が高くのびると次の冬は雪が多いと伝えている（事例⑦）。

・大豆の根の玉（根瘤菌）が多いと次の冬は雪が多い（事例⑧＝新潟県村上市岩崩・青山友春さん・昭和二年生まれ）。

・ナスの茎丈が高くのびると次の冬は雪が多い（事例⑨＝山形県西置賜郡小国町小玉川長者原・藤田俊雄さん・明治四十五年生まれ）。

・大根の葉が異常にのびると次の冬は深雪になる（事例⑩＝福島県南会津郡只見町黒谷倉谷・舟木正一さん・大正三年生まれ）。

・大根の青首が曲がると次の冬は雪が多い（事例⑪＝滋賀県高島市朽木字小入谷・田中ますさん・明治四十三年生まれ）。

・マイタケが多く採れると次の冬には雪が多い（事例⑫＝石川県白山市中宮・不破亀さん・明治四十三年生まれ）。

・ガマズミの実がたくさんなると次の冬は雪が多い（事例⑬＝岩手県和賀郡西和賀町沢内字貝沢・岩井貞吉さん・明治二十六年生まれ）。

同じ内容を、新潟県村上市岩崩の青山友春さん（昭和二年生まれ）は、「ウメボロ（ガマズミ）の実が多いと、次の冬は雪が多い」と語る。

・柚子の実が葉の重なりの内側につくと、次の冬は雪が多い（事例⑭＝福井県三方上中郡若狭町河内・石田つうさん・明治四十三年生まれ）。

同じ伝承を、滋賀県高島市朽木字小入谷、高知県高岡郡檮原町《ゆすはらちょう》大蔵谷《おぞうたに》、同奥井桑、宮崎県東臼杵郡椎葉村大河内大藪でも聞いた。

・南天の実が枝先に実ると次の冬は雪が少ない（事例⑮＝新潟県中魚沼郡津南町中深見船山新田）。

・カラスウリの実が低いところになると、次の冬は雪が浅く、高いところになると次の冬は雪が深い（事例⑯＝山形県西置賜郡小国町小玉川・藤田栄一さん・昭和六年生まれ）。

・お茶の花が枝のなかに咲くと次の冬は雪が多い（事例⑰＝滋賀県高島市朽木字小入谷・田中ま

すさん・明治四十三年生まれ）。

・お茶の花がたくさん咲くと次の年は雪が多い（事例⑱＝大阪府河内長野市天見・田中竹一郎さん・大正二年生まれ）。

同じ伝承を、滋賀県長浜市余呉町川並でも聞いた。

・お茶の花が上を向いて咲くと次の冬は雪が少なく、下を向いて咲くと次の冬は雪が多い（事例⑲＝新潟県村上市瀬波）。

同じ伝承は、広島県三次市君田町沓ヶ原にもある。

・サザンカの花が上を向いて咲くと次の冬は雪が少なく、下を向いて咲くと次の冬は雪が多い（事例⑳＝京都府京丹後市峰山町二箇・池田操さん・大正八年生まれ）。

・ハモリ（馬酔木）の花がたくさん咲くと次の冬は雪が多い（事例㉑＝奈良県吉野郡天川村栃尾・玉井おりょうさん・明治二十八年生まれ）。

・ツバキの蕾が葉の下につくと雪が多い（事例㉒＝新潟県魚沼市穴沢・志田マサさん・昭和十四年生まれ）。

裏返しに落ちた朴の葉。来たる冬の多雪予兆とされる（奈良市・護国神社境内）

・朴の葉が裏返しに落ちると次の冬は雪が多い（事例㉓＝岐阜県下呂市馬瀬《まぜ》字井谷・二村賀代子さん・昭和三年生まれ）。

同じ伝承は、栃木県那須塩原市油井、岐阜県郡上郡（現・郡上市）白鳥町、新潟県魚沼市穴沢などでも聞いた。

・桐の葉が裏を向けて落ちると次の冬は雪が多い（事例㉔＝岩手県岩手郡雫石町大村・檜山善六さん・昭和八年生まれ）。

・イチョウの葉が一斉に落ちると次の冬は雪が多い（事例㉕＝秋田県由利本荘市鳥海町牛越・佐藤隆男さん・昭和三年生まれ）。

同様の伝承は、岐阜県高山市国府町木曾垣内《きそがいと》にもある。旧高山市内では、飛驒国分寺の大イチョウの葉が一斉に散ると次の冬は雪が多いと伝えている。飛驒市河合町角川には、落合の神社のイチョウの葉のあるうちは、雪は降りこまないという伝承もある（中斎徹さん・昭和九年生まれ）。

・杉の葉がたくさん落ちると次の冬は雪が多い（事例㉖＝新潟県糸魚川市小滝・横山梅造さん・昭和二年生まれ）。

・栗の葉が枯れても散らずに木に残るものが多ければ、次の冬は雪が多い（事例㉗＝岩手県花巻市高木・菊池功さん・昭和八年生まれ）。

・丹波栗の葉が落ちると、雪が降る（事例㉘＝福島県南会津郡只見町黒谷倉谷・舟木正一さん・大正三年生まれ）。

2　動物兆象

ヤスデ（馬陸）　倍脚類の節足動物の総称。体長一センチから四センチでムカデに似ているが、一体節に二対の歩脚をもつので、ムカデとは異なる。陰湿な場所で発生し、悪臭を放ち、外敵に遭うと体を丸める。「八十手《やそで》」が語源だといわれる。

・ヤスデが谷に大発生すると次の冬は豪雪になる（事例①＝滋賀県長浜市木之本町金居原・山田洋さん・昭和二十三年生まれ）。

・ヤスデが谷川に大発生すると次の冬は大雪になる。ヤスデのことを「雪降り虫」と呼ぶ（事例②＝岐阜県揖斐郡《いびぐん》揖斐川町《いびがわちょう》坂内川上・沢崎春代さん・昭和十年生まれ）。岐阜県郡上市八幡町森にも同じ伝承がある。

・カエルが土中に深く入ると大雪になる（事例③＝山形県鶴岡市田麦俣・渋谷賢造さん・明治三十年生まれ）。

同じ伝承は、新潟県魚沼市大栃山、滋賀県高島市朽木字小入谷、島根県邑智郡《おおちぐん》邑南町《おおなんちょう》市木《いちぎ》などでも耳にした。

・フネダコ（ホタテダコ）がたくさん浜に寄ると次の冬は大雪になる（事例④＝京都府京丹後市久美浜町湊宮・和田照雄さん・昭和十一年生まれ）。

・兎が萩の茎を高い位置で喰うと次の冬は雪が深い。兎は冬季、残った茎を餌として食べるからである（事例⑤＝岩手県久慈市山形町霜畑関・竹田源一さん・昭和五年生まれ）。

・アトリ（スズメ目アトリ科の小鳥）がたくさんくると大雪になる（事例⑥＝長野県飯田市上村中郷・木下一さん・大正十一年生まれ）。

・フクベ（天蚕）の繭（山繭）が高いところにつくと次の冬は大雪になる（事例⑦＝新潟県村上市蒲萄・岡田伊之助さん・昭和二年生まれ）。

・ミノムシの巣が高いと次の冬は雪が多い（事例⑧＝鳥取県東伯郡《とうはくぐん》北栄町西園・中川豊春さん・大正十年生まれ）。

・カマキリの卵が高いと次の冬は雪が多い。低いと雪が少ない（事例⑨＝福島県耶麻郡猪苗代町関都・安部作馬さん・明治三十八年生まれ）。

同様の伝承は、長野県松本市波田、新潟県糸魚川市小滝をはじめ多くの地で聞いた。

・モズが刈桑の高いところに蛙を刺すと次の冬は雪が多く、低いところに刺すと雪が少ない

（事例⑩＝京都府京丹後市峰山町二箇・池田操さん・大正八年生まれ）。

これは「モズの贄刺し《にえさ》」「モズの速贄《はやにえ》」「モズ磔《はりつけ》」などともかかわり、広く伝えられる伝承である。

・栗の木に生みつけられるアブラムシの卵が高いと次の冬は雪が深い（事例⑪＝秋田県鹿角市八幡平桃枝・綱木慶吉さん・大正八年生まれ）。

同じ伝承は、岩手県花巻市高木、同岩手郡雫石町大村、その他でも多く耳にした。

・サルウジ（長さ一センチほどの黒い毛虫）が大発生すると次の冬は雪が多い（事例⑫＝岐阜県飛驒市宮川町落合・野村清さん・大正元年生まれ）。

3　人とカメムシの相渉

カメムシ（亀虫・椿象）　半翅目カメムシ科の昆虫の総称。身体は扁平で、ほぼ六角形。種類が多

孵るカマキリ（岐阜県養老郡養老町、撮影：栗田由佳里）

く、色や大きさはさまざまだが、触れると臭腺から悪臭を放つ。果実・野菜などに害をおよぼすアオクサカメムシ、マメ類やみかんに害をおよぼすクサギカメムシ、マメ科やイネ科に有害なホソヘリカメムシなどがあるが、家のなかで越冬するクサギカメムシと人びととのかかわりは深い。クサギカメムシを中心に、降雪・積雪にかかわる伝承が広く分布するので、ここではそれを中心に、その他の伝承、カメムシの方名などにもふれる。

・アネッコムシ（カメムシ）が大発生すると次の冬は雪が多い（事例①＝秋田県北秋田市阿仁打当・鈴木英雄さん・昭和二十二年生まれ）。
・ヘクサムシ（カメムシ）が多いと次の冬は雪が多い（事例②＝岩手県岩手郡雫石町大村・檜山善六さん・昭和九年生まれ）。
・クセンコムシ（カメムシ）が多いと次の冬は多雪になる。クセンコムシとは臭んこ虫の意であろう（事例③＝青森市雲谷平・斎藤正美さん・昭和十年生まれ）。
・アネッコムシが大発生すると次の冬は雪が多い（事例④＝青森県西津軽郡鰺ヶ沢町一ツ森町字大谷・吉川隆さん・昭和二十五年生まれ）。
・女郎虫（カメムシ）が多く出ると次の冬は雪が多い（事例⑤＝山形県鶴岡市本郷・庄司二郎さん・昭和三年生まれ）。

・クサギカメムシが大発生すると次の冬は大雪になる。「女郎虫　女郎虫」といってもつと臭くない（事例⑥＝福島県南会津郡只見町只見・新国勇さん・昭和三十二年生まれ）。
・ヘット女郎・姉さ（カメムシ）が多く発生すると大雪になる。自分の手を嗅いでからつかむと臭くない（事例⑦＝新潟県魚沼市穴沢・志田マサさん・昭和十四年生まれ）。
・ヘクサムシ、アネサムシ（カメムシ）が大発生すると大雪になる。「イイアネサ　イイアネサ」と誦しながらもつと臭くない（事例⑧＝新潟県新発田市滝谷新田・佐久間進さん・昭和二十五年生まれ）。
・ワクサ（カメムシ）が多く発生すると雪が多くなる（事例⑨＝群馬県甘楽郡南牧村熊倉・市川すき子さん・昭和十年生まれ）。
・クサムシ（カメムシ）が大発生すると次の冬は大雪になる。「お姫様」といってもつと臭くない（事例⑩＝栃木県日光市五十里・細井沢吉さん・昭和十四年生まれ）。
・オガムシ（カメムシ）がたくさん出ると次の冬は大雪になる。「お女郎虫　お女郎虫」といってもつと臭くない（事例⑪＝山梨県甲府市上帯那町・山本秀子さん・昭和七年生まれ）。
・ヘクサンボー（カメムシ）が多く発生すると次の冬は大雪になる。ヘクサンボーのかたちから「裃《かみしも》」とも呼んだ（事例⑫＝岐阜県高山市清見町字二本木・脇谷佳澄さん・昭和十一年生まれ）。
・カメムシが多いと次の冬は雪が多い。カメムシをつまむときには指に息を吹きかけてからつまむと臭くない（事例⑬＝岐阜県高山市古川町）。
・ヘクサンボー（カメムシ）が大発生すると次の冬は大雪になる。背当て蓑のかたちがカメムシに似ているので、これをヘクサンボーと呼んだ。
〽肩はサシ肩　臭いは良いし　なんで私を嫌うじゃろー
という唄がある（事例⑭＝福井県勝山市北谷町谷・番戸平みつさん・大正十年生まれ）。
・女郎さん（カメムシ）がたくさん出ると次の冬は雪が多い。「女郎さん　女郎さん」といってつかむと臭くない（事例⑮＝兵庫県美方郡香美町村岡区山田・山本長太郎さん・大正四年生まれ）。
・ガーザイムシ（カメムシ）が多いと雪が多い。「お姫さん　お姫さん」というと臭くなくなる（事例⑯＝兵庫県美方郡香美町香住区御崎・麻田光一さん・明治四十年生まれ）。
・オガムシ（カメムシ）がたくさん出ると雪が多い。「臭さない　臭さない」といってもつと臭くない（事例⑰＝徳島県美馬市木屋平・荒川晴源さん・大正十一年生まれ）。
・クサムシ（カメムシ）がたくさん出ると次の冬は雪が多い。「お姫さまが屁をひった」といってつまむと臭くない（事例⑱＝高知県土佐郡土佐町宮古野・田村今朝穂さん・昭和二十四年生まれ）。
なお、高知県長岡郡大豊町ではカメムシのことを「ヒラクサ」と呼ぶ。

・ハットウジイ（カメムシ）が多いと次の冬は雪が多い。「ハットウジイ　ハットウジイ　エーニョーボ　コーニョーボ」と唱えてつかむと臭くなくなる（事例⑲＝岡山県新見市別所・西村広美さん・大正十一年生まれ）。

新見市大佐でも、カメムシのことをハットウジイと呼ぶ。

・ホームシ（カメムシ）が多く出ると次の冬は雪が多い。人が近づくと死んだふりをする。ビンに集めて焼いた（事例⑳＝山口県岩国市錦町稗原・竹本秀子さん・大正十年生まれ）。

・ホームシが多いと次の冬は雪が多い。ワラ屋根のころはホームシが多かった。「ホーヒメホーヒメ」と呼びかけると臭くなくなる（事例㉑＝山口県周南市鹿野字芋掘・神田重子さん・昭和五年生まれ）。

・ホームシが多いと雪が多い。ホーカする（息を吹きかける）と臭みがとれる（事例㉒＝山口市阿東嘉年下火打原・城市和夫さん・昭和三年生まれ）。

右の事例により、カメムシの大量発生と多雪を結びつけた予測伝承がいかに広域におよんでいるかがわかる。また、カメムシの多様な方名と、まつわる伝承の豊かさにも、驚かされる。

方名

　まず、方名を見ると、悪臭系と女性系が中心になっていることがわかる。悪臭系は、クセンコ虫、屁臭虫《へくさむし》、ワ臭《くさ》さ、臭虫《くさむし》、屁臭《へくさ》ん坊《ぼう》、屁っぷり虫などである。事例⑯のガーザイ虫も、香虫《かざむし》、悪しき香虫の意と思われる。事例⑪⑰のオガムシのオガは「青香《あおが》」で、山梨県ではオーガ、オガー、静岡県・徳島県その他にも「オーガ」の呼称がある。わたしが少年時代をすごした静岡県牧之原市松本では「オーガ」と呼んでいた。事例⑨の「ワ臭さ」の「ワ」は、驚嘆を示す感動詞。高知県の「ヒラクサ」の「ヒラ」は、カメムシの形状を示している。なお、カメムシの扁平な形状による命名には、栃木県佐野市仙波町の「ヒラカ」がある。

　女性系は、姉さ・姉っ子、女郎虫・女郎さんなどがあり、呼びかけ呼称として女郎さん、お姫さん、ホー姫などが用いられている。女性系の方名・呼びかけ呼称が発生したゆえんは、悪臭を放つカメムシに対する「褒《ほ》め殺《ごろ》しの呪術」と見ることができよう。

　事例⑲がもっとも複雑な方名と呼びかけことばを示している。「ハットウジイ」とは「法度爺《はっとじい》」の意で、通せんぼをする爺さんのことと考えられる。悪臭をもって人の前に立ちはだかる存在である。その爺に対して、よい女房、かわいい女房を世話するぞともちあげるのである。「ホームシ」の「ホー」は息を吹きかけるときの擬声語で、これは事例㉑と連動する。事例以外にも、指に息を吹きかけてからもつと臭くないと伝える地は多い。

それにしても、「褒め殺し」的な方名、呼びかけや、○○をすると臭くなくなるという伝承が広く列島におよんでいることは驚きである。このことは、日本人が悪臭を放つカメムシに対してさえ、踏みにじって徹底的に抹殺するという対応をとらずに、ユーモアをふくみながら手につまんでその場から外に放っていたことを物語っていて興味深い。

長野県下伊那郡阿智村清内路の野村宣鎮さん（昭和七年生まれ）は、山中に出作り小屋をもっている。その出作り小屋のなかで大量のクサギカメムシが越冬する。そのカメムシをねらって啄木鳥《きつつき》が外から土壁をつついてあけた丸い穴が点々と残っていた。カメムシをめぐる食物連鎖も注目される。

秋田県仙北市西木町上檜木内の鈴木喜代治さん（昭和九年生まれ）は、カメムシのことを「ザコ」と呼び、「ザコが多いと大雪になる」と語った。カメムシの方名もさらに探索を続けてみたい。

終章　季節の風を受けて

人びとの季節対応に目を凝らし、暮らしや生業の隅々にまで生き生きと伝承されていた「自然暦」などを中心として、「季節の民俗誌」をまとめてみたいという思いがあった。それは、環境民俗学のひとつの柱になるべきものだと考えていたからだ。長い旅が果てようとする最晩年に、「もうひとつの雪国の春」という重い主題を自覚し、学びの途次ではあるが、その結果を本書のなかに盛りこむことができたのは、幸いなことであった。

「雪国の春」を学ぶ旅をはじめてみると、次々と新しい課題が浮上してきた。それを解こうとして、幅広い世代の人びとから教えをいただいた。

これまで私がムラやマチで学びを受けてきた人びとは、自分が若いころには明治生まれの方々がほとんどだった。それがやがて大正生まれの伝承者が中心になった。時の流れに沿ったいとなみなので、時代が変わるにつれて伝承者が若い世代の方々になり、暦年にそって新しい年代生まれの方々にうつるのは、ものの当然である。ところが、民俗学を学ぶ者のほとんどは、「学びを乞い、聞きとりをする対象は、古い時代に生まれた者、人生経験が豊富な古老でなければだめだ」という、一種の掟《おきて》めいた、また信仰めいた思いを抱いてきた。私のなかにもそれは長いあいだ強く棲みついていて、その効用、恵みもじつに大きいものがあったことは事実である。

ところが、「雪国の春」を学ぶ旅では、自分とほぼ同世代の方々が多く、またそれ以上に自分より若い、昭和二十年代生まれ、三十年代生まれの方々からもじつに多くのこと、新しいことや地域社会の変容などを教えていただいた。「民俗学はフィールドワークからはじまる」という原理は、いささかもゆらいではいないのだ。

秋田県北秋田市阿仁打当は阿仁マタギの中心地で、そのシカリをつとめた鈴木辰五郎さん（明治三十七年生まれ）からは、熊やカモシカの狩猟技術ならびに狩猟儀礼について、昭和五十年代にたびたび参上のうえ、じつに多くの教えを受けた。ところが今回、「雪国の春」においての学びでは、辰五郎さんのお孫さんである鈴木英雄さん（昭和二十二年生まれ）から、雪国の春その他についてじつに多くのことを教えていただいた。私が辰五郎さんのもとへ通っていたころとはちがい、ムラには温泉が拓かれ、民家の建て替えも進んで、そのようすは大きく変わっていた。

英雄さんは、狩猟の家の九代目である。マタギとして活躍してはいるが、平成二十六（二〇一四）年現在、マタギとして山を走りぬくことができる男は、英雄さんをふくめてムラに四人しかいないのだという。この数はさらに減少していく。ムラへ入るということは、ムラの現実を確かに知ることでもある。

平成二十六（二〇一四）年五月十八日、ブナの芽が芽吹くころの熊狩りについて学びたいと思い、秋田県仙北市田沢湖町生保内石神の田口家を訪れた。留守番をしていたのは郁子さん（昭和二十五年生まれ）ひとりで、猟をする夫も舅もお留守だった。

「堅雪渡り」のことも学びたかったので、郁子さんのお話を聞きはじめた。この地の伝承はじつに豊かで、郁子さんは、それらについて次から次へと正確に語ってくれた。その内容は、本書のなかに紹介したとおりである。

郁子さんは、私より十三歳も若かった。長いあいだ年長者から民俗を学ぶことに慣れてしまっていた私にとって、このことはまさにうれしい驚きで、新鮮だった。伝承や民俗について悲観的なまなざしを向ける人が増えてきているが、学ぶべきこと、学びたいことを明確にし、志さえもっていれば、まだまだ豊かな民俗世界を浮上させることができる。その成果によって日本人に地道な指針をあたえることができるはずだと、堅く信じた。

柳田國男は、序章で記した「雪国の話」（『雪国の民俗』所収）のなかで、「全体に土地自ら、雪国と称することはなかったらう。最初は恐らく外から付けた名であって、冬は到底入っていけぬ土地といふ意味に、斯んな名を与へたのがもとであったかと想像せられる」――と述べている。そのとおりであろう。本書のなかでは「雪国」の厳正な概念規定も地理的線引きもおこなってこなかったが、このことはじつにむずかしい問題をふくんでいる。東北地方だけが雪国でないのは当然のことなのだが、たとえば、東北地方と近畿地方の積雪地帯とは大きなちがいがあり、その地を踏んでみなければ実態はわからない。もとより多くの共通点もある。

過疎化の波で現在は消えてしまったが、水林という七戸のムラが、山形県南陽市小滝の山中にあった。昭和五十二（一九七七）年に当地を訪れた折には、ムラの入り口左手上の地蔵堂の横に、こじんまりとした平屋の冬季分校があった。

大場宇蔵さんは、明治三十三（一九〇〇）年にこのムラで生まれた。片道二時間かけて小滝の小学校へ通ったのだが、日が短くなり、雪の積もる十月から四月までは、水林の子どもたち全員で小滝の民家の一部屋を借りて、寄宿した。そこへは、世話係として水林の年寄りたちが一週間交替でやってきた。子どもたちの家々から米や味噌、その他を集めて、炊事をしてくれた。

宇蔵さんが五年生になったとき、小滝に水林の子どもたち専用の小さな寄宿舎ができた。そして宇蔵さんは、小滝の尋常小学校を卒業した。

卒業してからまもなく、水林に、先にふれた冬季分校ができた。雪深い季節にだけ開かれる分校で、先生がひとり、ムラに泊りこんで教育にあたった。ときどき校長先生が、菓子のみやげなどをもって雪のなかを訪ねてくれた。淋しいけれども温かい分校だった。子どもたちがどんなに春を待ったか、堅雪になるのをいかに待ちかねていたかは、いうまでもない。

昭和五十二（一九七七）年、七戸のうち一戸が横浜へ転出。もう一戸は山形市へ転出して、その家はとりこわされた。分校の最後の生徒は宇蔵さんの孫のはなちゃんで、同年四月に中学校へ進んだ。長いあいだ続いた水林の冬季分校は、そのひと月まえの三月に閉校となった。

宇蔵さんは、茶を啜りながら、「淋しいのようー」と二度つぶやいた。

平成二十（二〇〇八）年、水林を訪れてみた。分校はもとより民家もなく、荒れた杉の植林地に地蔵堂だけが残っていた。

京都府綾部市睦寄町に、旧奥上林村字睦寄小字古屋という山深いムラがある。最盛期には十六戸を数えたが、いまは三戸、四人が住むだけになった。

このムラは、栃の実でムラ興こしをしている。栃の林や栃の実の利用について学びたいと思い、平成二十七（二〇一五）年五月二十一日に同地を訪れた。栃の白い花は満開だった。その折、「雪国の春」のテーマにそって「どんなことに春のときめきを感じたのか」と、渡辺ふじ子さん（大正十五年生まれ）と細見恵美子さん（昭和五年生まれ）に尋ねた。ふたりは口をそろえて、「それは、寄宿舎からムラへ帰るときだった」と語った。

古屋から睦寄まで、徒歩で一時間。睦寄から奥上林村の尋常小学校までは二十分かかり、ムラから学校までの距離は二里だといわれていた。

雪深いこの地では、冬季、ムラから睦寄までの谷沿いの道は雪に埋もれてしまった。児童の通学は不可能だった。古屋の児童たちは、小学校一年から高等科の二年まで、古屋の冬季寄宿舎に寄宿した。寄宿舎は、睦寄の市場というところにあった旧駐在所の建物だった。宿泊期間は、十二月十日から十二月二十五、六日と、一月七日から三月二十日まで。ムラの父兄たちが米、麦、野菜、漬けもの、味噌、醤油などを集め、母親たちが交替で泊りこんで炊事をした。兄弟は一枚のふとんで寝た。冬季、寄宿舎生活中には上級生に勉強を教えてもらうので、成績が上がる子もいたという。道が厳しいので、一年生、二年生は土曜・日曜にも帰れなかったが、上級生は土曜日に自宅に帰って、日曜日の夕方寄宿舎にもどった。もっとも家が恋しい一年生、二年生にはむごいことだった。

寄宿舎には、常時十五人から二十人の児童・生徒が泊まっていた。母親たちが泊まる折には、餅、煎り豆などを持参し、低学年の生徒には勉強も教えてくれた。小学校の先生たちも折々菓子をもって訪ねてくれ、勉強も教えてくれた。寄宿舎では書き初めもしたし、ドンドン焼きもした。戦時中には寄宿舎に両陛下の写真が掲げられ、教育勅語の奉読もあった。

三月二十日、卒業式や終業式を終えて家に帰る。そのころは山野に春の萌しも顕著で、心はずむ季節だった。細見さんによると、昭和四十一（一九六六）年生まれのご子息が中学生のときまでは、綾部市が建て替えた寄宿舎があったという。

ふたつの例をあげたが、雪積む国の子どもたちの苦渋、その親たちの思いは、山形、京都と遠く離れていても共通している。都邑に近いところについても、深く学ばなければならないのである。もとより、この国の中心的な都市に近いからとして、北に離れた雪国とわけることはできない。

それにしても、手のとどく過去までは各地に、子どもたちにとって厳しく重い冬が続いていたことがわかる。その厳しさゆえに、春の心おどりも大きかったのである。

さて、綾部市古屋を訪れた日、渡辺ふじ子さん、細見恵美子さんのご案内で、栃の木の谷を遡《さかのぼ》った。急傾斜の谷ぞいに栃の古木が点在し、入り口には栃の実を喰いにくる鹿を防ぐための防鹿ネットが張られていた。

谷筋に根を張る栃が、ほとんどどの木も畸形樹であることに驚いた。畸形のままに長じて、古屋の人びとに実を恵み続けてきたのである。他地ではあまり見かけない樹相である。福島県南会津郡只見町で見たブナのアガリコに似たところもあるが、人工的に切断された形跡はないし、その必要もないわけだ。帰りの電車のなかで、あれは幼木の折に土石流などに遭い、そのときの痕を背負って生長したものにちがいないと思った。

平成二十七（二〇一五）年九月七日、滋賀県自然環境保全課の今城克啓氏や、京都大学で森林利用学を教える岡田直紀氏らとともに、滋賀県長浜市木之本町金居原を訪れた。この地にも栃の原生林があり、斜面を中心に栃の畸形樹が目だつ。

岡田氏は、その畸形の原因を豪雪だとみていた。なるほどと肯定できた。幼樹期に豪雪や雪崩の負荷に遭い、そのまま時を経て生長すれば、樹相は変形したものになる。古屋の畸形栃も、土石流のみならず、豪雪・雪崩を要因としたことが考えられる。

栃の木は、谷を守り、斜面を守り、水源を守り続けてきたのである。文字どおり、風雪に耐えてムラを守り、人びとに食料となる大量の実を恵んできた。それゆえに、人もまた、畸形になろうとも栃の木を大切に守ってきた。人は栃の木と共生してきたのである。

金居原の川辺の栃は、神楽の舞人がもつ鈴房のように、丸い実をならしていた。ナリ年なのだ。

栃の畸形樹（ともに京都府綾部市睦寄町小字古屋）

雪と動植物の関係も、さらに深く学ばなければならない。

子どもたちと季節のめぐりについては、これまでもたびたび心を動かされることがあった。長野県飯田市上久堅平栗や福島県河沼郡柳津町、南会津郡南会津町などで、子どもたちの盆花採りの話を聞いた。奥会津で聞いたその語りのなかで「アワンバナ」という方言を耳にしたとき、オミナエシの黄色い色と、そのアワンバナやキキョウ、ナデシコなどの大きな花束をかかえて山道をくだる子どもたちの姿が目に浮かんだ。おのれの少年期を思ってみても、季節の風がよみがえってくる。

本書で紹介してきた堅雪渡りのころの少年・少女たちの遊びはじつに多彩で、彼ら、彼女らの五感は全開し、心も体も躍動していた。現今、味覚異常の子どもが増加しつつあるという。人生の基礎が培われる時代にこそ、人は自然のなか、四季と季節のめぐりのなかに、おのれを深くさらさなければならないのだろう。都市や、都市化した暮らしのなかでも、子どもたちをできるだけ季節の子にしてやりたい。

この国の生活者の、感性の豊かさ・心のこまやかさ、それらと連動する民俗の多彩さ・深さに、あらためて感慨を深くしている。各地をめぐるほどに、学ぶほどに、その感動は深くなる。先人たちの季節に対する眼ざしやいとなみの心は、けっして忘れ去ってはならない。社会環境や生活様式の著しい変容のなかで、かたちを変えようとも継承してゆかなければならないものがある。いまはその方途を真剣にさぐるべきときである。

本書のなかには、すでに発表したものや類似項目に新資料を加えているものもある。それを以下に示す。はじめに本書の目次項目、カッコ内に既発表の論考や報告と刊行主体、刊行年を示す。

Ⅱ　季節対応の民俗

一　住まいのくふう

1　町屋のタテカエ（「暑さ寒さと「タテカエ」の民俗」福田アジオほか編『環境の民俗』講座日本の民俗学4　雄山閣　一九九六、「暮らしの季節対応」『上野市史・民俗編上』上野市　二〇〇一、「マチ家の季節対応・マチ家のタテカエを緒として」『飯田・上飯田の民俗1』飯田市美術博物館・柳田國男記念伊那民俗学研究所　二〇一三）

2　養蚕とタテカエ（「養蚕」『引佐町史・下巻』引佐町　一九九三、「上飯田の生活・生業と環境」『飯田・上飯田の民俗1』飯田市美術博物館・柳田國男記念伊那民俗学研究所　二〇一三）

3　雪囲いと冬の床（「床の装いと雪囲い」福田アジオほか編『環境の民俗』講座日本の民俗学4　雄山閣　一九九六）

Ⅳ　冬を迎え、冬を送る

一　大師講――雪のまれびと（「雪のまれびと」『古典と民俗学論集　櫻井満先生追悼』おうふう　一九九七）

二　膝塗り――凍結と滑倒の季節にむけて（「年中行事と気象環境　中国山地の「膝塗り」を事例として」『民俗文化』第14号　近畿大学民俗学研究所　二〇〇二）

三　コト八日と太陽（「コト八日の民俗世界」『伊那民俗研究』第17号　柳田國男記念伊那民俗学研究所　二〇〇九）

東北学を提唱した赤坂憲雄氏には、さまざまな機会に山形県や福島県にたびたびお誘いいただいた。そのつど課題と刺激をいただき、東北地方の歩きを重ね、学びを深めることになった。その結果は、本書のなかにも生きている。ありがたいことだった。また、新潟県村上市に腰を据え、北を見つめ続ける赤羽正春氏のお仕事にも学ぶところが多かった。本書のなかで引用した『熊』『白鳥』『鱈』をはじめとして、同氏は、『採集　ブナ林の恵み』『鮭・鱒（Ⅰ・Ⅱ）』『樹海の民　舟・熊・鮭と生存のミニマム』（いずれも法政大学出版局）など、重いお仕事を重ねている。

そして、本書中で氏名・生年を記させていただいているじつに多くの方々の語りを資料として、本書をまとめることができた。ありがたいことである。とりわけ、ご多忙中にもかかわらず春の山中をご案内くださり、現場で種々お教えくださった南会津只見町の新国勇氏、鶴岡市温海川の今野建太郎氏には、感謝申しあげる。

出版事情の厳しいなか、このような書物を是として世に出してくださった玉川大学出版部、企画から編集まで親身になって進めてくださった株式会社本作り空の檀上啓治氏・檀上聖子氏に感謝のまことをささげて筆を擱く。

平成二十八（二〇一六）年四月二十日

野本寛一

著者―野本寛一（のもと・かんいち）

1937年静岡県生まれ。國學院大學文学部卒業。文学博士（筑波大学）。近畿大学名誉教授。平成27年文化功労者顕彰を受ける。著書に『焼畑民俗文化論』『稲作民俗文化論』『人と自然と四万十川民俗誌』（以上雄山閣）、『生態民俗学序説』『海岸環境民俗論』『軒端の民俗学』『庶民列伝　民俗の心をもとめて』（以上白水社）、『山地母源論1　日向山峡のムラから』『山地母源論2　マスの溯上を追って』『「個人誌」と民俗学』『牛馬民俗誌』（野本寛一著作集Ⅰ～Ⅳ　以上岩田書院）、『栃と餅　食の民俗構造を探る』『地霊の復権　自然と結ぶ民俗をさぐる』（以上岩波書店）、『神と自然の景観論　信仰環境を読む』（講談社学術文庫）、『自然災害と民俗』（森話社）、『自然と共に生きる作法　水窪からの発信』（静岡新聞社）、『食の民俗事典』（編著　柊風舎）、『日本の心を伝える年中行事事典』（編著　岩崎書店）、『暮らしの伝承知を探る』（共編　玉川大学出版部）ほか。

カバー写真：太田威
装丁：辻村益朗
協力：筒江薫

企画・編集・制作：株式会社 本作り空Sola

季節《きせつ》の民俗誌《みんぞくし》

2016年7月25日　初版第1刷発行

著　者――野本寛一

発行者――小原芳明

発行所――玉川大学出版部
〒194-8610　東京都町田市玉川学園6-1-1
TEL 042-739-8935　FAX 042-739-8940
http://www.tamagawa.jp/up/
振替：00180-7-26665
編集　森　貴志

印刷・製本――株式会社 加藤文明社

乱丁・落丁本はお取り替えいたします。

ISBN978-4-472-30308-1　C0039 / NDC380